国家社会科学基金重大项目（16ZDA018）、国家社会科学基金项目（19BJY067）、
国家自然科学基金项目（51878612）、浙江省哲学社会科学规划重点课题（18NDJC032Z）
资助项目

特色之谜
——改革开放以来浙江小城镇发展转型研究

陈前虎　王岱霞　武前波　等著

中国建筑工业出版社

图书在版编目（CIP）数据

特色之谜：改革开放以来浙江小城镇发展转型研究/陈前虎等著.—北京：中国建筑工业出版社，2020.12
ISBN 978-7-112-25690-7

Ⅰ.①特… Ⅱ.①陈… Ⅲ.①小城镇－城市建设－研究－浙江 Ⅳ.①F299.275.5

中国版本图书馆CIP数据核字（2020）第241505号

本书在全面梳理既有的理论基础与发展经验上，深入总结改革开放以来浙江小城镇发展的历程，深刻分析小城镇分化发展的空间格局与职能分布特征，全方位探索其特色成长的机理，全过程揭示其特色成长的机制与规律；在研判未来人口迁移和布局趋势的基础上，理清和把握浙江小城镇未来发展的三大格局与模式，提出面向"和而不同"区域关系的小城镇特色成长与分类管理的政策和建议。

本书可供广大城乡规划师、城乡建设管理者、高等院校城乡规划专业师生等学习参考。

责任编辑：吴宇江　陈夕涛
书籍设计：锋尚设计
责任校对：芦欣甜

特色之谜——改革开放以来浙江小城镇发展转型研究

陈前虎　王岱霞　武前波　等著

*

中国建筑工业出版社出版、发行（北京海淀三里河路9号）
各地新华书店、建筑书店经销
北京锋尚制版有限公司制版
天津图文方嘉印刷有限公司印刷

*

开本：787毫米×1092毫米　1/16　印张：15　字数：360千字
2020年12月第一版　2020年12月第一次印刷
定价：168.00元
ISBN 978-7-112-25690-7
（36570）

版权所有　翻印必究
如有印装质量问题，可寄本社图书出版中心退换
（邮政编码100037）

前 言

小城镇确乃"大问题""大战略"。回顾浙江40年改革开放与发展的历程可以发现,小城镇在经济社会发展转型过程中往往都是"春江水暖鸭先知",成了浙江区域经济发展转型的"晴雨表"和改革探索的"先行地"。可以毫不夸张地说,**浙江每一次重大的区域经济转型,每一次自下而上的地方改革几乎都是从小城镇起步的**:

改革开放初期(1978-1998),无心插柳柳成荫——小城镇的**数量扩张**阶段。大量从农业中解放出来的剩余劳动力洗脚上田,就近从事劳动密集型的加工业,个体私营经济遍布各地,催生了许多"村不像村、镇不像镇"的聚落景观,小城镇如雨后春笋般滋生出来。这种"家庭个体私营经济+小城镇"的工业化与城镇化双轮驱动模式充分发挥了"船小好调头"的灵活机制优势,及时补充了城市国有企业物质生产供应的不足,从而快速抢占了当时低端的国内消费市场。这一时期浙江区域经济的发展,恰似英国早期的古典工业化与城镇化模式。

改革开放中期(1998-2015),咬定青山不放松——小城镇的**规模提升**阶段。20世纪90年代后期中国在人均GDP不到800美元的情况下就出现了低水平的生产过剩困境,大量低端工业品滞销。当时浙江省委省政府敏锐地意识到必须抛弃低、小、散的工业化与城镇化之路,通过撤乡并镇与空间集聚加快扶持一批中心城镇做大做强,走新型工业化与城镇化道路。聚焦这一目标,一方面强调空间上的"集中"——推进中心城镇战略;另一方面,强调管理上的"分散"——通过放权和分权,即"强镇扩权、扩权强镇"的制度创新,让中心城镇发展拥有更多的自主权与积极性。这一套组合拳打开了全省小城镇"规模分化"的窗口,一批中心城镇的基础设施与公共服务供给力度明显加大,能力持续增强,从而有效促进了人口集聚与产业升级步伐,推动出口外贸与城镇服务经济的持续快速发展。这既及时抢占了我国2001年加入WTO之后带来的国际市场先机,又很好地适应和满足了居民"集体消费"趋势下对城镇日益增长的公共服务与社会管理需求,再一次抢占了消费经济。

改革开放后期(2015-),柳暗花明又一村——小城镇的**特色成长**阶段。人均收入水平的提高不断地改变着人们的生产与生活方式,"有风景的地方就有新经济""在旅游中消费""消费更优质的商品与服务"等成为人们对美好生活的持续追求。美丽乡村与城镇建设、特色小镇、小城镇环境综合整治等系列人居环境改善提升的战略行动,正是基于消费模式升级之际开启的一次成功的供给侧改革实践。随着交通、信息与人工智能技术的发展,城乡融合与区域一体化进程的加速,小城镇融入区域发展的格局正在发生着深刻的变化,全省小城镇在"规模分化"的基础上,"职能分异"的态势愈益明显,"特色"成为小城镇发展的第一追求。相应地,政策供给的焦点如何从强调"规模和速度"转向"职能和质量",成为未来浙江小城镇发展战略的重要议题。

历史经验告诉我们,每一次推动小城镇成功转型的战略供给都是基于特定时期背景下的区域需求分析,当前浙江小城镇发展又面临着新的区域需求:

第一,工业化转型的区域需求。无论是信息经济与全球化的发展,"一带一路"倡议的实施,还是土地和劳动力成本的不断上升,都在助推或倒逼传统工业发展模式的转型。大量厂房的倒闭和工业园区——尤其是那些远离大都市区的乡镇工业的荒芜提醒人们:原来那种主要靠要素粗放投入的生产方式确实已经走到了尽头,传统块状经济强镇如何转型升级,亟待破解。

第二,城市化转型的区域需求。主要体现在两方面:一是城市化空间主体的变化——由中小城镇为主向大城市、都市圈加快发展演变,小城镇发展面临着"都市区/非都市区"的身份分化及由此而来的巨大机会差异;二是城市化发展阶段的变化,像杭州这样的大城市已经由向心集聚向广域外溢扩散发展,周边小城镇如何科学有序融入都市圈,是个重要课题。

第三,农村现代化的区域需求。城乡地域结构的转型与城乡人口结构的转折性变迁(城镇人口超过2/3),使农业的生产供给结构和市场需求结构发生了根本性变化,诸如乡村地区的许多要素相对价格上升,无论是现代农业生产,还是围绕农村地域的生态、休闲和体验经济价值的逐渐凸显,都将成为广大小城镇经济发展新的增长点。

由此可见,小城镇完全可以在顺应全球化和信息化发展,实现健康城镇化、缓解大城市病,解决"三农"问题、推进城乡深度融合发展,扩大地方内需、创造就业机会等方面,发挥自己独特的、不可替代的积极作用。

改革开放40多年的实践经验表明,浙江小城镇发展的"特色"之谜,就在于"融入区域,精准定位;专业发展,精致建设"。其中的政策关键,则在于"分类管理,差异供给,区域协同"。

首先,在省域宏观发展战略上,与全球和区域经济的深度推进、小城镇分异发展态势相适应,通过政策分类供给和差别化指引,引导小城镇由"分异"走向"分工",以营造"和而不同"的区域关系,实现区域经济的差别化协同发展。具体来说,需要明确都市型小城镇(面向都市区化与郊区化态势)、县域块状经济强镇(面向工业化与城镇化品质提升)和传统经济弱镇(面向农业现代化与城乡一体化)可持续发展的路径与策略,推进城乡融合、区域协调、新型城镇化和工业化的深度发展。

其次,在城镇微观空间策略上,随着柔性制造、信息产业和服务经济的发展,居民收入水平和需求偏好的改变,以及资源生态等外部环境约束的不断加强,小城镇发展需要进一步发挥城镇规划和建设水平对资本、人才的吸引力:①在空间组织策略上,顺应人们生产生活方式的高品质化,改变原来以"大规模生产"为导向的人类活动空间组织模式,城镇规划思想和方法应该从过度强调"功能分区"的理性主义,转向更加关注"功能混合"的人本主义,关注空间组织的"小尺度化、混合性与公共领域主导特征",这就是浙江近年来特色小镇建设强调"不超过3km^{2}规模(15min步行生活圈)、三生融合(生产、生活与生态兼顾)、三位一体(旅游、产业和文化共荣)"要求的原委所在;②在城镇建设上,通过加快基础设施和公共服务配套建设,环境综合整治和城镇风貌提升,以及城镇专业化与综合职能的塑造来实现高水平招商引资,这也是2013年以来浙江循序推进"三改一拆"、小城镇环境综合整治、美丽城镇建设的初衷。

回顾历史，展望未来。站在新的历史起点上，习近平总书记殷切地期望浙江努力成为新时代全面展示中国特色社会主义制度优越性的重要窗口。毫无疑问，改革开放以来浙江小城镇的特色发展，就是窗口中的一道亮丽风景线。回顾改革开放40多年，如果说浙江小城镇上半场的发展是"低端工业化带动了浅度城镇化"，那么，下半场或未来的发展则需**"以高水平的治理——分类管理，来推进高标准与高品质的人居环境建设（城镇化），从而实现高质量的发展——特色成长（工业化）"**。这个逻辑，贯穿了本书始终——既是对浙江经验的总结，也是对浙江未来发展的指引。

以浙江精神办学，与区域经济互动。本书是作者所在团队长期跟踪研究和服务浙江经济社会发展的思考与总结。书中既有对省域小城镇全时空发展的"长焦"浏览，也有对特定地域小城镇成长机理与机制的"聚焦"洞察；既有理论上的探索，更关注实践应用。但限于水平和精力，书中浅陋之处难免，恳请同行同仁批评指正。

目 录

前 言

第1章 开启重要窗口 ... 1

1.1 新时代，新使命 ... 1
1.2 小城镇，大窗景 ... 2
1.2.1 历史维度上的小城镇地位作用 ... 3
1.2.2 区域格局中的小城镇职能角色 ... 4
1.2.3 全球影响下的小城镇发展态势 ... 5
1.3 窗景总体设计 ... 6
1.3.1 视景对象 ... 6
1.3.2 视景设计 ... 6
1.3.3 研究方法 ... 8

第2章 追溯理论渊源 ... 11

2.1 相关理论 ... 11
2.1.1 可持续发展 ... 11
2.1.2 专业化分工 ... 14
2.1.3 公共品供给 ... 16
2.1.4 区位空间结构 ... 18
2.1.5 自组织与系统协同 ... 21
2.2 国外小城镇发展研究 ... 24
2.2.1 发达国家小城镇建设历程 ... 24
2.2.2 发达国家小城镇特色发展经验 ... 26
2.3 国内小城镇发展研究 ... 35
2.3.1 国内小城镇建设历程 ... 35
2.3.2 国内小城镇特色发展与分类管理研究概况 ... 39
2.4 研究评述 ... 44

第3章 回顾发展历程
——浙江省小城镇发展历程与政策供给 47

3.1 浙江区域经济发展过程：从低端道路走向高端道路 47
3.2 小城镇发展过程：从无心插柳到有心栽花 48
3.3 小城镇提质转型发展的3个阶段 49
3.3.1 控制同质化发展阶段（1996–2000） 49
3.3.2 引导差异化发展阶段（2001–2015） 50
3.3.3 走向特色化发展阶段（2016至今） 55
3.4 发展总结与政策供给评价 64
3.4.1 发展总结 64
3.4.2 政策供给评价 65

第4章 分析格局特征
——浙江省小城镇空间格局与职能类型 67

4.1 浙江省小城镇空间格局特征 67
4.1.1 圈轴集聚的空间形态格局 67
4.1.2 两极分化的人口分布格局 68
4.1.3 区域集中的经济发展格局 69
4.2 浙江省小城镇职能分布特征 71
4.2.1 职能评价指标体系 71
4.2.2 小城镇职能评价方法 72
4.2.3 小城镇的职能分布特征 73
4.3 面向区域专业化分工的4种城镇职能类型 75
4.3.1 综合服务型 76
4.3.2 工业生产型 80
4.3.3 旅游服务型 85
4.3.4 农业发展型 90
4.4 小结 95

第5章 探索成长路径
——基于浙江省30个典型小城镇的案例剖析 97

5.1 小城镇可持续特色成长评价体系 97

5.2 研究案例与评价结果ꞏꞏ 99
5.2.1 案例样本与数据来源 ꞏꞏꞏ 99
5.2.2 样本预处理 ꞏꞏꞏ 100
5.2.3 评价结果 ꞏꞏꞏ 100
5.3 特色成长在城镇可持续发展中的作用机理 ꞏꞏꞏꞏꞏꞏꞏꞏꞏꞏꞏꞏꞏꞏꞏꞏꞏꞏꞏꞏꞏꞏꞏꞏꞏꞏꞏꞏꞏꞏꞏꞏꞏꞏꞏꞏꞏꞏꞏ 102
5.4 城镇可持续发展中的特色成长障碍 ꞏꞏ 103
5.4.1 都市区小镇特色成长的"高端锁定"困局 ꞏꞏꞏꞏꞏꞏꞏꞏꞏꞏꞏꞏꞏꞏꞏꞏꞏꞏꞏꞏꞏꞏꞏꞏꞏꞏꞏꞏꞏꞏꞏꞏꞏꞏꞏꞏꞏꞏ 104
5.4.2 非都市区小镇特色成长的"低端锁定"困局 ꞏꞏꞏꞏꞏꞏꞏꞏꞏꞏꞏꞏꞏꞏꞏꞏꞏꞏꞏꞏꞏꞏꞏꞏꞏꞏꞏꞏꞏꞏꞏꞏ 105
5.5 迈向可持续发展的两条特色成长路径 ꞏꞏ 105
5.5.1 非都市区小镇：新型工业化推动新型城镇化 ꞏꞏꞏꞏꞏꞏꞏꞏꞏꞏꞏꞏꞏꞏꞏꞏꞏꞏꞏꞏꞏꞏꞏꞏꞏꞏꞏꞏꞏꞏ 106
5.5.2 都市区小镇：高品质城镇化助推高质量工业化 ꞏꞏꞏꞏꞏꞏꞏꞏꞏꞏꞏꞏꞏꞏꞏꞏꞏꞏꞏꞏꞏꞏꞏꞏꞏꞏꞏꞏ 106
5.6 两类城镇典型案例分析 ꞏꞏꞏ 106
5.6.1 都市区小镇：杭州梦想小镇 ꞏꞏꞏ 106
5.6.2 非都市区小镇：衢州开化根缘小镇 ꞏꞏ 112
5.7 小结 ꞏꞏ 118

第6章 探究成长机制
——基于台州市 76 个小城镇公共品供给的实证分析 ꞏꞏꞏꞏꞏꞏꞏꞏꞏꞏꞏꞏꞏꞏꞏꞏꞏꞏꞏꞏꞏꞏꞏꞏꞏ 119
6.1 公共品促进小城镇发展的分析框架与指标体系 ꞏꞏꞏꞏꞏꞏꞏꞏꞏꞏꞏꞏꞏꞏꞏꞏꞏꞏꞏꞏꞏꞏꞏꞏꞏꞏ 119
6.2 研究案例与评价结果 ꞏꞏ 123
6.2.1 区域概况及数据来源 ꞏꞏ 123
6.2.2 评价方法及结果 ꞏꞏ 123
6.3 小城镇发展与公共品供给的关联机制探究 ꞏꞏꞏꞏꞏꞏꞏꞏꞏꞏꞏꞏꞏꞏꞏꞏꞏꞏꞏꞏꞏꞏꞏꞏꞏꞏꞏꞏꞏꞏꞏꞏꞏꞏꞏꞏꞏ 125
6.3.1 整体关联分析 ꞏꞏ 127
6.3.2 动态关联分析 ꞏꞏ 128
6.3.3 分类关联分析 ꞏꞏ 128
6.3.4 分区域关联分析 ꞏꞏꞏ 129
6.4 结论与讨论 ꞏꞏ 130
6.5 典型案例分析：玉环市楚门镇 ꞏꞏꞏ 132
6.5.1 专业化公共品供给助推工业转型升级 ꞏꞏ 132
6.5.2 基础性公共品建设提升人居环境水平 ꞏꞏ 134
6.6 小结 ꞏꞏ 140

第 7 章　研判未来趋势
——浙江省人口城市化时空特征与态势格局·······141

7.1　研究背景·······141
7.2　数据来源与研究方法·······142
7.2.1　数据来源·······142
7.2.2　研究方法·······142
7.3　省域人口时空变迁的总体特征·······143
7.3.1　速度变迁特征·······143
7.3.2　密度变迁特征·······143
7.4　省域人口时空变迁的结构类型特征·······145
7.4.1　宏观城镇体系结构特征·······145
7.4.2　中观都市圈结构类型特征·······146
7.4.3　微观分县市类型特征·······149
7.5　小城镇人口变迁与分布态势·······151
7.5.1　省域宏观层面·······152
7.5.2　都市圈中观层面·······153
7.5.3　城镇个体微观层面·······155
7.6　小结和讨论·······156

第 8 章　把握未来格局
——浙江省小城镇未来发展的区域需求与职能导向·······159

8.1　新型城镇化与都市经济的广域扩散·······159
8.1.1　都市经济的健康增长需求·······159
8.1.2　都市化发展的国际经验借鉴·······162
8.1.3　都市区小镇发展概况·······164
8.1.4　都市区小镇的优化模式·······168
8.2　新型工业化与县域经济的转型升级·······169
8.2.1　县域经济的转型升级需求·······169
8.2.2　县域经济转型的国际经验借鉴·······171
8.2.3　县域经济强镇发展概况·······177
8.2.4　县域经济强镇的提升模式·······181
8.3　农村现代化与乡村振兴发展·······181

8.3.1 乡村经济的振兴发展需求 ································ 181
8.3.2 农业现代化的国际经验借鉴 ································ 185
8.3.3 县域经济弱镇发展概况 ································ 192
8.3.4 县域经济弱镇的转型模式 ································ 195

8.4 浙江省小城镇未来发展的基本判断 ································ 196
8.4.1 小城镇发展面临重要机遇和关键时期 ································ 196
8.4.2 适时引导小城镇发展由"分化"走向"分工" ································ 197
8.4.3 重点关注县域经济弱镇和都市型小城镇的发展 ································ 197

第9章 决胜未来方略
——小城镇特色发展的政策方针与策略建议 ································ 199

9.1 政策方针 ································ 199
9.1.1 高度的区域专业化分工水平是小城镇特色成长与城乡融合发展的根本标志 ······ 200
9.1.2 分类管理是助推各类小城镇由区域分异走向区域分工的必由路径 ················ 200
9.1.3 差别化社会公共品供给是实现小城镇分类管理的重要手段 ································ 201

9.2 策略建议 ································ 201
9.2.1 分区域战略指引 ································ 201
9.2.2 分需求策略引导 ································ 202
9.2.3 分类型政策设计 ································ 207

附录A ································ 209
附录B ································ 211
参考文献 ································ 217
后 记 ································ 225

第 1 章 开启重要窗口

1.1 新时代，新使命

2020年是全面建成小康社会的收官之年，是实现"两个一百年"奋斗目标的交汇之年，是中华民族伟大复兴征程中的重要历史转折点。迈上这一台阶，标志着我国正式进入了产业转型、消费升级、社会公平和环境保护的新发展阶段。

2020年3月29日至4月1日，在统筹推进疫情防控和经济社会发展的特殊时期，习近平总书记考察浙江并发表了重要讲话，殷切期望浙江要"努力成为新时代全面展示中国特色社会主义制度优越性的重要窗口"。不同于深圳作为"改革开放的窗口"、浦东新区作为"扩大对外开放的窗口"，习近平总书记提出浙江要成为"新时代全面展示中国特色社会主义制度优越性的重要窗口"，立意高远、思想深邃、指向明确，把浙江的过去、现在和未来贯通起来，把浙江与全国、全世界联系起来，赋予浙江更高的角色定位和更大的使命担当，为浙江实现更好发展指明了战略方向、提供了战略指引，对顺利推进新时代中国特色社会主义事业、实现中华民族伟大复兴具有重大历史意义、现实意义、全局意义。[1]

为落实习近平总书记提出的要求，2020年6月17日至18日，浙江省委十四届七次全体（扩大）会议在杭州举行。全会审议通过《中共浙江省委关于深入学习贯彻习近平总书记考察浙江重要讲话精神，努力建设新时代全面展示中国特色社会主义制度优越性重要窗口的决议》，作出了10个"重要窗口"建设的目标定位，加快形成13项具有中国气派和浙江辨识度的重大标志性成果，并通过了《中共浙江省委关于建设高素质强大人才队伍，打造高水平创新型省份的决定》。

全会强调，建设"重要窗口"需要坚定不移沿着"八八战略"指引的路子走下去，聚焦制度优越性，认清任务艰巨性，突出整体协同性，激发创新创造性，体现群众主体性，注重实践可行性，努力建设好10个方面"重要窗口"[2]：一是努力建设展示坚持党的科学理论、彰显习近平

---

[1] 引自《中国青年报》2020年7月21日《从大历史大时代中读懂"重要窗口"的意蕴》一文。https://baijiahao.baidu.com/s?id=1672797152738903663&wfr=spider&for=pc。
[2] 同上。

新时代中国特色社会主义思想真理力量的重要窗口；二是努力建设展示中国特色社会主义制度下加强党的全面领导、集中力量办大事的重要窗口；三是努力建设展示发展社会主义民主政治、走中国特色社会主义法治道路的重要窗口；四是努力建设展示坚持和完善社会主义市场经济体制、不断推动高质量发展的重要窗口；五是努力建设展示将改革开放进行到底、使社会始终充满生机活力的重要窗口；六是努力建设展示坚持社会主义核心价值体系、弘扬中华优秀传统文化、革命文化、社会主义先进文化的重要窗口；七是努力建设展示推进国家治理体系和治理能力现代化、把制度优势更好转化为治理效能的重要窗口；八是努力建设展示坚持以人民为中心、实现社会全面进步和人的全面发展的重要窗口；九是努力建设展示人与自然和谐共生、生态文明高度发达的重要窗口；十是努力建设展示中国共产党自觉践行初心使命、推动全面从严治党走向纵深的重要窗口。

全会强调，建设"重要窗口"，要树立世界眼光，加快形成13项具有中国气派和浙江辨识度的重大标志性成果，争创制度优势，提升治理效能，打造硬核成果：一是打造学习、宣传、实践习近平新时代中国特色社会主义思想的重要阵地；二是推动"最多跑一次"改革成为新时代引领改革风气之先的最鲜明特质；三是再创民营经济高质量发展的新辉煌；四是建设成为全球先进制造业基地；五是做优做强数字经济、生命健康、新材料等战略性新兴产业、未来产业；六是打造成为"一带一路"重要枢纽；七是建设高素质强大人才队伍、打造高水平创新型省份；八是在全面推进法治中国建设中继续走在前列；九是巩固夯实社会治理体系和治理能力现代化基础；十是打造成为社会主义先进文化高地；十一是走好具有浙江特色的生态文明建设和可持续发展之路；十二是持续巩固浙江各方面发展都比较均衡的特色优势；十三是清廉浙江建设取得更新成效、更大突破。

回顾40多年改革开放与发展的历程，浙江积累了许多值得总结和推广的经验，但透过这些实践与做法可以发现，**小城镇在经济社会发展转型过程中往往都是"春江水暖鸭先知"，成了浙江区域发展转型的"晴雨表"和改革探索的"先行地"**。从家庭作坊、个私经济到产业集群，从马路摊位、专业市场到淘宝城，从撤乡并镇、扩权强镇到特色小镇，浙江小城镇实现了由"低、小、散"到"精、专、特"的华丽转身，小城镇发展特色与特色小城镇在国内家喻户晓，成了浙江区域经济发展中的一张金名片。因此，一方面，**通过小城镇环境综合整治、美丽城镇建设持续推进浙江区域经济发展转型，这显然就是浙江省委、省政府实现10个"重要窗口"建设目标、落实13项重大标志性成果的重要抓手**；另一方面，**探索和总结改革开放以来浙江小城镇发展转型的经验与规律，揭示小城镇发展的"特色之谜"，从而引领全国小城镇未来持续健康发展**，这毫无疑问可以成为浙江在新时代作为全面展示中国特色社会主义制度优越性重要窗口中的一道亮丽风景。

1.2　小城镇，大窗景

2019年中国城镇化水平首次超过60%，这意味着我国正式步入了城市型社会，城市辐射带动作用的增强将改变城—镇—乡关系。从发达国家的经验来看，在此阶段均出现了郊区化、逆城镇化、乡村振兴等现象，小城镇作为城乡联系的纽带，由早期的"蓄水池"变成了如今的"分流器"，其角色和作用再一次得到了决策层与学界的关注。

2019年5月5日，中共中央、国务院发布了《关于建立健全城乡融合发展体制机制和政策体系的意见》(以下简称《意见》)[①]，提出以城市群为主体形态，促进大中小城市与小城镇协调发展。明确指出要"促进城乡要素自由流动、平等交换和公共资源合理配置，加快形成工农互促、城乡互补、全面融合、共同繁荣的新型工农城乡关系"，到2022年，在经济发达地区、都市圈和城市郊区率先取得体制机制改革中的突破，为其他地区提供示范和引领作用。

浙江人多地少，是全国人口与城镇密度最高省份之一。七山二水一分田，山区、丘陵、平原、海岛俱全，地形地貌多样。地域文化多元复杂，人口与城镇化空间分布一直以来呈现"点多面广，密集小散"的格局特征。改革开放以来，浙江独特的自然地理条件与高度市场化的要素组织模式，决定了其高度扁平化的社会组织形态，也决定了小城镇在浙江工业化与城市化发展中的特殊功能和作用。2019年浙江城镇化水平已达到70%，领先全国10个百分点，小城镇作为城乡关系重组的关键节点，也早已进入了嬗变转型之中。

作为城市化进程中的一种聚落形态，小城镇的发展不是孤立的，而是根植于城乡区域发展整体的时空网络之中。**小城镇所处区域的发展环境、机制与趋势等将直接、深刻地影响小城镇的发展态势和未来路径选择。**要回答浙江小城镇该往"哪儿去"的问题，最重要的是搞清楚它是"怎么来"的，并准确判断"现在在哪儿"等时空站点问题。具体而言，浙江小城镇未来的发展需要从以下3个维度和视角加以审视：

1.2.1 历史维度上的小城镇地位作用

回顾浙江近40年改革开放与发展的历程可以发现：**每一次重大的区域经济发展转型，每一次自下而上的地方改革几乎都是从小城镇起步的**：

（1）物质短缺时期，是村镇内分散组织的家庭个私经济依靠"船小好调头"的灵活机制及时补充城市国有企业物质生产供应的不足，从而快速抢占了国内市场。

（2）初级产品过剩时期，通过撤乡并镇与空间重组，加快了产业集聚与升级步伐，推动出口外贸经济持续发展，从而又一次抢占了我国2001年进入WTO之后带来的国际市场先机。

（3）启动内需时期，产业集聚带动人口集聚，一系列面向人的发展与需求的各类公共服务短缺问题凸现出来，"强镇扩权、扩权强镇"与农民工市民化等重大战略措施又很好地适应和满足了小城镇日益增长的公共服务与社会管理需求，再一次抢占了消费经济。

（4）消费升级时期，人均收入水平的提高不断地改变着人们的生产与生活方式，"在旅游中消费""消费更优质的商品"成为人们对美好生活的持续追求，美丽乡村、特色小镇、小城

---

① 中华人民共和国中央人民政府. 中共中央、国务院关于建立健全城乡融合发展体制机制和政策体系的意见. http://www.gov.cn/zhengce/2019-05/05/content_5388880.htm.

镇环境综合整治等系列战略举措正是基于消费模式升级之际开启的一次成功的供给侧改革实践。以"特色小镇"、小城镇环境综合整治和美丽城镇战略行动为支点,浙江小城镇正面临着改革开放以来的第四次发展转型。

1.2.2 区域格局中的小城镇职能角色

1998年浙江省第十次党代会提出了"加快城市化,促进中心城市发展"战略,经过20多年的调整发展,省域城市化的基本格局已经发生重大变化,空间布局的主要矛盾由"过度分散"转向局部的"过度集中",尤其是省域中心城市(杭州、宁波、温州)因人口集聚而引发了交通拥挤、房价高涨、用地紧张、空气与水环境恶化等一系列问题,一些城市化快速发展的县(市)域中心城市也面临着同样的窘境,区域经济和城市化发展亟须在更大的地域空间范围内进行统筹布局。与此同时,城乡地域结构的转型与城乡人口结构的巨大变迁,使农业的生产供给结构(农村土地大规模撂荒、城郊菜篮子基地飞速消失)和市场需求结构(农民变市民后对食物类型、规模、品质等提出更高要求)发生了根本性变化,即城市化的快速发展对农业结构的调整步伐和发展方向提出了更紧迫、更高的要求。

与区域经济和城市化发展的这种变迁需求相对应,作为浙江省工业化和城市化先驱的小城镇发展格局也已悄然发生变化,呈现出多样化、多层次的分化特征。至2019年年底,浙江省共有乡镇915个,从城镇发展的区位条件和经济水平看,可以粗略地分为3类,即位处大城市周边的都市型小城镇、县域范围内块状经济发达的经济强镇及以传统农业为主导的经济弱镇。

第一类小城镇是指分布于省域发达大城市周边1h经济辐射圈内,与中心城市的产业、人口、交通等关系密切的郊区小城镇,主要是一些市辖区小城镇,约占全省乡镇总数的15%~20%,与中心城市是一种相互支撑、相互融合的空间经济关系,极易成为区域中心城市产业疏散、人口转移的首选地和重要功能组团。随着全省城市化发展进入中后期加速推进阶段,未来这部分小城镇受大都市中心圈层化经济辐射的带动影响显著,发展动力持久,经济活力充沛,数量也将不断增加。但这部分小城镇目前还普遍存在着"职能单一、规模过小、专业化程度低、发展特色不明显、建设品质不理想"等问题,发展形势仍不容乐观,应从区域整体的角度加强合理的引导和管控,避免发展成为中心城市空间功能任性扩张的"附属品",从而加剧大城市病。

第二类小城镇拥有相对成熟和完善的产业基础,在各个县(市)均有分布,是浙江省的县域经济重镇,约占全省乡镇总数的25%~30%,如诸暨的店口镇、乐清的柳市镇和绍兴的钱清镇等。这类小城镇尽管与区域中心城市的空间和功能联系并不十分紧密,不直接接受来自中心城市的经济辐射,但经过40年的工业化积累,已经具备良好的城镇内生动力、优势产业基础和自我发展机制,是未来浙江省培育中小城市、提升县域城镇化和工业化发展质量的主要空间对象。2007年浙江省"强镇扩权"的主要目标指向也是这些县域经济重镇。

第三类小城镇是指除上述一、二类外,大规模分布于全省各县市的经济弱镇,约占全省乡镇的50%~55%。这类小城镇大部分是一直处于发展劣势的农业型小城镇和近年来发展快速的旅游型小城镇，也包括进入"新常态"以来发展动力滞缓的少量工业型乡镇。这部分小城镇数量众多，发展动力相对不足。农业比重较大，但生态环境相对良好，农业资源和乡村景观较为丰富。未来这部分经济弱镇的健康成长对浙江省的城乡统筹绩效——"三农"问题的解决和农业现代化，意义重大，其发展转型尤其需要公共部门的财政支持与政策指引。但目前尚缺乏对这部分小城镇明确的顶层设计与战略布局。

1.2.3 全球影响下的小城镇发展态势

进入21世纪以来，全球化与信息化进程持续深入推进，城市区域经济社会快速发展，中国东部地区以长三角为代表的城市群产业基础强大、人文底蕴深厚、体制环境规范、社会秩序安定，已经成为中国经济发展水平最高、综合经济实力最强的地区之一，也是世界上最具活力和发展前景的经济区域之一，具备了全球城市区域的发育特征。全球城市区域对区域内小城镇发展的影响主要体现在以下4个方面（罗震东和何鹤鸣，2013）：

1）全球化生产网络的构建扩展了小城镇的成长空间。在全球化生产网络所提供的巨大资本环境和市场里，小城镇的发展潜力被大大提升，能够在更广阔的地域空间中发挥土地、劳动力以及制度上的比较优势。同时，全球城市区域所形成的开放的生产网络和开放的空间结构为小城镇发展提供了良好的外部环境，产业发展的要素组织超越了封闭区域内的同构竞争与零和博弈，有利于小城镇自下而上的城镇化进程。

2）高快速交通网络的建设完善重构了小城镇的区域角色。高快速交通网络打破了既有的区域格局，形成了集聚和分散的新秩序。一方面，全球城市区域中的小城镇发展得益于高速公路网络化建设所带来的区域均质化过程，产业发展的空间选择可以依托便捷的、网络化的区域交通体系在生产成本更低的小城镇地区集聚；另一方面，高速铁路及其枢纽的建设重新将小城镇排列到产业梯度的外围，对精英型人才和快速通勤有较高要求的高端生产者服务业更倾向于在高速铁路通达的中心城市布局，从而形成围绕高速铁路枢纽扩展开的新"中心—外围"产业梯度和不均衡的区域空间格局。

3）高品质集约发展的诉求重塑了小城镇的发展方式。一方面，在资源生态等外部环境约束不断加强的背景下，小城镇发展需要进一步发挥城镇建设水平对资本的吸引力，通过加快基础设施和公共服务配套建设，以及城镇综合职能的塑造来实现高水平招商引资，达到"以高品质的城镇化来助推高质量的工业化"战略转型的目标（陈前虎，2017）；另一方面，高品质集约发展的诉求加快了中心城市"产业郊区化"进程，那些具有一定基础和规模的小城镇通过承接中心城市产业转移步入新一轮的"快速工业化带动城镇化"的发展阶段。

4）社会消费需求的升级提供了小城镇发展的新路径。一方面，公共消费需求的快速增长客观上要求小城镇成为承载社会公共服务的重要节点，作为城乡统筹发展的重要媒介与环节，其农村地域综合服务中心的职能将不断被强化；另一方面高密度城市区域中的集体性生态、休闲消费需要乡郊地带来满足。自主性旅游模式的快速兴起尤其是城市区域内短途自驾出行的盛行，使得农村地域的生态、休闲和体验经济逐渐凸显，休闲生态旅游成为小城镇经济发展新的增长点。在通勤条件相对便捷的全球城市区域内部，大量的小城镇依托良好的自然生态环境，有可能成长为休闲娱乐、文化艺术以及影视等产业的集聚点。

可见，基于发展的路径依赖、区域需求多样化、全球化与信息化发展的现实考虑，未来浙江省各类小城镇的战略部署不应再局限于单一的"工业导向"，它理应在顺应全球化和信息化发展，实现健康城镇化、缓解大城市病、解决"三农"问题、推进城乡深度融合发展、扩大地方内需、创造就业机会等方面，发挥多层面、多维度的积极作用。但与全球和区域经济的深度推进、小城镇分异态势不相协调的是，目前我们还缺少一套前瞻性、系统性的政策框架和完善的地方机制，来引导小城镇由"分异"走向"分工"，以营造"和而不同"的区域关系，实现区域经济的差别化特色发展。顶层设计的缺位与战略导向的不明将导致小城镇系统的内部紊乱，加剧强弱乡镇之间的恶性竞争，不利于区域尤其是县域经济的整体质量提升与转型发展。

为此，在新一轮经济社会发展变革中，迫切需要从政策分类供给和差别化指引的角度，引导各类小城镇特色健康与可持续发展，明确都市型小城镇（面向都市区化与郊区化态势）、县域块状经济强镇（面向工业化与城镇化品质提升）和传统经济弱镇（面向农业现代化与城乡融合发展）可持续发展的路径与策略，为浙江省第四次小城镇发展转型提供科学可行的政策依据，从而推进浙江城乡融合、区域协调、新型城镇化和工业化的深度发展。**这既是浙江转型实践中的现实需求，也是城镇化理论发展亟待破解的重大课题，更是浙江作为新时代全面展示中国特色社会主义制度优越性重要窗口的使命使然。**

1.3　愿景总体设计

1.3.1　视景对象

根据2000年7月国务院出台的《关于促进小城镇健康发展的若干意见》的明确规定，"小城镇"是指国家批准的建制镇，包括县（市）政府驻地镇和其他建制镇。但考虑到作为行政建制的乡在历史上一直起着一定区域"中心地"的功能，尤其是近年来随着现代农业、休闲农业的发展，乡和乡集镇所在地发挥着越来越突出的作用。为此，本书所指的"小城镇"包括了全省900多个乡镇。其中，约210个小城镇位于37个地市辖区，近年由于受地市中心城市的空间增长影响减少幅度较大，未来将进一步减少。其余700个位于地方县和县级市的小城镇，自2005年以来空间分布和数量变化基本稳定。

1.3.2　视景设计

本书基于动态发展、区域联系和复杂系统的研究视角，多角度、多层次地分析了改革开放以来浙江小城镇发展的历程，揭示了小城镇分化发展的空间格局与职能分布特征、特色成长的路径与机制。在此基础上，结合区域经济社会发展的现实与态势，理清浙江小城镇未来分类特色发展的思路与模式,提出面向"和而不同"区域关系的小城镇特色成长与分类管理的政策,引导小城镇通过公共品的差异化供给由"分异"走向"分工"。主要研究内容可分为以下7部分(图1-1):

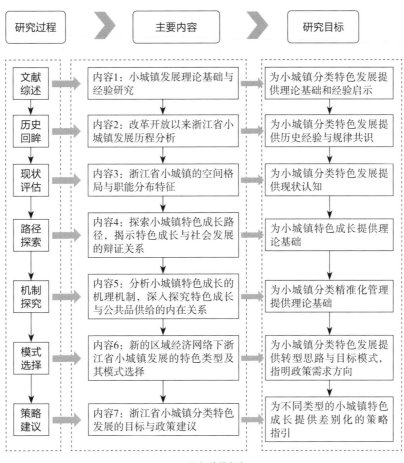

图1-1 研究总体框架

1)结合国内外小城镇建设的发展历程,从基本理论、国际经验和国内研究等三个方面系统梳理小城镇特色分类发展的理论基础、相关研究内容和方法,为本研究提供理论支撑和经验借鉴,以期在前人研究的基础上明确本书的研究视角。

2)从动态发展视角出发,回顾改革开放以来浙江省小城镇的发展历程与政策供给过程,分析浙江省小城镇在不同发展阶段中政策供给的具体措施和影响,以及城镇进一步发展的主要矛盾,为后文的研究提供历史经验与规律认知。

3)从多维要素视角出发,剖析当前浙江省小城镇多维空间格局特征,明确小城镇的发展基础、优势和方向。结合多种城镇职能分类方法,解析小城镇的职能空间分布特征及其典型案例。

4)从可持续发展视角出发,解析城镇特色的内涵与本质,剖析"特色"在小城镇可持续发展中的作用机理,分析区位(都市区与非都市区)对于小城镇特色成长路径的差异化影响,揭示不同区域城镇特色成长与社会发展（主要指公共设施供给）存在的主要矛盾，认为社会发展是影响各类城镇特色成长的主要障碍，由此构筑起不同区域城镇的特色成长路径。

5）从政府职能——公共品有效供给视角出发，分析小城镇经济社会发展与各类公共品供给间的相关性，旨在探索不同发展水平与发展类型的城镇对于公共品需求的差异性及两者之间的关联程度，以通过公共品的精准化供给，引导小城镇分类特色发展。

6）从区域发展态势出发，结合浙江省人口城市化态势，从不同区域类型、不同经济需求、不同城镇职能视角总结小城镇发展的分类特征，以准确把握不同小城镇的现实基础与未来发展趋势，从而有针对性地确定各类小城镇在新的区域经济网络下的动力机制和政策方向。

7）针对不同目标、不同区域、不同职能类型的小城镇，探讨其未来发展的政策目标和策略建议，为小城镇由分异到分类，再到分工的发展路径提供政策建议。

1.3.3 研究方法

本书将定性分析与定量分析相结合，借助文献分析、历史分析与比较研究、案例研究、理论建模、多元统计分析及多种定量分析方法，系统地研究了浙江省小城镇特色分类发展的空间格局、规律机制、发展趋势、类型划分与政策建议等内容。

1. 文献分析法

文献分析法的主要目的是对国内外相关文献进行搜集与整理，通过阅读文献内容，对所搜集的文献进行筛选，最终确定与本研究相关的文献资料。在此基础上，根据筛选的结果总结出目前与研究内容相关的理论基础与最新研究成果，提炼出相关的研究范式与研究方法，从而确定研究的起点与大致的研究方向。最后，通过对总结出来的理论基础、研究成果、研究方法与范式分析，选择研究视角、研究思路以及研究方法等。

2. 历史分析与比较研究法

历数了近40年来有关小城镇发展的各类重要政策文件，以保证政策分析的全面性、连贯性和针对性。强调对现有政策供给的历史反思，以明确政策供给的现实缺漏和未来的优化方向。结合区域发展形势，充分吸取国外城市化过程中的成功经验和历史教训，找到一些共同性的发展规律，反思目前的发展问题、面临的危机和未来的困境，以推动本土化发展。

3. 案例研究法

典型的实践经验具有重要的指导意义。因此，无论从前期的发现问题、选择研究视角与理论，还是理论模型的构建与证明，案例研究方法均发挥重要的作用。拟从以下几个步骤运用案例研究方法：①研究问题的确定，主要是针对研究背景以及研究内容，根据前期设计的技术路线，确定需要通过案例分析解决的问题；②相关案例的选取，是根据研究问题的需要，选择相关的城镇；③研究资料的收集，主要收集研究对象（省内典型案例）的发展定位与政策供给资料；④相关资料的分析，是对所有收集到的案例研究对象的相关资料开展案例内分析以及案例间的比较分析，这是一个循环往复的过程，直到可以对前期的问题做出判断，对各个问题得到研究结果；⑤研究结果的汇总，对案例分析得出的所有结果进行汇总以及比较分析，包括对概念性问题、理论的延伸以及新的发现；⑥研究报告的撰写，在前期的每个阶段均应做记录，为后期撰写报告做铺垫。

4. 理论建模法

小城镇发展问题表现出了复杂性、长期性的特点，涉及的研究领域也越来越多。本书在小城镇发展理论与浙江省现状及典型经验基础上，试图构建理论模型，来解释小城镇功能动态演化及分类特色发展的管理决策机制，并为深入展开研究指明方向。理论建模的具体步骤包括：①掌握影响小城镇功能动态演化及分类特色发展的关键因素；②剖析各种关键影响因素间的关系机理；③构建具体研究问题的理论分析模型；④运用理论模型分析小城镇功能演化、分类特色发展和管理决策问题。

5. 多元统计分析法

对小城镇统计数据进行实证分析，为后续分类发展管理研究奠定基础。具体步骤为：①对统计数据资料进行分类整理，提取具体研究内容所需的数据；②建立资料数据库，完善数据库的建设；③根据理论模型设置变量与假设，并适当完善研究模型；④变量数据的描述性统计与相关关系研究；⑤对变量开展统计分析，比如描述性统计分析和聚类分析；⑥结果分析与政策建议。

6. 主要定量分析方法

本书运用到的主要定量分析方法有：①灰色关联TOPSIS法。用于测算小城镇可持续发展评价体系的指标权重、城镇的综合指数与分项指数，从而得到小城镇各类指数的空间分布特征；②min-max标准化处理。为消除不同评价指标之间因单位、数值差异而造成的影响，使不同维度之间的特征在数值上具有一定的可比性，将原始数据按一定的比例缩放，使之落入[0，1]这个特定区间，以提高分类结果的准确性、科学性，需要对收集的原始数据进行归一化处理；③Pearson相关性检验分析。用于分析各目标要素相互作用的动态机理，揭示特色在城镇可持续发展中的作用机理，以及公共品与小城镇发展的内在机制；④障碍度模型。用于分析不同区域城镇特色成长的制约因素，为制定差异化、针对性的政策措施提供理论支持；⑤变异系数法。变异系数又称"标准差率"，主要用来测量评估结果中每个观测值的变化程度，并反映每个观测值的离散程度，在本书研究中主要用于测算小城镇职能分类评价体系的指标权重；⑥综合评价模型。综合评价是指针对研究对象建立一个多指标评价体系，利用一定的方法或模型，对收集的数据和信息进行分析，最终对研究对象进行定量的总体评价，在本书研究中主要用于测算小城镇各项职能的综合指数，从而绘得小城镇职能分布的空间分布特征和划定各个城镇的主导职能；⑦熵值法。通过指标数据的离散程度来确定该指标对综合评价的影响大小。在本书研究中用于测度小城镇发展水平及公共品供给水平评价体系的指标权重，以及样本城镇两项指标的综合得分，同时了解其空间分布特征；⑧灰色关联分析法。通过确定参考数列及若干比较数列的几何形状相似程度来衡量其联系是否紧密，在本书研究中主要用于计算小城镇发展及公共品供给两系统间各要素的关联度，以此分析城镇经济社会发展与公共品供给的互动机理与机制。

第 2 章　追溯理论渊源

本章结合国内外小城镇发展建设历程，从相关基础理论、国际经验和国内研究等三个方面系统梳理小城镇特色发展的相关研究内容和方法，为整体研究提供基础支撑。

2.1　相关理论

2.1.1　可持续发展

可持续发展理论的形成经历了相当长的历史过程（表2-1）。1962年，美国女生物学家莱切尔·卡逊（Rachel Carson）发表了一部环境科普著作《寂静的春天》，作者描绘了一幅由于农药污染引起的可怕景象，惊呼人们将会失去"春光明媚的春天"，在世界范围内引发了人类关于发展观念上的争论。10年后，罗马俱乐部发表了著名的研究报告《增长的极限》，明确提出"持续增长"和"合理的、持久的均衡发展"的概念。1980年3月，联合国环境规划署（UNEP）、国际自然资源保护同盟（IUCN）和世界野生生物基金会（WWF）共同组织发起，多国政府官员及科学家参与制定的《世界自然保护大纲》，初步提出了可持续发展的思想，强调"人类利用对生物圈的管理，使得生物圈既能满足当代人的最大需求，又能保持其满足后代人的需求能力（牛文元，2012）"。1987年，以挪威首相布伦特兰为主席的联合国世界与环境发展委员会发表了一份报告《我们共同的未来》，正式提出可持续发展概念，首次将其定义为"既满足当代人需要，又不损害后代人满足其需要的发展"，并以此为主题对人类共同关心的环境与发展问题进行了全面论述，受到世界各国政府组织和舆论的极大重视。在1992年联合国环境与发展大会上，可持续发展要领得到与会者的共识与承认，之后其影响日渐深远，已被世界各国广泛接受。

可持续发展涉及经济、生态和社会三方面的协调统一，要求人类在发展中讲究经济效率、关注生态和谐与追求社会公平，最终达到人的全面发展。这表明，可持续发展虽然缘起于环境保护问题，但作为一个指导人类走向21世纪的发展理论，它已经超越了单纯的环境保

可持续发展理论形成过程　　　　　　　　　　　　　　　　　　　　　表2-1

年份	相关学者及组织	主要内容
1962	莱切尔·卡逊	著作《寂静的春天》开启了世界范围内人类关于发展观念上的争论
1972	罗马俱乐部	在《增长的极限》这一报告中明确提出"持续增长"和"合理的、持久的均衡发展"的概念
1980	联合国环境规划署、国际自然资源保护同盟、世界野生生物基金会及多国政府等	制定《世界自然保护大纲》，初步提出可持续发展的思想，强调"人类利用对生物圈的管理，使得生物圈既能满足当代人的最大需求，又能保持其满足后代人的需求能力"
1987	联合国世界与环境发展委员会	《我们共同的未来》报告中正式提出可持续发展概念，首次定义其为"既满足当代人需要，又不损害后代人满足其需要的发展"，并以此为主题对人类共同关心的环境与发展问题进行了全面论述
1992	联合国环境与发展大会	可持续发展要领得到与会者的共识与承认，并被各国广泛接受

护。它将环境问题与发展问题有机地结合起来，已经成为一个有关社会经济发展的全面性战略。具体地说：

1）经济可持续发展。可持续发展鼓励经济增长，而不是以环境保护为名取消经济增长，因为经济发展是国家实力和社会财富的基础。但可持续发展不仅要重视经济增长的数量，更要追求经济发展的质量。可持续发展要求改变传统的以"高投入、高消耗、高污染"为特征的生产模式和消费模式，实施清洁生产和文明消费，以提高经济活动中的效益、节约资源和减少废物。可以说，集约型的经济增长方式就是可持续发展在经济方面的体现，也是当前我国强调高质量发展的主要内涵。

2）生态可持续发展。可持续发展要求经济建设和社会发展要与自然承载能力相协调。发展的同时必须保护和改善地球生态环境，保证以可持续的方式使用自然资源和环境成本，使人类的发展控制在地球承载能力之内。因此，可持续发展强调了发展是有限制的，没有限制就没有发展的持续。生态可持续发展同样强调环境保护，但不同于以往将环境保护与社会发展对立的做法，可持续发展要求通过转变发展模式，从人类发展的源头、从根本上解决环境问题。

3）社会可持续发展。可持续发展强调社会公平是环境保护得以实现的机制和目标。可持续发展指出世界各国的发展阶段可以不同，发展的具体目标也各不相同，但发展的本质应包括改善人类生活质量，提高人类健康水平，创造一个保障人们平等、自由、教育、人权和免受暴力的社会环境。这就是说，在人类可持续发展系统中，生态可持续是基础，经济可持续是条件，社会可持续才是目的。21世纪人类共同追求的应该是以人为本位的自然—经济—社会复合系统的持续、稳定、健康发展。

作为一个综合性和交叉性的研究领域，可持续发展涉及众多学科，需要在不同学科领域展开研究。例如，生态学家着重从自然方面把握可持续发展，理解可持续发展是不超越环境系统更新能力的人类社会的发展；经济学家着重从经济方面把握可持续发展，理解可持续发展是在保持自然资源质量和其持久供应能力的前提下，使经济增长的净利益增加到最大限度；社会学家从社会角度把握可持续发展，理解可持续发展是在不超出维持生态系统涵容能力的情况下，尽可能地改善人类的生活品质；科技工作者则更多地从技术角度把握可持续发展，把可持续发展理解为建立极少产生废料和污染物的绿色工艺或技术系统。

可持续发展定义包含两个关键的基本要素："需要"和对需要的"限制"。满足需要，首先是要满足贫困人民的基本需要。对需要的限制主要是指对未来环境需要的能力构成危害的限制，这种能力一旦被突破，必将危及支持地球生命的自然系统中的大气、水体、土壤和生物。决定两个基本要素的关键性因素是：

1）收入再分配，以保证不会为了短期生存需要而被迫耗尽自然资源；

2）降低主要面向穷人遭受自然灾害和农产品价格暴跌等损害的脆弱性；

3）普遍提供可持续生存的基本条件，如卫生、教育、水和新鲜空气，保护和满足社会最脆弱人群的基本需要，为全体人民，特别是为贫困人民提供发展的平等机会和自由选择。

纵观人们对可持续发展理论的内涵认知，经历了从生存到发展，再从发展到可持续发展的漫长过程。可持续发展理论特别注重"整体的""内生的"和"综合的"内涵认知，以处理好"人与自然"之间的关系为其"外部响应"，以处理好"人与人"之间的关系作为"内部响应"，从而为可持续发展提供"软硬支撑"。除此之外，可持续发展不仅揭示了"发展、协调、持续"的系统本质，反映了"动力、质量、公平"的有机统一，还创建了"和谐、稳定、安全"的人文环境，体现了"速度、数量、质量"的绿色运行（牛文元，2012），为促成共同、协调、公平、高效、多维的发展提供了具备普适性的价值观念及理论指导。

在可持续发展理论面世后，由加拿大统计学家戴维·拉波特（David J. Rapport）和安东尼·马库斯·弗伦德（Anthony Marcus Friend）（1979）提出，后由经济合作与发展组织（OECD）和联合国环境规划署（UNEP）于20世纪八九十年代共同发展起来的用于研究环境问题的一个框架体系——PSR（Pressure-State-Response，状态—压力—响应）评价模型。PSR模型使用"原因—效应—响应"这一思维逻辑，体现了人类与环境之间的相互作用关系。人类通过各种活动从自然环境中获取其生存与发展所必需的资源，同时又向环境排放废弃物，从而改变了自然资源储量与环境质量，而自然和环境状态的变化又反过来影响人类的社会经济活动和福利，进而社会通过环境政策、经济政策和部门政策，以及通过意识和行为的变化而对这些变化做出反应。如此循环往复，构成了人类与环境之间的压力—状态—响应关系。

该模型区分了3类指标，即压力指标、状态指标和响应指标。其中，压力指标表征人类的经济和社会活动对环境的作用，如资源索取、物质消费以及各种产业运作过程所产生的物质排放等对环境造成的破坏和扰动；状态指标表征特定时间阶段的环境状态和环境变化情况，包括生态系统与自然环境现状、人类的生活质量和健康状况等；响应指标指社会和个人如何行动来减轻、阻止、恢复和预防人类活动对环境的负面影响，以及对已经发生的不利于人类生存发展的生态环境变化进行补救的措施。PSR模型回答了"发生了什么、为什么发生、我们将如何做"三个可持续发展的基本问题，特别是它提出的所评价对象的压力—状态—响应指标与参照标准相对比的模式受到了很多国内外学者的推崇，广泛地应用于区域可持续发展指标体系研究及环境保护投资分析等领域。

2.1.2 专业化分工

专业化分工研究缘起于以亚当·斯密（Adam Smith）为代表的古典经济学，该理论跨越数个世纪而历久弥新（表2-2）。1776年亚当·斯密在其著作《国民财富的性质和原因的研究》中便开宗明义提出"分工是国民财富增进的源泉"这一重要论断。他还认为"劳动生产力上最大的改进，以及运用劳动时所表现的更大的熟练、技巧和判断力，似乎都是劳动分工的结果。"此外，亚当·斯密还对分工进行了分类，提出企业内分工、企业间分工以及产业分工三种类型，其中企业间分工实质上即是产业集群形成的理论依据所在，产业集群在保证分工与专业化效率的同时进一步深化分工与专业化，从而反向促进产业集群的发展。亚当·斯密认为"分工起因于交换能力和分工的程度，因此总要受到交换能力大小的限制，换言之，要受到市场广狭的限制"，即"市场决定分工"，这也就是著名的"斯密定理"。针对分工如何提高生产效率，亚当·斯密给出了其经典解释：一为劳动者技巧因专业化而日益进步；二为节省劳动时间；三为机器的发明与采用。总而言之，以亚当·斯密为代表的古典经济学的基本逻辑是，分工带来的专业化导致技术进步，技术进步产生报酬递增，而进一步的分工依赖于市场范围的扩大。分工既是经济进步的原因又是其结果，这个因果累积的过程所体现出的就是报酬递增机制。因此，专业化和分工应该成为研究经济增长和社会发展的出发点。但是亚当·斯密的理论只考虑到市场扩张造成的外生交易费用，忽略了交易制度的不完善和法律制度的不健全带来的内生交易费用，这是其局限所在，但这并不掩盖亚当·斯密理论的科学性。

专业化分工理论演进过程　　　　表2-2

年份	相关学者及学派	主要内容
1776	亚当·斯密	"分工是国民财富增进的源泉""劳动生产力上最大的改进，以及运用劳动时所表现的更大的熟练、技巧和判断力，似乎都是劳动分工的结果"。对分工进行了分类，并提出"市场决定分工"这一重要定理等
1890	阿尔弗雷德·马歇尔	继承了亚当·斯密对于劳动分工的开创性理论，用规模经济的概念替代了专业化经济，使经济学研究焦点变成了要素、产品数量与价格的互相影响（资源配置）。提出产业集群概念，并描述了集群形成原因
1928	阿林·杨格	拓展"斯密定理"，深刻阐述报酬递增与经济进步的关系，指出"报酬递增的原因并非规模经济，而是产业的不断分工和专业化结果"，并提出著名的"杨格定理"
20世纪50年代	以杨小凯、罗森、贝克尔等为代表的新兴古典经济学	古典经济学中关于"分工和专业化"的经济思想被转化为数学模型。专业化分工理论、交易费用、交易效率概念和一般均衡的分析工具被纳入产业集群的研究，并提出专业化分工模型

1890年英国经济学家阿尔弗雷德·马歇尔（Alfred Marshall）的《经济学原理》出版问世，标志着新古典经济学的形成。阿尔弗雷德·马歇尔对分工经济思想的重要贡献主要体现在报酬递增与工业组织上。他继承了亚当·斯密对于劳动分工的开创性理论，用规模经济的概念替代了专业化经济，使经济学研究焦点从生产率与经济组织之间的关系（分工问题）变成了要素、

产品数量与价格的互相影响（资源配置）（Alfred Marshall，1998）。在阿尔弗雷德·马歇尔的论述中，分工的网络被描述为经济组织，早期的产业集群概念得以提出，他将具有分工性质的企业在特定地区的集群称作地方性工业，并将这些特定地区称为"产业区"，同时初次描述了产业集群形成的3个原因：本地专业化劳动力发展，大量增加的相关企业和生产服务活动以及频繁的信息交流；辅助性工业的好处；提供专业技能的劳动市场。他认为工业在一个地方集聚的优势在于能够产生知识和生产技能的外溢效应，获取外部规模经济提供的众多利益，促进专业化、高效率机器的使用并形成熟练劳动力集中的市场，这一就业上的优势同工业在特定区位的集中组合形成制造业的集聚效应，成为该地工业成长和区域发展的重要原因（陈柳钦，2007）。

1928年美国经济学家阿林·杨格（Allyn Young）发表了《报酬递增与经济进步》一文，对亚当·斯密关于劳动分工与市场规模的思想进行了重新论述，并拓展了"斯密定理"，深刻阐述了报酬递增与经济进步的关系，指出"报酬递增的原因并非规模经济，而是产业的不断分工和专业化结果"（Allyn Young，1928），由此专业化分工理论得以回归。阿林·杨格关于市场规模深化分工，同时引致市场规模的扩大，如此循环累计、互为因果的演进过程的思想即为著名的"杨格定理"，主要包括以下3个方面：产业分工和专业化是报酬递增得以实现的一个基本条件；劳动分工取决于市场规模并影响其变化；报酬递增是生产的资本化或迂回化生产。为全面解读阿林·杨格有关思想，还必须把握动态均衡—静态均衡、专业化经济—外部规模经济、迂回生产—直接生产等几个关键点。整体而言，阿林·杨格将"斯密定理"动态化，从而超越了亚当·斯密关于分工受制于市场规模的思想，但由于阿林·杨格无法将其理论数学化，所以未能得到主流经济学的重视。

直到20世纪50年代，线性规划和非线性规划方法的产生为专业化分工研究提供了重要的实证分析工具（刘璐和李爽，2008）。20世纪80年代以来，以杨小凯、罗森、贝克尔等为代表的一批经济学家从生产者和消费者完全统一、生产中存在专业化经济、消费者偏好多样化和存在交易费用等四个基本假设出发，用超边际分析法等将古典经济学中关于"分工和专业化"的经济思想转化为数学模型，发展出新兴古典经济学，掀起古典经济学的复兴思潮。在新兴古典主义的分析框架中，分工演进始终是经济增长的一条主线，并可以用来解释贸易、企业、城市化与工业化、产权理论等宏观经济问题。分工呈现出自发演化的过程，大致可以描述为：生产效率很低的经济发展初期，人们主要是自给自足。伴随着劳动经验积累，生产效率得以提升，同时人们开始有能力承担一定的交易费用，通过互相交换商品开始产生初步分工和专业化生产，由此加速了经验累积与技能提升，"沿空间的互补性"的"溢出效应"进一步提高生产效率。人们在对专业化带来的报酬和未来将要增加的交易费用进行权衡后，认为可以支付更多的交易费用试验新的分工组织，分工水平得以再次提升，如此良性循环往复，分工演进加速行进。此外，杨小凯等学者在基于分工和专业化的基础上，对经济集聚现象进行了论述，他们将专业化分工理论、交易费用、交易效率概念和一般均衡的分析工具纳入产业集群的研究之中，提出了专业化分工模型（陈柳钦，2007）。

综上所述，就整个人类社会的生产交易过程来说，不仅存在与技术效率有关的直接转化成本，而且还存在因为不同经济组织之间的利益冲突而产生的成本，前者通常称为生产成本，其降低的途径在于专业化分工。后者就是新制度经济学所指的交易成本,其降低的途径在于制度创新。分工交易的过程就是一个协调生产成本与交易成本、技术问题与社会问题的过程。城市存在与发展的理由,一方面通过专业化分工创造积极的外部性,获取分工效率的最大化;另一方面通过持续的制度创新,最大程度上消除消极的外部性,降低单位交易成本,促进分工不断演进。城市化的历史,说到底就是一部不断产生技术与社会之间两难冲突并不断得到缓解,然后促进技术创新(专业化分工),又进一步产生新的两难冲突的均衡—不均衡—均衡……的交替循环的历史。从"何为城市化"的角度看,城市化是一个伴随着以下一些现象同时发生的动态效率持续增长过程:每个人专业化水平上升(人力资源积累与就业结构升级)、迂回生产链条加长(产业结构升级)、每个链条上中间产品数增加(产品多样化)、新机器出现(技术进步),等等。与此同时,区域的商业化程度(区际分工)、对外贸易依存度(国际分工)、市场一体化程度、市场容量、就业规模、生产集中度、人口城市化水平等也会相应提高。这些现象都是分工演进的不同侧面,应该纳入分工演进的统一框架中加以认识。从"为何城市化"的角度分析和定义,城市化应该是一个以自由、民主、平等为原则,通过一系列正式(法律、制度与规章)与非正式(文化、道德与习俗)社会环境的塑造,重组社会关系、降低交易成本、提高交易效率、促进专业化分工的过程,又是产权强化、政权硬化、制度化、法律化及经济自由化的过程。

2.1.3 公共品供给

公共品供给理论是公共经济学的重要内容。从前古典时期公共品供给经济思想的滥觞到古典时期亚当·斯密的整合以及马克思主义者的经典转换,思想家们对个体利益和公共利益之间博弈的思考产生了不同的公共品供给观(张俊,2011),从而为现代公共品供给理论提供了重要的思想来源(表2-3)。

公共产品理论演进过程   表2-3

年份	相关学者或学派	主要内容
1739	大卫·休谟	论述了"搭便车"现象,以"公共草地排水"为例提出公共利益维护及政府参与的必要性
1776	亚当·斯密	主张市场这只"看不见的手"主导资源配置,政府作为"守夜人"只需为国家提供最低限度的公共服务
1882	阿道夫·瓦格纳	提出"瓦格纳法则",并从政治及经济因素对财政支出增长趋势进行解释
第二次世界大战后	保罗·安东尼·萨缪尔森	清晰区分公共产品及私人产品,提出"萨缪尔森条件"
20世纪50年代	理查德·马斯格雷夫	首次引用"公共经济学"概念,完成了公共产品非排他性特征的描述,构建公共产品的提供模型,将政治因素引入公共产品有效问题
1965年	詹姆斯·麦吉尔·布坎南	提出"俱乐部产品"概念及俱乐部成员最优规模
20世纪60年代	罗纳德·哈里·科斯	提出公共产品需在技术和制度等具体约束条件下选择最优生产供给模式,为公共品私人供给提供了理论依据

根据经济学相关论述，一个完美的市场经济制度必须拥有两组关于经济体的假设，一组是市场假设，关于个体生产和要素市场的结构；另一组为技术假设，包括个体偏好和生产技术的特性。其中，市场假设一般认为完全竞争的市场运转得最好，而完全竞争的市场又应存在下述4个假设：大量的买者与卖者、同质的产品（或生产要素）、完全信息、没有进入与退出的壁垒；技术假设中则包含了消费与生产的标准假设及不存在外部性这一重要假设，认为一旦竞争性市场存在外部性，就会导致资源无法得到有效配置。然而，在真正的市场运转过程中，由于外部性、公共产品、产权和强制性契约、规模经济、非对称信息等因素，技术假设及市场假设难以完全成立，市场配置往往不能实现帕累托最优，从而引发市场失灵问题。为有效配置社会资源，弥补市场失灵，政府干预市场的行为被赋予其合理性。20世纪后期最具影响力的主流公共经济学家之一理查德·马斯格雷夫（Richard Musgrave）为了分析需要，将政府的经济行为分成3个独立的职能：分配职能——在市场失灵的情况下，政府利用行政手段保证市场行为的结果或过程公平；配置职能——为应对市场的无效率问题，利用行政干预达到帕累托最优；稳定职能——为应对宏观问题，长期内保持经济的适度增长、熨平商业周期、保持市场经济繁荣，短期内避免通货膨胀。虽然完全竞争市场或许是大多数人所希望的，但正如前文所述，市场经济运转良好的假设过于严苛，因此完全竞争市场难以实现。例如，公共产品便存在对技术假设的违背。与私人产品相对应，公共产品是指具有消费或使用上的非竞争性和收益上的非排他性的产品，而正是这一非排他性使得任何人的消费都必将影响到所有人，因此，公共产品的实质也即是外部性。关于公共产品的经典例子就是国防。如果一个人制造了核导弹来抵御外敌侵略，那么无关乎所有公民的意愿，他们均会受到核弹的保护，这一特性使得市场无法配置公共产品，从而受困于"搭便车"现象，为此需要某种集体决策，由政府进行公共产品的购买、配置，从而达到改进效率与公平的重要经济目标（Richard W. Tresch，2014）。

作为当代西方财政理论的核心，公共产品理论随着经济学的发展而不断演进。早在1739年，大卫·休谟（David Hume）就在其著作《人性论》中论述了"搭便车"现象，他认为自利的天性使得有些只能通过集体完成的事情必须靠国家机器使每个人遵守法则，并通过"公共草地排水"的例子说明了公共利益维护及政府参与的必要性。1776年，亚当·斯密在《国富论》中深入分析了政府职能，认为资源配置应由市场这只"看不见的手"为主导，政府只需充当"守夜人"的角色，为国家提供最低限度的公共服务。

1882年，德国著名经济学家阿道夫·瓦格纳（Adolf Wagner）在对许多国家公共支出资料进行实证分析的基础上提出了"公共支出不断增长法则"，即由于人们对公共产品的需求弹性较高，伴随经济发展过程中人均收入的提高，人们对法律、警察、金融、教育、文化、医疗等在内的公共产品需求不断增长，政府支出规模也由此扩大，这也被后人称作"瓦格纳法则"，并得到了后续众多学者的研究验证。对于法则所描述的财政支出增长趋势，瓦格纳分别从政治及经济两方面做出了相应解释。

现代经济学对公共产品的研究始于新古典主义综合派的保罗·安东尼·萨缪尔森（Paul A. Samuelson），由他首次出版于1948年、后于1985年与耶鲁大学教授威廉·诺德豪斯

(William D. Nordhaus)合撰修订的《经济学》著作对公共产品及私人产品的特征进行了清晰的区分,认为"公共产品是指每个人对这种产品的消费都不会导致其他人对该产品消费的减少"(王爱学和赵定涛,2007),同时也承认了大多数公共产品并非纯公共产品。此外,他还对私人产品和公共产品最优供给的局部均衡和一般均衡进行了分析,得出了著名的"萨缪尔森条件"。

到20世纪50年代末期,美国著名经济学家理查德·马斯格雷夫出版著作《财政学原理:公共经济研究》,首次引用"公共经济学"概念,完成了公共产品非排他性特征的描述,并构建了公共产品的提供模型。在经济效率的基础上,马斯格雷夫加入了政治因素对公共产品的有效提供问题进行了讨论,将公共产品的有效供给与政治过程和分配公平做了结合。

1965年,詹姆斯·麦吉尔·布坎南(James Mcgill Buchanan)在《俱乐部的经济理论》一文中提出现实社会大量存在"准公共产品"或"混合产品",即"俱乐部产品",创立了公共选择理论,并使用成本收益分析框架得出了俱乐部成员的最优规模。"俱乐部产品"拉近了公共产品与现实的距离,具备较强的实用性与操作性。公共选择学派还发现政治寻租和投票悖论产生的高成本问题可能会造成政府失灵。在此基础上,公共产品的私人提供问题应运而生。以罗纳德·哈里·科斯(Ronald Harry Coase)为代表的交易费用与产权学说为公共产品理论的发展做出了巨大贡献,认为公共产品的供给模式并非固定的,而是可以根据技术和制度等的变化,在具体的约束条件下选择最优的生产供给模式,这为公共产品的私人供给提供了理论依据,公共产品私人化供给的可行性问题因此开始受到重视。越来越多的研究及事实表明,私人可以提供公共产品且在某些特定情况下有效,而私人提供远不能满足社会需求,因此必须在政府及私人供给之间寻找最优的均衡点。

公共产品理论在不同流派的持续传承中不断丰富和完善,呈现出相互关联并且不断深化的关系,为现实中多方主体进行公共品供给,解决市场失灵问题提供了坚实的理论基础与实践指导,也为改革开放以来浙江小城镇的转型发展提供了很好的理论解读视角。

2.1.4 区位空间结构

区位空间结构理论是研究一定区域范围内社会经济各组成部分及其组合类型的空间相互作用和位置关系,以及反映这种关系的空间集聚规模和集聚程度的理论,是关于农业、工业、第三产业、城镇居民点区位的综合区位理论。

区位空间结构理论的研究大致经历了3个阶段:20世纪40年代中期以前的古典区位研究阶段;第二次世界大战以后到20世纪90年代的区域经济的空间集聚和分异研究阶段;20世纪90年代中期以来的新经济地理学阶段(表2-4)。

古典区位理论产生于19世纪20-30年代,主要包括农业区位论、工业区位论、中心地理论和市场区位论等,是一些德国学者在19世纪初到20世纪50年代期间提出的。1826年冯·杜能(J. H. Von Thunnen)在《孤立国同农业和国民经济的关系》中依据地租和运费的级差,建立了单一城市的"孤立国模型",确定了农业生产方式的空间配置原则,建立以城市为中心,由里

区位空间结构理论演变　　　　　　　　　　表2-4

阶段	1940年以前		1940—1990年		1990年至今	
	古典区位研究		区域经济的空间集聚和分异理论研究		新经济地理学理论	
理论及代表学者	理论	代表学者	理论	代表学者	理论名称	代表学者
	农业区位论	冯·杜能	增长极理论	弗朗索瓦·佩鲁	"中心—外围"模型	保罗·克鲁格曼
	工业区位论	阿尔佛雷德·韦伯	不平衡增长理论	艾尔伯特·赫希曼		
	中心地理论	克里斯泰勒	循环积累因果理论	冈纳·缪尔达尔		
	市场区位理论	奥古斯特·廖什	核心—边缘理论	约翰·弗里德曼		
			倒"U"形理论	威廉姆逊		

向外依次呈现各种不同产品生产的同心圆结构（李小建，1999），创立了农业区位论。阿尔佛雷德·韦伯（Alfred Weber）于1909年出版的《工业区位论：区位的纯理论》在第二次工业革命及城市工业不断发展的背景下，认为决定工业场所的3个区位因子是运费、劳动力费用和聚集力，创建了工业区位理论。随着资本主义社会经济的发展和市场规模的扩大，美国经济学家胡佛（Edgar Hoover）等考虑了更为复杂的运输费用结构和规模经济等因素来确定企业的最佳空间布局，把区位理论由农业扩展到了工业。伴随古典经济向现代市场经济的过渡，市场问题成为一些学者研究区位理论考虑的重要因素，人们开始关注市场区划分和市场网络结构的合理性。克里斯泰勒（W. Christaller）于1933年发表的《德国南部的中心地》一文中通过对德国南部地区城镇规模、职能间的关系及其空间分布的特性分析，系统阐明了"中心地理论"，提出了"城市区位论"。奥古斯特·廖什（August Losch）于1940年发表了代表作《区位经济学》，创立了需求圆锥体学说，详细研究了市场规模与市场需求结构对区位选择、产业配置和城市规模的影响，扩展了区位理论研究的范围，进一步发展了工业区位理论和中心地理论，建立了市场区位理论。

这一阶段区位空间结构理论的研究特点是：①提出并建立了影响区域空间结构演变的区位因子体系，着重考虑运费、土地价格、生产资料等生产性要素的影响；②研究问题的目标和着眼点是寻求得出单个社会经济事物和现象的最佳区位；③运用地租学说和比较成本学说的基本理论和区位几何学等方法，建立静态分析的区域空间结构模型。

第二次世界大战以后，美国经济学家与欧洲学者一道将古典区位理论进行综合，提出了现代空间结构理论和"空间经济学"的概念。沃尔特·艾萨德（Walter Isard）在其著作《区域分析方法》中将"空间系统"作为区域经济的研究对象，并将"投入—产出"方法应用于区域发展分析，从而开创了区域空间结构发展综合研究及其应用（区域规划）的先河。以阿隆索（Alonsol）、米尔斯（Mills）为代表的"新城市经济学"吸纳了杜能的思想，建立了连续性空间和一维空间假设下的单中心城市模型，分析租金与运输费用的平衡及城市内部空间结构问题。面对第二次世界大战后经济发展的诸多区域问题，区域经济学研究重点开始转向区域经济增长理论和区域政策的研究，为区域空间结构理论的形成和发展奠定了基础

(涂人猛，2009）。

区域经济空间集聚和分异理论是20世纪50年代中期针对发展与均衡存在的众多问题而提出的一种理论。1955年法国经济学家弗朗索瓦·佩鲁（Fransois Perroux）首次提出增长极理论，即增长首先以不同的强度出现在一些增长部门，然后通过不同渠道向外扩散，对整个经济产生不同的影响。他强调规模大、创新能力高、增长快速、居支配地位且能促进其他部门发展的推进型主导产业部门，着重强调产业间的关联推动效应。艾尔伯特·赫希曼（Albert Otto Hirschman）提出了不平衡增长理论，即发展的过程应当理解为"一连串的不平衡过程"。他提出了"极化效应"和"涓滴效应"的概念，认为在经济发展的初级阶段，极化效应占据主导地位。因此，区域差异会逐渐扩大。但从长期来看，涓滴效应将缩小区域差异。冈纳·缪尔达尔（Karl Gunnar Myrdal）的"循环积累因果理论"则通过"回流效应"和"扩散效应"的概念来分析区域经济的空间演变，并提出"回流效应"总是大于"扩散效应"的基本思路。他认为，基于市场力量作用的结果总是持续扩大区域之间的差异，当经济发展到一定水平时，政府必须制定特殊的政策来缩小这种差异。

约翰·弗里德曼（John Friedmann）将"核心—边缘"的概念引入区域经济空间演变的分析中，提出区域空间结构演变的阶段模型。1966年，在他出版的《区域发展政策》一书中把区域空间结构的演变划分为4个阶段，从均值无序发展至复杂化和有序化的"核心—边缘"结构，并最终走向空间一体化。他认为，在区域经济向空间一体化方向的发展过程中，市场机制对资源配置的基础性作用导致了空间结构的二元化矛盾，为此，需要充分发挥政府的调节作用。1965年，威廉姆逊（Jeffery G. Willamson）把库兹涅茨的收入分配倒"U"形假说应用到区域经济领域，提出了区域经济差异的倒"U"形理论，并通过实证分析将时序问题引入了区域空间结构变动分析，进一步论证了区域空间结构形成和演变的主要原因、机制及发展趋势。

20世纪50-60年代兴起的空间经济学理论聚焦于区域经济的集聚和分异问题，在考虑区域经济发展如何体现效率和公平双重目标基础上，实现区域经济空间发展逐步均衡化的目的。这一阶段的空间经济学对于古典理论的发展体现在：①从综合的、整体的角度来研究和发展区位理论，根据大量的实证研究提出极化效应和扩散效应机制；②明确提出区域空间系统的层次性，按照区域结构特点、收入水平差异、增长率差异将特定的区域空间系统划分为不同类型；③研究区域经济增长过程中空间结构的均衡与非均衡变化，出现了诸如"平衡增长"理论、"增长极"理论、"输出基础"理论等诸多理论学说。

20世纪90年代以来，由于世界经济全球化与区域一体化的发展，主流经济学理论在解释现有经济现象时遇到越来越多的问题，经济地理学与经济学研究领域的交织更加明显和迫切，以保罗·克鲁格曼（Paul Krugman）和藤田（Fujita）等为代表的主流派经济学家重新审视了空间因素，以规模经济和产品差异为出发点，将国际贸易模式和经济活动区位分析结合起来，创造性地提出了新经济地理学理论，开创了经济地理学研究的新时代，构建了"新经济地理学"。1988年藤田在《区域科学和城市经济学》上发表了《空间集聚的垄断竞争模型：细分产品方法》，1991年克鲁格曼在《政治经济学》杂志上发表了《报酬递增和经济地理》，这两篇论文完成了对D—S模型空间意义的解释，展示了外部条件原本相同的两个区域是如何在报酬递增、人口流动与运输成本交互作用的情况下最终演变出完全不同的生产结构的，可被视为新经济地理学研究的开山之作。通过对报酬递增的D—S模型赋予空间解释，新经济地理学对报酬递增、外部经济、运输成本、要素流动和投入产出联系的性质及其相互作用进行了深入探讨，所发展出的一系列模型揭示出一些重要的理论含义，对于理解全球化条件下的生产、贸易和经济发展的特点具有重要意义。模型证明、制造业活动倾向于空间集聚的一般性趋势，使得现实中产业区的形成具有路径依赖性，其产业空间聚集一旦建立起来就倾向于自我延续下去（王缉慈，2001）。

这一阶段区位空间结构研究的进展在于：①通过建立模型，模拟区域经济现象的产生过程，揭示区域经济空间结构的形成和演变机制，完善了区域空间结构演变的极化效应和扩散效应机制；②在对区域空间结构演变的阶段理论和空间相互作用理论进一步完善的同时，发展了区域城镇空间扩展理论，建立了区域产业集聚和扩展理论，使区域空间结构理论形成一个较为完善的理论体系；③新的方法与技术手段在区域空间结构演变研究中发挥着越来越重要的作用（涂人猛，2014）。

作为区位空间结构理论的一个分支，"圈层结构理论"适用于较高水平工业化的区域。它认为在区域发展进程中城市发挥着主导性作用，区域经济发展程度的分布特点表现为从城市为核心向外逐渐扩散（高文智，2016），这一扩散遵循距离衰减定律，从而形成了圈层状的空间分布结构，由内而外通常可分为内圈层、中圈层和外圈层：①内圈层，即中心城区或城市中心区，该层是完全城市化地区，基本没有种植业和其他农业活动，以第三产业为主，人口和建筑密度都较高，地价较贵，商业、金融、服务业高度密集，是地区经济的最核心部分，也是城市向外扩散的源地；②中圈层，即城市边缘区，是中心城区与乡村的过渡地带，也是城市用地轮廓线向外扩展的前缘，既有城市的某些特征，又保留着乡村的某些景观。居民点密度较低，建筑密度较小，以第二产业为主，并积极发展城郊农业；③外圈层，即城市影响区，土地利用以农业为主，农业活动在经济中占绝对优势，与城市景观有明显差别。其居民点密度低，建筑密度小，是城市的水资源保护区、动力供应基地、假日休闲旅游之地。

圈层结构理论总结了城市扩张和发展的一般规律，对于城市及区域的经济社会发展均具有重大的指导意义，如今已被广泛运用于城市经济区和综合经济区等研究及多类型、多层次、多性质的空间规划之中。

2.1.5 自组织与系统协同

自组织理论是指在没有外部指令条件下，系统内部各子系统之间能自行按照某种规则形成一定的结构或功能的自组织现象的一种系统理论。该理论涉及复杂自组织系统（生命系统、社会系统）的形成和发展机制问题，即在一定条件下，系统是如何自动地由无序走向有序，由低级有序走向高级有序的过程，以及在这种过程中存在的特征、条件、环境和动力学规律。自组织现象无论在自然界还是人类社会中都普遍存在，从云层的聚集到生命的形成，乃至动物群落的出现、国家的产生，都存在这种自组织现象（罗家德等，2014）。它们在没有外界强加特定的干预和指令的条件下，依靠各系统间的相互协调，而获得相对稳定的秩序，形成有组织的行动。自组织理论的发展可以分为3个阶段（表2-5）（袁晓勐，2006）：

第一发展阶段可以追溯到19世纪中叶，这一时期自组织理论的概念虽尚未形成，但其思想已经开始萌芽。查尔斯·罗伯特·达尔文（Charles Robert Darwin）提出进化论可看作是生物学领域的自组织理论，其生存斗争、优胜劣汰、自然选择、适者生存是一个演化优化的过程，体现了自组织原理；卡尔·马克思（Karl Heinrich Marx）提出的人类社会更替的五种形态演进理论，将人类社会划分为原始社会、奴隶社会、封建社会、资本主义社会、共产主义社会五种社会形态，一定程度上说明了社会的自组织演化，且生产力决定生产关系、经济基础决定上层建筑的原理是社会历史系统自组织机制的一种理论阐述；相变理论系统地解释了物质三态转变的肌理，是物理学的自组织理论。这些理论都在一定程度上体现了自组织思想，但都未正式提出和使用自组织概念，且理论局限于各自的研究领域，不具有普适性，尚未满足现代科学的规范要求。

自组织与系统协同理论演进过程 表2-5

阶段	时间	相关学者	理论	主要论断/成就
萌芽阶段	1859	查尔斯·罗伯特·达尔文	进化论	物竞天择，适者生存
	1938	卡尔·马克思	五种社会形态演进理论	生产力决定生产关系，经济基础决定上层建筑
	1937–1982	列夫·达维多维奇·朗道、肯尼斯·威尔逊	相变理论	相变有时是突变，有时也可以是比较平稳的变化，在二者之间的临界点会发生很多反常的现象
发展阶段	1948	诺伯特·维纳	控制论	研究动态系统在变的环境条件下如何保持平衡状态或稳定状态的科学
	1948	罗丝·阿希贝	自组织原理	第一次提出"自组织"术语
成熟阶段	1971	赫尔曼·哈肯	协同论	大量性质完全不同的系统，在状态发生变化过程中都存在一种深刻的相似，那就是他们都是子系统相互协同合作的过程
	1971	曼弗雷德·艾根	超循环理论	指的是由循环组成的循环。在大分子中具体指催化功能的超循环，即经过循环联系把自催化或自复制单元等循环连接起来的系统
	1972	勒内·托姆	突变论	认为事物结构的稳定性是突变论的基础，事物的不同质态从根本上说就是一些具有稳定性的状态
	1977	伊里亚·普里戈金	耗散结构论	一个远离平衡态的非线性的开放系统（不管是物理的、化学的、生物的乃至社会的、经济的系统）通过不断地与外界交换物质和能量，在系统内部某个参量的变化达到一定的阈值时，通过涨落，系统可能发生突变即非平衡相变，由原来的混沌无序状态转变为一种在时间上、空间上或功能上的有序状态
	1984	圣塔菲学派	复杂适应系统理论	把系统中的成员称为具有适应性的主体，即能够与环境以及其他主体进行交互作用

第二发展阶段是在20世纪中期，现代意义上的自组织概念开始形成。1948年诺伯特·维纳（Norbert Wiener）创立了控制论，发表了著名的《控制论——关于在动物和机器中控制和通讯的科学》，他研究动态系统在变化的环境条件下如何保持平衡状态或稳定状态的科学，认为系统不仅能被组织，而且又能够自我组织，包含了一定意义上的自组织思想。罗丝·阿希贝（Ross Ashby）在1948年出版的《自组织原理》中第一次为"自组织"下了现代意义上的定义，它的基本思想是依靠局部交互作用来实现全局系统行为，标志着自组织理论由此诞生。

第三发展阶段是从20世纪60年代末开始，出现了一批以揭示一般自组织规律为目标的科学学派，代表人物有伊里亚·普里戈金（Ilya Prigogine）、赫尔曼·哈肯（Hermann Haken）、勒内·托姆（René Thom）、曼弗雷德·艾根（Manfred Eigen）等，他们提出了耗散结构论、协同论、突变论和超循环理论。在自组织理论中，耗散结构理论解决了自组织出现的条件问题，认为系统除平衡态的稳定结构外，还有远离平衡态的耗散结构，而达到耗散结构是系统出现自组织的前提条件；协同学解决了自组织的动力学问题，即如何通过系统内部的竞争与协同达到耗散结构；突变论则从数学抽象的角度描述了系统状态变化的一般规律，为自组织系统理论的发展提供了数学工具，研究了自组织的途径问题；超循环论则从分子生物学的角度，探寻了生命系统质变与进化的机理，解决了自组织的结合形式问题（吴彤，2001）；20世纪80年代中期，圣塔菲学派提出的复杂适应系统理论把自组织理论从物理、化学领域推广至生态、文化、经济、社会等领域，强有力地推动了自组织理论的发展。这些学派的学者们以现代科学的前沿成果为基础，建构了自组织理论的概念框架，明晰了自组织理论的概念定义及其内涵，取得了人类认识世界的科学思维的重大进展。此后，自组织理论被广泛运用于各个学科的研究中。

自组织理论具有很强的普适性，适用于各类工程技术领域的同时也被广泛用来研究人类社会中的各类自组织现象。自然界的生物群落、优胜劣汰、生物演化是自组织的，人类的社会演进、制度变迁、经济发展与城镇化过程同样也是自组织现象。城镇化是农村人口不断向城镇迁移的过程，虽然这一过程受到国家宏观调控（他组织）影响，但从微观来看，定居、择业、购房等行为都是个体安排决策的，是自组织过程。因此，城镇化具有自组织性，其发展演化遵循一定的客观规律。

作为自组织理论的内核，协同理论源于希腊文"Synergetic"，意指关于"合作的科学"，是1977年由联邦德国理论物理学家赫尔曼·哈肯创立的，旨在研究一个系统从无序到有序转变的规律和特征（程必定，1989），回答了系统从旧结构到新结构的突变点上，各子系统是如何通过自组织形成新的有序结构的问题（阎欣等，2013）。竞争、合作或协同是协同学的基本概念，虽然哈肯主要强调了协同，但实际上竞争是协同的基本前提和条件（吴彤，2000）。

协同学指出，一个稳定的系统其子系统都是按照一定的方式协同地活动、有次序地运动的。该理论将一切研究对象看成是由子系统构成的系统，这些子系统彼此之间会通过物质、能量或信息交换等方式相互作用，通过子系统之间的这些相互作用，整个系统会形成一种整体的协同效应或有序的新型结构。协同学的研究目的是建立一种用统一观点去处理复杂系统的概念和方法（Hermann Haken，1987）。协同学的主要内容有协同效应、伺服原理和自组织原理（钟家雨和柳思维，2012）。协同效应是指复杂开放系统中，子系统间相互作用而产生的整体效应或集体效应（白列湖，2007）。

协同学最大的贡献是通过类比为从无序到有序的现象建立了一整套数学模型和处理方案，以把握不同系统中存在的共性规律，寻求普遍真理，目前在区域协同创新、产业协同和新老城区协同规划设计等领域已开展了初步的应用与探索。小城镇的发展是一个复杂且开放的系统演进过程，作为涵盖了自然、经济、社会、文化、科技乃至政治等多个子系统的大系统，需要各个子系统之间有效发挥协同作用。同时，小城镇与城市、乡村等主体又构成了一个更为复杂的巨系统，如何使得各子系统达到功能优化、高效运行的和谐发展状态，形成要素流通畅达、经济联系紧密和地域分工明确的有序化城镇体系，必然离不开协同发展（阎欣等，2013）。因此，协同理论在本书的研究中有着重要的指导意义。

2.2 国外小城镇发展研究

2.2.1 发达国家小城镇建设历程

20世纪50年代起，欧美等发达国家相继进入工业化社会后期，至20世纪80年代末（包括日本和韩国）已基本完成现代化进程，城市化率普遍在70%以上。在这一过程中，由于工业化和城市化的广域集中发展，各国均出现不同程度的地区发展失衡、城乡差距拉大和"大城市病"，导致两极分化严重，引发一系列社会矛盾和环境问题，大规模地从城市向郊区迁移也成为日益庞大的中产阶级的选择，郊区化或逆城市化现象随之而来（刘华兵等，2011）。为缩小发展差距，推进欠发达地区的经济繁荣和社会福利均等化，美、英、法、日、韩等国均制定了基于本国实情、分类指导和协同发展为原则的区域平衡发展战略，以及面向弱势地区的扶持政策、法规机制等。对空间经济地域进行分类指引是区域平衡发展政策制定的核心思想，其目标是"在不同地区创造同等的生活条件"，各国具体做法如下：

德国为解决农村人口大量流入城市，避免农村人口过疏和大城市人口膨胀的问题，提出改造和建设好村镇，为农民创造良好的生产和生活条件，把农民稳定在村镇，安心发展农业的战略，并制定和颁布了一系列保护农业用地及农产品价格的相关法规、健全管理机构及管理队伍建设，以及完善村镇投资机制等相关举措，充裕的财政支持、雄厚的工业基础以及领先的高新技术为德国村镇建设加码，在大城市未出现过度增长的情况下，小城镇得到了快速发展，形成了比较均衡的城镇结构体系（王宝刚，2003）。从20世纪60年代起，德国为解决区域不平衡问题，将不同发展水平和区位特征的城镇地区分为4类（A、B、C、D），实行不同强度和侧重点的平衡发展机制与优惠政策（冯兴元，2002）。英国是最早对小城镇（小城市）地区实行导向性政策指引的国家，第二次世界大战后英国政府曾对弱势小城镇地区实行积极的农业保护政策，给日益衰退的小城镇注入新的活力。为从地区层面保证社会各类人群的公共利益，体现社会公平性，推动市镇、村镇的协同发展，法国通过建立国家层面的行政机构——市政联合体机构，来为小城镇的发展提供良好平台，以此实现多方共赢（孙婷，2019）。

根据王卫华等学者（2007）的总结，日本在20世纪70年代后期（已基本实现现代化）也制订了大量法律加大村镇基础设施的建设力度，以疏散城市人口、促进乡镇（町村）发展，包括《过疏地区活跃法特别措施法》《半岛振兴》《山区振兴法》等。至20世纪80年代中后期，日本村镇的基础设施水平已和大城市基本持平，而政府又采取了一系列鼓励措施引导人们返乡工作。李兵弟等（2014）总结了发达国家小城镇的发展阶段及其周期性，发现这些国家用了近20年时间来逐步培育小城镇，使之趋于成熟和完善，成为城镇化的承载主体（表2-6）。其中，日本的小城镇发展起始于20世纪70年代国家和政府对村镇地区城乡生活环境设施的建设，至20世纪80年代中后期，全国村镇的基础设施水平已经和城市基本持平，政府鼓励人们积极返乡工作。自20世纪70年代初日本实施村镇示范工程以来，其规划主题已经完成了5个阶段的调整变化，反映了日本村镇建设在不同阶段突出不同重点的特征，也说明了日本的村镇建设是一个循序渐进的过程（王宝刚，2003）。

发达国家小城镇培育经验　　表2-6

国家	发展阶段及周期	小城镇培育政策及措施	效果与经验
德国	从1945年到现在的70多年时间里，德国城镇化水平从69%提高到96%	70%的人口分布在2000~10000人的小型城镇里	小城镇发展类型极为丰富
美国	1860-1920年，美国人均耕地面积从67万hm^{2}增长到160万hm^2，幅度高达2.4倍，人口也随之增长2.4倍，人均粮食产量也从800kg增加到1200kg。耕地面积和粮食产量的提高，为工业发展奠定了劳动力基础	美国小城镇建设资金由美国联邦政府、地方政府和开发商共同承担，联邦政府负责投资建设连接城镇间的高速公路，而小城镇的供水厂、污水处理厂、垃圾处理厂等是由州和小城镇政府负责筹资建设。开发商则负责小城镇社区内的交通、水电、通讯等生活配套设施的建设资金	用了近20年时间培育小城镇
日本	第一阶段（1973-1976）：缩小城乡生活环境设施建设的差距；第二阶段（1977-1981）：建设具有地区特色的农村定居社会；第三阶段（1982-1987）：地区居民利用并参与管理各种设施；第四阶段（1988-1992）：建设自立而又具有特色的区域；第五阶段（1993年至今）：利用地区资源，挖掘农村的潜力，提高生活舒适性	20世纪50年代后期至20世纪70年代中期是日本城市大发展时期，农村人口大量流向大城市，小城镇没有发展，反而萎缩。20世纪70年代后期政府反过来开始建设农村的基础设施，至20世纪80年代中后期，全国村镇的基础设施水平已和城市基本持平，政府鼓励人们返乡工作	用了15年时间培育小城镇
韩国	1972-1976年，以改善中心镇的基础环境为中心，培育一些重点小城镇成为周围农村地区的生活、文化、流通中心；1977-1989年，主要改善更广大的小城镇的落后生活环境，培育小城镇的自主能力；1990年后，逐渐把小城镇培育成农村地区的综合性中心地	将小城镇发展作为振兴农村的重要环节，专门制定和实施了一系列政策；政府根据当时的趋势估计，需要开发居住、就业条件和预留规划用地；先后制定了《地方小城镇培育支援法》（2001）和《小城镇培育事业10年促进计划（2003-2012）》	在实现现代化的过程中对小城镇的关注由来已久

资料来源：李兵弟, 郭龙彪, 徐素君, 等. 走新型城镇化道路, 给小城镇十五年发展培育期[J]. 城市规划, 2014, 38（3）：9-13.

与之相比，韩国在实现现代化的过程中对小城镇的关注由来已久。作为振兴农村的一个重要环节，韩国政府专门为小城镇制定和实施了一系列政策，可分为3个时期：1972-1976为小城市培育阶段，以改善中心镇的基础环境为中心，培育一些重点小城镇成为周围农村地区的生活、文化、流通中心；1977-1989为小城镇培育阶段，主要改善更广大的小城镇落后的生活环境，培育小城镇的自主能力，使其能够承担一定的城市职能，从而缩小城乡生活水平的差距；20世纪90年代后，韩国政府继续投资促进小城镇发展，逐渐把小城镇培育成农村地区的综合性中心地，先后制定了《地方小城镇培育支援法》(2001)和《小城镇培育事业10年促进计划(2003-2012)》，掀起了新一轮促进小城镇发展的高潮（金钟范，2004）。

2.2.2 发达国家小城镇特色发展经验

1. 以"第三意大利"为代表的欧洲特色小城镇

（1）发展概况

"第三意大利"有别于经济由发达转为衰落的意大利西北部地区（"第一意大利"）和经济落后的南部地区（"第二意大利"），指的是意大利中部和东北部的中小企业密集地区。20世纪40年代，"第三意大利"地区多以传统农业和手工业（多为小厂或家庭作坊）为主。与西北部相比，该片区的工业企业数量较少、组织松散且设备相对落后（蒋剑峰，2006）。20世纪50年代后，"第三意大利"通过农村工业化、专业化市场与小城镇建设相结合的发展方式，迅速从工业化边缘区成长为意大利主要的经济增长地带，为意大利创造"经济奇迹"做出了重大贡献。

（2）主要内容

从生产方式上看，"第三意大利"地区通过类似经纪人的企业家来组织生产。其中，组织者（"经纪人"）实际上多以中小企业为主，负责原料采购、创意设计、样品制作、订货加工、发货销售等产业链环节。"经纪人"根据生产效率和盈利状况选择对应的企业，其他中小企业主也可以根据竞争原则自由选择"经纪人"，从而使几十个中小企业形成一个无形的大型工厂（主要从事纺织业、家居产品、个人用品、食品和饮料、金属纤维产品以及特殊原料的生产与加工等）（王力军，2006）。在此过程中，中小企业通过各方合作弥补了自身规模不足的缺陷，又发挥了多样化的生产优势，从而取得了较大的经济效益。

从经济结构上看，"第三意大利"地区的中小企业是经济发展的主要力量。这些专业化程度较高的中小企业往往围绕某一行业在地域上聚集，通过银行、保险、运输和销售公司，以及政府或劳工等组织，形成了涵盖生产—销售—服务等多生产环节的信息网络，构建了一个巨型联合企业——工业小区。目前，"第三意大利"约有60多个工业小区，多数分布于小城市和农村地区（如普拉托工业小区所在地是人口仅为10余万的小城市），由此形成了大片的"城市化农村"或"农村工业化地区"，这不仅有利于缩小城乡差距，还有助于促进区域经济发展的相对平衡。

（3）典型案例：意大利普拉托

• 案例简况

普拉托隶属托斯卡纳区域，面积为97km^2，2016年人口为18万。普拉托距离意大利文化复

图2-1 普拉托区位

兴之地佛罗伦萨仅16km（图2-1），是意大利纱线制造业的发源地，至今萦绕着文艺复兴时期的余韵。譬如，娴熟的手工艺人创制、翻新加工纺织产品的传统等。

普拉托地区及周边地域是意大利纺织及成衣业最大的工业区，拥有9000余家公司，员工人数达5万人。自12世纪Wool Guild行业协会对成衣制造业实行了规范管理，该地区的纺织产品实现了专业化。到19世纪下半段，该手工艺又被工业化，当地企业开始将机器运用到纺纱、起绒、剪羊毛等操作环节之中。20世纪50年代，意大利毛纺企业陷入严重困境，国家保护政策、汇率变动、联合国善后救济订货减少等使得其出口锐减，加之反通货膨胀措施实施，毛纺行业雪上加霜，这促使普拉托地区的全工序大中型毛纺企业开始转向分散化经营，将部分工序交由家庭承包生产，中小企业高度专业化并快速发展，通过以经纪企业为核心，向其供货，形成"无形大工厂"，从而拥有了逆流而上的巨大能力。在该地区纺织业的发展过程中，一直标榜打造"充满创造力和优越性的意大利纱线"的纱厂组织机构CPF（Corsorzio Promozione Filati）可谓是功不可没，它致力于整合地区有活力的企业，并不断探索和开发新兴流行趋势，勇于技术创新与突破。与此同时，其自身的组织结构也处于更新状态，例如持续增加专门化的劳工市场等元素强化工业竞争力。在产业分布上，普拉托的纺织工业培育生成了许多连带产业，包括羊毛、棉、人造纤维等应用原材料等，精纺、粗纺、针织、手工编织及精加工各类加工业分布其中，市场十分宽广，从高端奢侈品市场到大众消费市场，从服装、针织品到室内装饰业均囊括其中。而且该地区企业数量众多，近5万人散布于7000余家纺织服装公司中，平均每家企业只有6~7名雇员。此外，产品也从半成品逐渐过渡到成品主导。至今，普拉托作为意大利成功发展原始支柱产业的原型，呈现出极大的发展活力。尤其值得一提的是，作为意大利重要纺织基地之一，普拉托纺织业的发达促成了20世纪80年代新华人移民的到来，特别是以开立个人成衣厂居多的华人的聚集，其中尤以温州人居多。

• 发展机制

总结普拉托的发展，其主要机制在于如下两点：①高度专业化的产业集群。普拉托的产业发展主要以纺织为主导，各中小企业高度专业化分工协作，形成了"无形大工厂"的生产模式,提升了生产效率。此外,连带产业的孕育及成长进一步延展了生产链条,有利于产业间的互动协同发展;②组织机构的强有力支撑。普拉托的产业发展离不开CPF等机构的支撑,分散化经营的中小企业得以整合并不断进行技术突破与创新探索,从而促进产业竞争力的进一步提升。

（4）经验总结

"第三意大利"地区明显的专业化特征主要依赖于当地工业部门不断深化的劳动分工。具体来说,从事同行业的各生产单位为了便利地获得副产品和行业信息在空间上进行集聚,地理邻近性加强了生产者之间的接触和信赖,从而节约交易成本、产生集聚效益。可以说,众多工业小区正是劳动分工和空间集聚的产物,它们作为新兴工业化地区的基础地域单元推动了"第三意大利"的工业化进程。

与此同时,中小企业要发挥规模优势必须有大量生产服务机构为其提供专业化服务——财会、原料采购、市场营销、技术研究开发等。因此,政府的公共服务供给和人文环境塑造发挥了重要作用。一方面,中央政府通过增加拨款和社会捐款、加大技术投资和减少税收等方式为中小企业的专业化发展提供支持,使资金周转加快、技术改造简化、市场信息灵敏,这不仅避免了重复生产造成的浪费,也有利于发挥集聚效益;另一方面,居民生活水平在经济发展过程中不断提升,从而使贸易和商业活动得到普遍认可,产业创新意识得以在教育中不断被强化。如此,由中小企业自发形成的工业小区才有可能成为"第三意大利"崛起的基本力量。

2. 以日本"一村一品"为代表的东亚特色小城镇

（1）发展概况

在基本实现工业化进程后,日本的城市和农村之间曾经历经济差距不断扩大的发展态势。为了提高农村地区的发展活力,缓解日本"城市过密"和"农村过疏"等问题,各地开展了类型多样的地域振兴活动,20世纪70年代末在大分县兴起的"一村一品"运动便是日本培育农业特色产业的成功模式之一（刘平,2009）。通过充分发挥村或镇的区位交通优势、资源本底优势或传统产业优势,大力推进规模化、标准化、品牌化和市场化建设,使村镇拥有多种区域特色明显、附加价值高、市场潜力大的主导产业,从而提升农村经济的整体竞争力。

（2）主要内容

该项运动以"建设令人感到自信和骄傲的家园"为目标,以"立足本地,放眼世界""自立自助,在创意上下功夫""培养富有挑战精神的人才"为原则,提倡依靠自身创意进行内生发展,持续推进"一村一品"。随着行动战略的深入开展,人才培养重点从最初的培养"一村一品"运动领军人物,转向培养当时急需的商业、流通、信息产业人才。需要指出的是,当地政府在此过程中并没有给予村镇专项扶持政策或资金补贴,而是在人才的培养以及产品的宣传、展示和销售方面给予协助支持（刘德平,2013）。

目前,持续了几十年的"一村一品"运动逐步实现了由产品导向转为文化导向,发展内涵由单纯追求经济产值转为追求社会总绩效。世界各国纷纷前往大分县考察学习乡镇特色发展经验,"一村一品"也成为众多国家,尤其是发展中国家促进乡镇经济水平提升的重要途径。

（3）典型案例：日本北荣町（Kitaei-cho）动漫小城镇

• 案例简况

北荣町位于日本鸟取县（图2-2），区位较为偏僻，距离京都、大阪等大城市需要3~4h车程。周边有铁路、高速路及飞机场，交通较为便利。城镇面积约57km^2，常住人口约1.5万人。

日本作为动漫行业的鼻祖，具有极高的动漫—旅游产业融合度。近年来，日本以旅游景点建设作为动漫文化的载体，将旅游体验产品与动漫元素相结合，形成了一批著名的动漫主题小镇，北荣町就是其中的佼佼者。北荣町原本只是日本一个临海的较为落后的农业生产小镇，以盛产西瓜而闻名。近几年，借助《名侦探柯南》漫画作者青山刚昌的故乡这一人文资源优势以及政府的政策支持，该镇围绕"柯南"这一动漫形象打造了柯南博物馆、名侦探列车、柯南大道、柯南大桥、柯南侦探社等城区景点（图2-3），创造了"柯南小镇"的形象，吸引了世界各地的动漫爱好者前来参观体验，极大带动了当地的旅游经济。

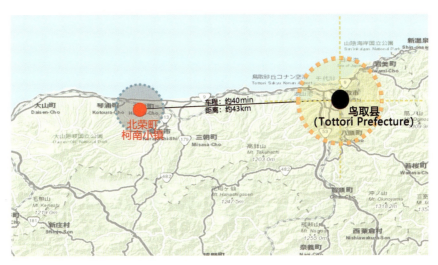

图2-2　北荣町区位

图2-3　柯南小城镇部分动漫元素集合

• 发展机制

北荣町被成功打造为全球"柯南迷"的朝圣地,其发展机制主要有以下3点:①旅游景点动漫化。旅游产业和动漫产业具有很强的共通性和交互性,以旅游景点为依托,将动漫元素融入旅游产业中去,实现你中有我、我中有你的动漫—旅游产业格局。如漫画乐园、动漫表演等,旅游景点动漫化为景区增加了趣味性和文化性;②复合型公共服务设施和基础设施的建设。在城镇基础设施规划建设过程中,深入挖掘当地特色文化,将动漫人物形象融合到城镇基础设施建设中去,创造出兼具地方性与创新性的新兴旅游资源,如柯南大桥、侦探列车等,充分发挥基础设施的功能性与文化性,深化城镇的动漫形象;③积极打造结构完整的旅游—动漫产业链。该镇不仅将动漫产业与旅游产业相结合,并且迅速将动漫产业拓展到其他领域、如专业培训、服装、影视传媒等,创造了完整的产业链。

以漫画兴县的鸟取县,不仅构建了一个动漫衍生品的全球性超市,还通过内外景拍摄地图的制作、县内书店漫画角的设置等活动逐步推进,以漫画巨大的力量来振兴当地的旅游产业。借助柯南的人气,北荣町内部"柯南产业"的链条从上游到下游都集中在这个小城内,避免了代理费、交通运输费、导购费等多项成本支出,形成了高度集中的动漫—旅游产业集聚,为小城镇的旅游产业专业化发展贡献了巨大力量。

(4)经验总结

虽然日本的"一村一品"运动在创意农业方面仍存在缺陷,如多数特色产品的外观与普通产品差别不大,融入的文化创意元素也相对较少等。但该项运动在促进农村特色发展方面取得了重要成效,其理念与方式仍值得借鉴。

首先,"一村一品"运动提倡"不等不靠"的内生性发展方式。各村镇依靠自身优势生产特色产品、创设特色观光活动,而政府则主要通过人才培养、品牌建设、拓宽销售渠道等方式加大对农业的扶持力度,引导社会资金流向农业。其次,该运动得以持续开展的重要原因在于通过品牌塑造来弥补创意不足的缺陷。各类特色农业通过发挥协同效应,建立品牌理念是发展中的关键推动力。最后,如果没有"丰之国学校"培养的大批专业人才,"一村一品"运动的普及程度和推进力度都将受阻。因此,重视创意领军人物和专业技术人员的培养是该项运动成功实践的有力保障,也是持续开展乡镇特色农业建设的重要前提。

3. 以韩国"慢城运动"为代表的东亚特色小城镇

(1)发展概况

慢城是指人口低于5万人,节奏悠闲舒适的城镇、村庄或社区(端木娴和唐晓岚,2016)。这类村镇能够充分利用自然资源挖掘地方特色,积极运用新兴技术优化生活环境,同时支持传统手工艺的保护与传承。韩国作为亚洲最早参与慢城运动的国家,至2011年6月已拥有11个慢城,成为除意大利以外慢城最多的国家。11个各具特色的"慢城"大多依托生态环境,推出富有生态和文化内涵的旅游产品、庆典活动与文化活动,从而带动当地的特色农业、食品加工业、文化旅游产业和康养休闲产业的发展,走出一条颇具绿色生态特色的发展路径。

(2)主要内容

韩国慢城的建设是一个动态发展的过程。尽管发展经济和旅游不是慢城运动的本质目标和原始动力，但这无疑为人与自然和谐共处、产业和生态互利互补的小城镇发展模式创造了条件。它强烈依赖于地方政府的积极性，以及商业组织、民众的参与度，其中公众参与度是运动成功的关键之一。首先，大力提倡慢餐文化，倡导对本地季节性蔬菜和水果的消费。鼓励发展生态农业，保护当地具有特色的传统农贸市场。积极倡导由快餐消费转向传统饮食消费，打造悠闲舒适的生活理念；其次，通过增加供居民休憩娱乐的基础公共设施，为邻里关系的塑造提供人性化的公共活动空间（朱晓清等，2011）。例如，增加小餐馆、农贸市场、传统美食商店等非正式会面的场所。此外，慢城建设讲究在利用本地自然生态资源的基础上，结合文化传统来营造具有地方特色的景观环境。总之，这一行动的发展积极培育并发扬了村镇个性，在延续传统文脉和地方感的同时，创造性地使地域文化呈现出持久的魅力（康春鹏，2017）。

（3）典型案例：忠清南道礼山郡

• 案例简况

礼山郡，位于韩国忠清南道北部（图2-4）。2016年人口达9万人，下分2邑、10面，距离首尔仅2h车程，唐津盈德高速公路由此经过。礼山自然环境优美，传统文化深厚，地域一体化程度较高，自然人文资源禀赋十分突出。

图2-4 礼山郡区位

2009年9月，经过全面严谨的考察评定，忠清南道的礼山被认证为韩国第6个、世界上第121个"慢城"，礼山郡不仅有包含修德寺、伽倻山、忠义祠、白鹤公园、德山水库等在内的"礼山十景"，热情善良的郡民，山田湖交相和谐的自然景观与生生不息的传统文化更是交相辉映，共同造就了这一处高品质的文化旅游胜地（图2-5）。烟波浩渺的礼唐水库生态环境优美宜人，深受钓鱼爱好者们的青睐。1986年被指定为国民观光地，并通过开发形成各种休养空间，其周边景点星罗棋布，资源组合较好。每年3月末礼唐水库举办的全国钓鱼大赛，已经成为礼山郡的一大重要特色活动。清澈水库养育鲜美河鱼，选用新鲜活鱼为食材所做的料理，绘就了礼山著名的美食名片。而在黄土地上培植的苹果，个大味甜、肉脆汁浓，更是举国闻名的特产。此外，礼山郡守还开发注册了精制好米品牌"情意动天的兄弟米"来进行农业推广。

图2-5 礼山资源

当然,礼山的历史和文化遗产保护也非常到位,朝鲜(1392-1910)初期所建的几处乡校(教育机关)仍然保持着它们原来的样子,祭拜孔子(BC551-BC479,儒教的始祖,中国古代思想家)大典等传统文化活动,经过了600多年至今仍在传承着。基于礼山丰饶的自然及人文资源基础,在2008年被评为忠清南道优秀庆典的"老故事庆典",以《情意动天的两兄弟》等题材的故事为主题,围绕教育、旅游、文化体验等项目展开一系列有趣的文化活动,进一步丰盈了礼山慢城的生气与活力。

• 发展机制

忠清道南的礼山郡作为韩国慢城中十分有特色的一隅,其发展机制可总结如下:①注重生态保护,讲究人地和谐。礼山郡被成功评定为慢城,离不开其优越的生态基底。伽倻山、德山温泉、白鹤公园、礼唐水库等项目的生态化经营更是体现出慢城建设注重人地和谐、牢固维系生态平衡的理念。区域经济活力的提升从来不应以破坏环境、浪费资源为其必需代价;②挖掘人文禀赋,讲好地方故事。礼山郡牢固坚持对千百年来传统文化活动、历史遗迹及故事的不懈传承,并以此开发农业品牌、举办庆典活动等系列项目,将令人引以为傲的传统文化和艺术在延续中活化,发扬了其内生个性,迸发出无穷的生命力。

在内生的生态基地及文化基础之上,本着"慢城"建设理念,忠清道南的礼山郡展示了一个极其和谐、自然的可持续发展模式,产业与生态间保持正向积极互动,自然与人文资源相辅相成,村镇特色得以培育、凸显,地方历史文脉得到传承、发扬,由此持续呈现出欣欣向荣之发展态势。

(4)经验总结

韩国慢城的生态经营理念与发展模式创新对我国开展小城镇特色培育具有一定借鉴性。一是运行机制,韩国慢城在申报、规划和实施等各个环节都十分严谨,其中市场对资源的配置作用极为重要,如建立了多项市场化的运行管理机制;二是生态经营,韩国慢城致力于牢固维系生态平衡的基础,这既需要发展生产力、满足社会需求,也需要节约资源、保护生态环境,以此带动经济发展和文化传承;三是特色旅游,结合地方优势塑造各慢城内部的景观特色,或是举办民众和游客参与度较高的文化活动与庆典等,从而充分挖掘生态环境和历史文化等资源要素的潜力。

4. 以美国为代表的北美特色小城镇

(1) 发展概况

20世纪初,美国的快速城市化导致了城市过度拥挤。1960年美国开始推行"示范城市"试验计划,以期通过分流城市人口来推进中小城镇建设。然而,各地区经济发展水平并不均衡,不同区域开始分化出各具特色的小城镇(陈玉兴和李晓东,2012)。在此背景下,美国政府提倡结合区位优势和地域特色,打造富有差异性功能的居住生活环境和休闲旅游产业,由此带动了小城镇的稳步发展。

(2) 主要内容

由于美国的小城镇建设建立在工业革命基础之上,这决定了城镇化进程的推动力主要来自市场,而非政府力量。在此过程中,人口聚集带来的大量劳动力是城镇建设的基本前提,企业投资兴建的交通设施是城镇发展的重要保障。城镇生产的农业产品运往城市销售,在带动城镇经济发展的同时也为城市提供了优质的农产品;另一方面,政府的大部分财政收入都源于房地产税收,因此镇政府在引导企业到城镇投资的过程中着力于开发房地产项目,以吸引中产阶级到小城镇购买住房。随着城镇中入驻的企业逐步增多,企业规模逐渐扩大,城镇房地产业在一定程度上也得到了促进。

区域化分工在城镇集群形成过程中日益显现,大城镇的周边出现了大量具有完整加工链的农业生产加工基地。这种一体化农业基地的出现不仅解决了农业种植的分散性问题,提高了农产品的附加值,同时也为城镇提供了工业生产所需的原料,从而有利于工业化的发展。由此可见,美国高度发达的工业化城镇是建立在大力发展农业生产基础上的。

(3) 典型案例:美国格林威治(Greenwich)基金小城镇

• 案例简况

格林威治小城镇位于美国康涅狄格州费尔菲德县,濒临长岛海峡,总面积约174km²,城镇常住人口约7.2万人。该镇交通优势突出,距离纽约市仅40min车程,在其2h交通圈内有5座机场和4个火车站(图2-6)。

格林威治在发展之初主要以农业为主,直到20世纪,作为纽约的卫星城之一,格林威治的主要产业才由农业慢慢向金融服务业转变。20世纪60年代,投资界传奇人物巴顿·比格斯在格林威治小镇创立了第一家对冲基金。随后,受益于纽约的高成本投资环境、格林威治低廉的租金以及优惠的税收政策,大量金融企业的总部迁移到此,越来越多的基金机构在该镇范围内涌现。这些机构与企业的高度集聚在一定程度上降低了自身的运营成本,同时实现了规模效益和集聚效益,反过来又吸引了新的企业与机构入驻,进而实现从要素集聚向产业集聚的转变,强化了集聚效应。目前,格林威治因专业化的财富管理服务被誉为全球对冲基金"大本营",其拥有的对冲基金的机构数量和资产管理规模密度均高于全球金融中心的纽约。

• 发展机制

格林威治基金小镇能够成为全球知名对冲基金积聚中心之一,其发展机制可以概括为以下

图2-6 格林威治区位

5个方面：①邻近纽约市，区位优势突出。格林威治处于纽约—康涅狄格州对冲基金走廊上，在纽约"1h经济圈"内，便于享受纽约金融要素溢出效应，实现金融产业集聚；②靠近海底光缆，拥有超高网速。对冲基金的交易对于网速的要求较高，高网速可以提高网络数据的实时性和连续性，进而提高交易处理速度。格林威治距离海底光缆很近，这在一定程度为高网速提供了设备技术保障；③税收优惠，监管宽松，租金低廉。格林威治小镇属于康涅狄格州，康涅狄格州在税收、监管及租金方面的优势明显。从税收方面看，纽约个人所得税税率是8.9%，康涅狄格州的个人所得税税率只有6.7%，远低于纽约，尤其是房产税，康涅狄格州的税收是美国所有州中最低的。从监管方面看，格林威治积极鼓励对冲基金产业的发展，相对于严格执行对冲基金监管政策的纽约，该镇的监管环境更加宽松。从租金方面看，低廉的租金条件吸引了大量企业入驻；④生活环境便利，配套设施齐全。格林威治具有优美的自然风景、良好的教育资源、多元的文化设施以及优质的社区服务，这为忙碌的金融精英们提供了极为安全舒适的生活环境；⑤产业要素集聚，辐射效应明显。该镇已经实现了金融产业要素——人才与资金集聚。在格林威治，年轻的业界精英们可与行业内的最强大脑进行交流，实现知识与信息共享，刺激创新灵感。小城镇内人均收入超过500万美元，不到200km^2的地域空间内积聚着大量的资本，为当地人的创业提供了资金保障。

格林威治基金小镇重点引进对冲基金，并围绕对冲基金核心业态打造完备的金融生态圈和产业链，在上下游集聚大量相关配套机构和专业化公共服务。对冲基金行政管理人员、技术提供者、大宗经纪商、对冲基金母基金以及其他支持职能，都在格林威治开展工作，格林威治的"对冲基金圈"日趋成熟。通过税收政策、环保、市政与经纪人、对冲基金配套人员等高素质人才"强联姻"，在城镇范围内快速形成对冲基金产业集聚，从而调整产业结构，促进社会经济发展。

（4）经验总结

美国作为城市化水平最高的国家之一，推崇通过小城镇建设来带动农村发展。与此同时，城乡一体化等策略又推动了乡村社会的发展，最终实现了工业与农业、城市与农村的双赢局面。这种市场主导、城乡共生的城镇发展模式多见于经济发展水平较高的发达国家，依赖于完善的公共服务体系以及发达的基础设施条件。在这种城镇发展模式下，政府不仅追求经济发展目标，更加重视城镇生产、生活和文化的多元融合发展（沈费伟和刘祖云，2016）。

可以发现，发达国家城镇特色的培育与成长依托于资源禀赋、政府推动、城乡合作等优势，形成了多样化的城镇特色成长模式，同时也产生了相应的经济和社会效益。基于对发达国家典型的城镇特色成长的内容剖析，从主要模式、发展背景、产业类型、主导力量、成长形式、主要内容和存在不足等七个方面进行案例之间的横向对比（表2-7），总结发达国家小城镇特色成长的成功经验如下：

发达国家城镇特色发展内容与模式对比　　表2-7

	意大利	日本	韩国	美国
主要模式	"第三意大利"	"一村一品"	慢城运动	特色小城镇
发展背景	改善组织松散、设备落后的手工业作坊	提高农村活力，缓解"城市密、农村疏"等问题	挖掘地域文化	人口不断增加，城市中心过度拥挤
产业类型	工业	农业	旅游业	农业、工业
主导力量	企业	企业+政府	市场+政府	企业
成长形式	多方协作型	自主协同型	因地制宜型	市场主导型
主要内容	构建巨型联合工业小区；政府建设生产服务机构；在教育中强化创新意识	建立品牌弥补创意不足；政府不提供补贴，着力于人才培养、宣传、推介等	申报、规划和实施都有章可循；因地制宜地打造慢城特色景点；生态经营；注重村镇个性挖掘	私人企业投资兴建基础设施；建立在发展农业生产基础上
存在不足	—	文化创意元素融入较少	—	政府通过开发房地产带动发展

2.3 国内小城镇发展研究

2.3.1 国内小城镇建设历程

中国小城镇是指区别于大、中城市和农村村庄的具有一定规模、主要从事非农业生产活动的人口所居住的社区，包括国家已批准的建制镇和尚未设镇建制的相对发达的农村集镇。改革开放以来，农村经济的复苏与市场经济体制的确立，以及严格控制大城市规模的发展方针，有力地刺激了小城镇的蓬勃发展，也更加巩固了小城镇作为乡村地域经济核心或城乡互动联系的功能枢纽，从而发挥出承上启下的行政、经济、文化等公共服务中心职能。20世纪80年代，费孝通先生基于江苏省小城镇发展实践，提出了几种不同的传统模式，如以临近大中城市发展的"苏南模式"，以家庭、联户企业等私营经济为核心的"温州模式"，以邻近香港发展外向型经济的"珠三角模式"。后来诸多学者对苏南小城镇及其他地区小城镇的类型划分提出了多种模式，并在作用机制与动力主体方面进行了相关探讨，也延伸出相应的小城镇规划与建设方面的相关研究。

从中华人民共和国成立后小城镇的发展历程来看，20世纪50-70年代属于初步恢复、萎缩停滞时期，受计划经济管理体制影响巨大，小城镇发展数量严重退减，甚至低于中华人民共和国成立初期，至1983年全国仅有2968个城镇。20世纪80-90年代属于恢复发展与快速发展时期，农村商品经济的繁荣，推动小城镇作为城乡之间的桥梁与纽带功能凸显，农业工业化发展也促进了小城镇对剩余劳动力的广泛吸纳，并在国家政策层面确立了"小城镇、大战略"的指导方针。至2001年底，共有建制镇20374个（吴康和方创琳，2009）。进入21世纪以来，党的十六大提出"全面繁荣农村经济，加快城镇化进程"的工作任务，以及"统筹城乡经济社会发展""逐步提高城镇化水平，坚持大中小城市和小城镇协调发展"，小城镇发展也开始由数量扩张转向质量提升的进程。

吴康、方创琳（2009）将我国小城镇发展过程划分为5个阶段，即恢复和初步调整时期（1949-1957）、萎缩、停滞期（1958-1978）、恢复发展期（1979-1983）、快速发展期（1984-2001）、协调提升期（2002年至今）（图2-7）。其中，20世纪80年代后国务院通过《国务院关于农民进集镇落户的通知》，并转批民政部《关于调整建制镇标准的报告》，放宽了建制镇户籍管理限制，降低了建镇标准，确立了以乡建镇的新模式，推动了小城镇的迅速发展。至1992年建制镇增至1.2万多个，是1979年的4.2倍多，各类小城镇总数约为5万多个。1998年《中共中央关于农业和农村工作若干重大问题的决定》中又首次提出"小城镇、大战

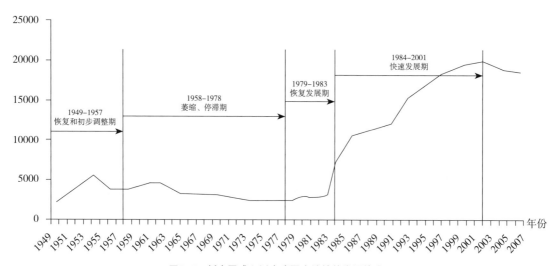

图2-7　新中国成立以来我国小城镇的发展轨迹

略"问题，确立了小城镇在我国城市化进程中的重要作用，并在《国民经济和社会发展第十个五年计划纲要》中提出要"有重点的发展小城镇"。至2015年底，我国共有建制镇15539个（图2-8、表2-8）。

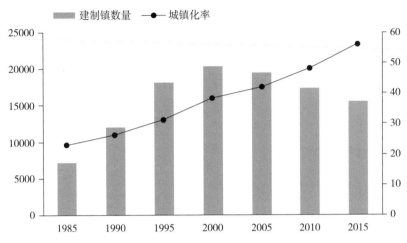

图2-8　1985年以来小城镇建制镇数量与城镇化率增长态势
资料来源：根据历年《中国统计年鉴》整理。

我国城镇数量变动情况（1990-2015）　　　表2-8

年份	城市数/个	年均增加/个	建制镇数/个	年均增加/个
1990	467	—	12084	—
1995	644	177	18171	6087
2000	663	19	20312	2141
2005	661	2	19522	-790
2010	661	0	17356	-2166
2015	664	3	15539	-1817

数据来源：根据历年《中国统计年鉴》整理。

李建波等（2003）对苏南小城镇的发展演变过程进行了分析，认为早在明清之前苏南集镇就以数量之多著称，资本主义萌芽和农业专业化生产所带动的专业市场是初始动力，奠定了现今小城镇布局的框架结构。至中华人民共和国成立前，商业发展和近现代交通运输方式促使小城镇成为农副产品集散地。中华人民共和国成立后的小城镇逐步成为乡村地域的政治、经济和文化中心。20世纪80年代以来，乡镇企业的异军突起和农村工业化推动了小城镇的快速崛起。其中，1978-1983年国家对社队工业政策的改变促使了乡镇企业的发展，进而推动了小城镇的初步完善。1984-1991年，我国提倡建立适合国情和经济发展阶段的劳动密集型轻工业，具有原料优势、劳动力优势的苏南乡镇企业取得了长足进步，包括非农产业劳动力、外资、技术等生产要素向小城镇聚集。20世纪90年代以后，上海浦东开发成为苏南地区小城镇快速崛起的重要契机，各个小城镇通过对90%以上的企业实施改制和股份合作制,推动乡镇企业向集团化和市场化方向发展,至1997年苏南地区农村经济收入占全省的45%,乡镇工业产值占全省工业产值的31.6%。

卢道典、黄金川(2012)分析了珠三角小城镇的发展阶段及其特征,认为珠三角小城镇可划分为4个阶段,一是改革开放至20世纪80年代中期的工业化起步阶段,大力发展"三来一补"经济,与相关形成"前店后厂"的经济格局,推动小城镇数量由32个增加到近200个;二是20世纪80年代中期至20世纪90年代初期的工业化主导的快速发展阶段,珠三角逐步建成了一个外向度高、生产和装配能力强、传统产业和新兴产业相结合的工业体系,形成了一批工业化城镇,小城镇数量增加到400个左右;三是20世纪90年代初期至20世纪末的结构调整阶段,产业特色更加多元化,小城镇二、三产业并举,形成了各类专业城镇;四是21世纪以后的优化升级阶段,注重发展高附加值的新兴产业,对城镇环境与景观进行整治,小城镇生活环境进一步提升。

陈前虎等(2012)对浙江省小城镇发展历程及其态势进行了深入研究,认为浙江省小城镇30多年的发展改革历程大致划分为两大阶段、三个转型期和两条政策主线。其中,以20世纪90年代中期为界,前15年属于原始工业化模式下的自我快速积累阶段,后15年则是政府调控下的发展转型阶段。改革开放初期,村镇经济的蓬勃发展推动小城镇数量由1978年的不足200个上升至1995年的961个,1995年之后受宏观经济环境变化的影响,乡镇经济增长指标放缓,至1998年小城镇数量达到1006个之后开始下降。3个转型期包括了"九五"、"十五"、"十一五"三个期间,分别是小城镇综合改革试点推动局部地区的乡镇区划调整,从综合改革试点到中心镇培育促使大范围全覆盖的乡镇区划调整,进而推进"强镇扩权"和全面实施中心镇培育工程,有力地提升了农村设施建设和农业现代化进程。赵之枫(2018)分别从"城""镇"、"乡""镇"、"村""镇"视角,辨析了小城镇发展中城乡关系、功能定位、规模效益等方面的主要问题,将小城镇发展分为迂回起伏、蓬勃兴盛、调整徘徊、协调转型等四个历史时期,梳理了各个阶段相应的政策导向和特点,具体如下(表2-9):

不同视角下小城镇发展的四个时期 表2-9

年份	政策关键词	小城镇发展特征	"城""镇"视角	"乡""镇"视角	"村""镇"视角
1949-1979	限制城乡流动	迂回起伏	城乡二元结构明显	承担行政职能	鲜有人口和土地流动
1980-2000	农村改革	蓬勃兴盛	城镇体系不明晰	以工业为主要动力	离土不离乡
2001-2011	城乡统筹	调整徘徊	城镇体系开始受到重视	发展重点镇	人地关系日益紧张
2012年至今	新型城镇化	协调转型	产城融合	发展特色镇	协调人地关系

资料来源:参考文献[158](赵之枫,2018)。

1949-1979年,迂回起伏时期:1955年国务院先后通过了《关于设置市、镇建制的决定》和《关于城乡划分标准的规定》,对城镇的划分标准进行了规定,有效推动了当时的城镇化,但随后几年出台的政策提高了设置城镇的标准,小城镇的发展实则受到了限制。到1979年,建制镇数量仅2800余个,较1954年缩减50%左右。

1980-2000年,蓬勃兴盛时期:十一届三中全会后,农村改革获得突破,乡镇企业的勃发奠定了城镇化的基础。1984年获批《民政部关于调整建镇标准的报告》，建镇标准放宽。在"小城镇大战略"等一系列政策的推动下，小城镇快速发展。到2000年底，数量达到18000多个，自下而上的发展动力和活力也催生了"苏南模式""温州模式""珠三角模式"等城镇化发展方式。

2001-2011年，调整徘徊时期：随着国家经济高速发展，城镇化进程加快，小城镇发展的城乡背景产生巨大变化，城乡二元分异强化，城镇制度红利逐渐下降，财政困难问题突出。针对城乡差距，政策提出大力发展县域经济，村庄发展受到重视，小城镇的政策导向也逐渐由全面推进转向重点发展。在此期间，小城镇数量及人口规模增长放缓，至2011年，数量为1.44万个，整体而言发展乏力，小城镇之间差距扩大。

2012年至今，协调转型时期：十八届三中全会在《中共中央关于全面深化改革若干重大问题的决定》中指出"推进以人为核心的城镇化，推动大中小城市和小城镇协调发展、产业和城镇融合发展"。2014年的《国家新型城镇化规划（2014-2020）》提出要"有重点地发展小城镇"。2016年发布的"十三五"规划首次提出"特色镇"，提出要因地制宜发展特色鲜明、产城融合、充满魅力的小城镇，同时住建部发布通知决定在全国范围内培育特色小镇。在这一协调时期，新常态下经济方式的改变、社会治理模式的变化、城乡统筹的要求，都对城镇化路径产生影响，需要产业、公共服务、就业、人口等多方面协调推进，建立高效合理的城镇和村镇体系，从而形成城乡平衡的载体谱系。

2.3.2 国内小城镇特色发展与分类管理研究概况

文献检索表明，国内学术界曾有大量学者在20世纪末致力于小城镇发展的研究，而有关城镇特色的研究近年来才开始增多，涉及范围多集中于基本概念、特征类型等方面，但关于小城镇特色发展的机理、机制与路径的相关研究仍相对较少。与此同时，不同区域尺度的小城镇类型划分和可持续发展问题一直以来都是国内学术界研究的焦点。为此，对相关典型文献进行系统梳理（表2-10），并作简要总结和评价。

国内小城镇研究概况　　　　　　　　表2-10

研究视角	主要内容	代表文献
小城镇特色发展	基本概念	城镇特色的内涵界定（任世英等，1999；黄亚平等，2006；阮仪三等，2002） 城镇特色的构成要素（袁中金，2002；黄亚平等，2006）
	特征类型	专业镇的特征（石忆邵，2003；白景坤等，2003；阎小培等，2014；沈静等，2005；余国扬，2008；黄豪等，2016） 专业镇的类型（石忆邵，2003；李小建，2009；白景坤等，2003；乔家君，2014）
	作用机制	对城乡集聚经济的作用（范纯增，2001；袁中金，2002；石忆邵，2003；武前波等，2018）
	发展路径	专业镇的转型路径（岳芳敏，2012） 分类型小城镇特色建构路径（王艳，2011；林辰辉，2012；卢道典，2018） 分区域小城镇特色建构路径（刘艳芳，2011）

续表

研究视角	主要内容	代表文献
小城镇可持续发展	评价指标体系	指标体系构思与研究（陈晓洔等，1998；范文国，2002；笪可宁等，2004；李斌等，2005；李崇明，2009；郭相兴，2014；耿红，2018；）
		案例城镇可持续发展评价（李建民，2004；陈逸等，2006；冯娟等，2007）
	障碍与困境	体制性障碍及其对策探讨（陈烈，1998；杨帆，2001；赵新平，2002；赵新平等，2002；吴次芳等，2004；杨传开等，2018）
		资源环境与经济发展问题（甄江红，2006；陈宝庆，2011）
小城镇分类管理	发类模式	国家层面（田明，1999；仇保兴，2005；石忆邵，2013；陶慧，2015）
		省域层面（凌日平等，2005；王宁等，2009；汪珠，2008；王正新，2009；陈前虎等，2012）
		近郊区（大都市周边）城镇（肖辉，1998；戴晓晖，2006；卢道典等，2008；耿宏兵等，2009）

1. 小城镇特色

（1）基本概念

从基本概念来看，众多学者认为小城镇特色是物质形态和社会文化等特征的综合反映。其中，黄亚平等（2006）认为社会经济、地域文化和自然地理等既彼此独立，又存在相互影响的互动关系，它们共同作用于小城镇特色的共性和个性。阮仪三等（2002）则从地域环境、传统文化、经济结构等方面总结了江南水乡城镇的特色。此外，任巨英等（1999）将其分解为中国特色、地区特色、本镇特色三个层次加以分析，认为不同尺度的城镇特色应当体现所在区域的区位、经济、社会等优势。从构成要素上看，袁中金等（2002）和黄亚平等（2006）均从自然环境、历史文化传统、建筑风貌和经济结构等方面进行总结，并认为城镇特色与城市特色存在共性。

（2）特征类型

众多学者普遍认为城镇特色的特征与"企业集群""簇群经济""产业区"等理论相关，并从专业镇、社会竞争、产业经济和集聚等多个方面进行了理论阐述。普军等（2004）指出专业镇多存在于我国沿海经济发达地区，是一种建立在专业化生产优势基础上的乡镇经济，如在浙江称为"块状经济"，在江苏称为"小狗经济"，在广东称作专业镇或"簇群经济"。石忆邵（2003）描述了专业镇对城乡经济发展的作用，在此基础上概述了专业镇的基本特征和类型划分，认为专业镇一般指的是地域特色明显、民营经济发达、产业层次不高的建制镇。白景坤等（2003）根据专业镇的发展动力将其划分为内生型和嵌入型，并将内生型专业镇细分为农产品加工型专业镇、城市工业配套型专业镇和区域特色专业镇，指出对于不同类型的专业镇转型升级应采取不同的措施。黄豪等（2016）指出服务功能缺失、设施品质欠佳、技术层次偏低和创新动力不足等是专业镇发展面临的主要困境。沈静（2005）等重点论述了珠江三角洲专业镇的成长过程、动力机制和基本模式，指出其成长的过程需要产业专业化、政府的引导和区域的协调。

（3）作用机制

关于城镇特色以及其所引致的专业化分工产生的作用，众多学者提出专业化带来的地域和产业分工对城镇经济发展的作用，并认为专业镇在一定程度上增强了县（市）域的竞争力（石忆邵，2003），提出特色小镇是专业化集聚经济的重要功能节点（武前波和徐伟，2018），认为专业镇是区域发展中地域和产业分工的重组（沈山和田广增，2005）等。诸多观点强调特色与经济之间的紧密关系，以及特色引致的专业化分工在城镇发展中的重要作用。与此同时，还有部分学者指出新形势下的专业镇转型升级不能一味地追求产业升级和经济效益，应正视其社会文化效应（黄豪和赵四东，2016）。余国扬（2008）从人文地理学视角出发，认为专业镇发展是政府治理和创新水平的体现，专业镇发展形成的集聚效益是其重要的发展动力。

（4）发展路径

随着新型城镇化的逐步推进，越来越多的学者开始研究不同类型小城镇的专业化（特色化）发展道路。卢道典等（2018）结合案例研究，建议农业型小城镇应选择立足"本地化、绿色化、智慧化、服务化、精细化"的特色化发展路径，构建多层次、多维度的空间体系，打造全覆盖、多元化、差异化的公共服务体系，通过延长特色产业链，不断激发内生制度动力。林辰辉等（2012）从规划方法、规划内容和实施保障三个方面探讨了旅游型小城镇培育特色的方式和途径，并对天台县白鹤镇的规划展开实证研究，阐述其特色建构的具体路径。贾雁飞（2016）以昆山市巴城镇（旅游型城镇）为例，认为生态文化、城镇化路径、多主体融合格局以及城乡特色空间等是未来该镇特色发展的重要支点。韩会东（2018）总结了"浙江模式"下特色小（城）镇规划思路的转变，并以江苏省宜兴市高塍镇特色小城镇规划为例，从产业角度出发，探讨了产业的选择定位和具体策划实施，以及创新驱动下产业结构的转型和价值区段的提升。还有学者认识到城镇特色涉及要素的广泛性，从外部政策（何依等，2017）、资源优势（贾雁飞，2016；陶慧等，2015）、文化品质（李敢，2017）、"城—镇—村"要素流动（陈博文和彭震伟，2018）等多视角解读某个或某类小城镇特色发展的内涵与路径，并逐步深入到经济、社会、环境等整个可持续发展系统。

2. 小城镇可持续发展

（1）指标体系构建与评价

关于小城镇可持续发展的研究成果一直以来都非常丰富，主要集中于城镇建设规划（冯娟等，2007）、土地（朱启臻，2001）、经济（卢超等，2011）、环境（陈卫平和郭金丰，1999）、综合发展（郭相兴等，2014；耿虹等，2018）等方面的可持续发展评价。众多学者普遍认为城镇虽然以其自身的独特性区别于城市人工复合系统，但其可持续发展指标体系也主要由社会发展、经济增长、资源和环境指标四大体系构成（陈晓浒和马万华，1998）。根据研究区域的不同，学者们建立的小城镇可持续发展指标体系存在差异。具体来说，有学者应用新制度经济学对城镇经济的持续发展进行了实证分析，证明了小城镇经济的可持续发展与意识形态及政府行为的密切关系（李建民和张义珍，2004）。笪可宁等（2004）利用"压力—状态—响应"概念框架构建评价体系，并从人口、资源、环境、经济、科技等方面展开分析。李崇明等（2009）借助GM（1，N）模型，以子系统与小城镇的发展是否趋于协调为标准，建立适用于城镇可持续发展的评价模型。从评价方法上看，多元统计分析（李崇明和丁烈云，2009）、层次分析法（陈逸等，2006）、TOPSIS法（郭相兴和夏显力，2014）、熵权法（李斌，2009）等都已广泛用于小城镇可持续发展的定量分析。

近年来，从经济学、地理学等视角对城镇可持续发展展开的研究日益增多，特别是产业聚集理论、空间结构理论、区位理论、生态位理论等跨学科的理论运用均为小城镇可持续发展的深度研究拓宽了思路。

（2）障碍与困境

有关小城镇可持续发展的障碍研究主要集中在资源配置矛盾突出、土地利用集约化程度低、发展资源短缺、产业结构低端等方面。陈美球等（2001）通过描述性分析，归纳了城镇发展的体制性障碍为城乡二元户籍管理体系、土地制度不完善、行政等级化的城镇管理制度等。渠爱雪（2002）研究了苏北小城镇可持续发展的问题，着重探讨了城镇在经济和社会方面存在的问题。陈美球等（2001）深入分析了小城镇可持续发展的种种体制性障碍，如行政等级僵化、管理机制不完善或基础设施建设缺少金融支持等，认为当前小城镇的规划体制存在缺陷。还有学者集中探讨了小城镇可持续发展中的公共产品供给问题（李克强，2004），认为小城镇公共产品的供需不匹配现象突出。赵新平等（2002）人认为重点发展小城镇作为国家城市化战略的核心，忽视了其支撑基础——乡村工业化正面临消退并停滞的危机，同时提出了实践层面"建制城镇化"将小城镇发展引入歧途的观点，认为小城镇重点战略具有很强的主观理想色彩。杨传开等（2018）人提出了小城镇现状面临的产业不够发达、基础设施薄弱、公共服务水平低、吸引力不高等问题，认为发展条件欠佳、城市等级化管理、行政资源配置等因素是造成中小城市和小城镇发展不理想的重要因素，并在分析困境形成机制的基础上提出了破解小城镇发展难题的可行路径。

总体来看，受历史微观数据统计缺乏的限制，有关城镇可持续发展障碍的研究多以定性描述和总结为主，多数学者归纳的障碍因素之间缺乏内在逻辑关系的探讨；已有的定量分析也普遍着眼于静态角度，缺乏人类主观能动性的考量。

3. 小城镇分类管理

国内自20世纪80年代以来持续关注小城镇发展问题，已经形成丰富的实践成果和理论基础，如早期的"苏南模式"、"温州模式"和"珠三角模式"，都是基于小城镇发展实践的理论总结。1982年费孝通先生将其研究领域从农村社区转移到集镇，基于吴江县提出县域集镇按行政地位可分为3层5级，并论述了小城镇作为农村服务中心、文化中心和教育中心的作用（费孝通，1996）。在小城镇类型方面，叶飞（1995）结合苏南的调查，总结出苏南小城镇较为多样，包括古镇新貌型、旅游开发型、港口发展型、交通枢纽型、专业市场型、工业主导型、产品名都型、科技兴镇型和农副产品加工型等。亦有学者结合地域概念，探讨地域小城镇的特色与类型，如宋金平（1997）研究了京九铁路沿线的集镇，认为有城郊型、工业开放型、商贸型、交通和旅游型、外向型等几种集镇类型。上述类型划分更多是基于当时小城镇的产业现状给予的定性归纳总结，还未涉及具体的数量方法给予探索分析。

20世纪90年代中后期，国家首次在政策层面明确了小城镇在整个工业化和城镇化进程中的基础性地位。2005年以来，我国东部沿海发达省区的区域经济正经历着一场深度变革，这迫使小城镇的发展也面临转型。人们已逐渐意识到当下的社会经济发展背景之复杂、变数之多，以及小城镇自身的弱势地位和分化趋势，决定了必须从体制变革的角度对各类小城镇发展加以不同的政策指引，以满足区域经济的深度变革需要，这与国外的实践过程不谋而合。因此，对小城镇的分类发展逐渐成为研究关注的焦点问题。

（1）国家层面的小城镇分类模式

田明等（1999）从一般化演绎的角度，选用3个支撑小城镇发展的评价指标（关键因子），每个指标分化出3个小城镇类型，通过多因子组合演绎形成27个理论化的小城镇模型，再从中筛选出较为切合实际的15种小城镇发展模式，最后进行归纳综合，认为可将我国的小城镇分为初期、中期和完善成熟期"三大类型15种模式"。仇保兴（2003）从城镇规模经济的角度，概括了我国可重点建设的六类专业镇，分别为历史文化名镇、大城市卫星镇、农产品镇、工商业企业集群的镇、旅游镇和设有名校—名医院—名店分支机构的中心镇。陈仲伯等（1999）将小城镇建设与发展的模式分为贸易主导型、乡镇工业主导型、城郊型和风景旅游型。石忆邵（2013）基于产业培育的视角，将全国小城镇划分为工业型、旅游型、商贸型、科技型、农业型、矿业型等。其中，工业型小城镇是指以轻工业制造为主的专业小镇。旅游型小城镇是指依托丰富的旅游资源，以特色旅游产业带动小城镇相关服务业的繁荣。商贸型小城镇主要以专业批发市场和综合市场为依托，成为地方性或区域性商贸中心。科技型小城镇是基于大学城、科技园区等建立，由一所或多所大学带动城镇发展。农业型小城镇是以商品性农业为基础，农业龙头企业为骨干，形成工贸农一体化的生产经营体系。矿业型小城镇通常以采矿、矿产品加工及运输等行业为主导产业而发展起来的城镇。

（2）省域层面的小城镇分类模式

凌日平等（2015）从地域层次分类的角度，以经济结构为主要判别指标，采用纳尔逊法将山西省的小城镇分为贫困型、城郊型、工矿型、服务型、传统农区型和均衡型等六种类型。王宁等（2009）结合城镇发展条件，将湖北省小城镇分为生态文明型（发展循环经济）、旅游型、农业产业化型、农庄经济发展型、都市圈卫星型、传统手工艺经济型、矿业型、特色种植业经济型、水产养殖型和劳务输出型等十种。汪珠（2008）采用空间影响因子叠加的方法，将浙江省的小城镇分为浙北、浙东南中心城市带动型、浙西北、浙中自组织发展型，及浙西南偏远地区引导发展型等三种。陈前虎等（2012）针对浙江省小城镇发展状况及其态势，根据地域空间特征提出了3种城镇类型，一是基于大都市快速城镇背景下的都市型小城镇，约占城镇总数的20%；二是面向农业现代化目标的县域农业型小城镇，约占城镇总数的50%；三是以工业化与城市化转型升级为导向的县域块状经济中心城镇，约占城镇总数的30%。上述三类小城镇成为四大都市区之外支撑浙江省域经济的主要力量。

（3）大都市周边小城镇分类发展模式

除国家和省域层面的分类研究外，研究归纳发现大城市（都市）周边小城镇成为近年关注热点，即都市型小城镇已经逐渐成为一个相对独立的小城镇系统。2005年学者章政从主导产业选择的角度，将上海郊区小城镇分为特色农业型、工业型、农业高附加值型、建筑经济型、旅游型和专业市场型。卢道典等（2009）基于常州市的案例分析，在明确小城镇分化的基础上，总结出3类特色小城镇（农业、制造业和服务业），并结合规划策略提出小城镇进一步发展的

4种整合模式,即新城、新市镇、新镇和乡村模式。耿宏兵等(2009)结合地域产业特色、城镇空间关系和生态要求,将大连的小城镇分为中心城市一体化发展型、产业推动型、组织引导发展型和生态保育保护型等四类。肖辉(1999)以上海市为例,从空间模式和职能模式两方面总结了上海大都市郊区小城镇可持续发展的模式,认为小城镇与都市中心区的距离是判断空间模式的重要依据。丁焕峰(2001)以广州市为例,认为大城市边缘小城镇迎合住宅郊区化,通过承接都市区人口的外溢辐射来带动经济发展是一种有效的发展模式。

此外,相关学者对西安(许玲,2004)、合肥(涂志华和袁中金,2006)、北京(李晓凤,2009;王勇和谭静,2011)、杭州(陈白磊和齐同军,2009;武前波和陈前虎,2016)等大城市(都市)郊区小城镇以及浙江省小城镇(王士兰和陈前虎,2001)的发展模式均做过深入的研究。

2.4 研究评述

从国外小城镇的研究情况看,小城镇建设对于推进农业经济现代化、缩小城乡发展差距、缓解大城市病、建构适宜的人居空间等具有显著性意义,政府的宏观调控和政策扶持是处于工业化中后期的小城镇持续发展的重要力量。一方面,小城镇也具有多样化的转型路径,如融入都市圈、与中小城市联合发展、运用地方资源创建特色城镇等;另一方面,从国外小城镇特色分类发展的典型案例中可以发现,不同类型的城镇在特色发展过程中的参与主体虽然存在差异,但均依赖于政府、市场和民众的多方配合与支持。在此期间,政府提供的资金补贴虽然重要,但人才的培养、产品的宣传和推介,以及与不同类型的产业相配套的公共品供给显得尤为关键。如此,才能达到培育城镇特色竞争力、平衡区域发展差异的目的。

从国内小城镇的研究情况看,关于不同发展阶段、空间层次的小城镇发展及其动力机制的研究一直以来都非常丰富,近年来小城镇特色分类的研究也日益增多。然而,受历史微观数据的限制,大部分研究多注重解释性的定性分类描述,"现状—分类—政策"制定的导向不明确、应用性的政策研究不足。同时,相关文献对于小城镇的类型划分多样,却缺乏统一和简洁的划分标准,从而导致了政策的制定和落实难以形成有效的执行力。已有的定量研究尚缺少对小城镇内部发展差异和分化演变的数据论证和评价,如何在收集镇级统计数据的基础上,展开小城镇特色分类发展的定量分析与评价仍有待深入讨论。总体上看,既有的策略性研究较少关注不同类型城镇之间的协同联动、互补关系和矛盾焦点,从而导致了研究结果的系统性和层次性有待进一步加强。与此同时,如何针对不同类型城镇的发展需求,构建有针对性的政策体系仍需深入思考和研究。

可以说,**我国小城镇在经历了前40年规模扩张式的发展之后,已然出现了分异发展的态势**,如珠三角、长三角为代表的沿海发达地区,大中小企业的密集分布有利地带动了小城镇的快速发育,由此形成了各具特色的专业镇。中西部地区工业化进程相对滞后,经济实力较强的大中小城镇具有工业化的典型特征,而那些相对衰落的传统农业城镇则面临着人口的流出和产业的空心化。基于小城镇分异发展的现实状况，**如何从政策层面对不同类型的小城镇进行分类供给，由此推动小城镇由"分异"走向"分工"，这不仅是小城镇在当前发展阶段的现实需求，也是实现高品质城镇化的关键任务。**

为此，本书将**从政策分类供给和差别化指引的角度出发**，在深入回顾浙江省小城镇发展演变历程、归纳小城镇分化发展类型、探讨不同区域小城镇特色成长的规律与机制基础上，结合城镇发展需求与政策供给差异的定量分析，制定出具有系统性和可操作性的分类指引政策框架，使各类小城镇能发挥自身优势，并实现协同发展目标。

第3章 回顾发展历程
——浙江省小城镇发展历程与政策供给

本章在总体勾勒浙江改革开放以来区域经济发展过程图景的基础上,从动态发展的视角回顾了浙江省小城镇的发展历程,评价政策供给的效率,揭示影响小城镇发展的内外机制,总结小城镇发展的客观规律,为小城镇的未来发展提供经验与认知基础。

3.1 浙江区域经济发展过程:从低端道路走向高端道路

改革开放以来浙江区域经济的发展总体上经历了一个由村镇经济到县域经济再到都市区经济,由低端到高端,从粗放到集约的自下而上的工业化与城市化过程,如图3-1所示。

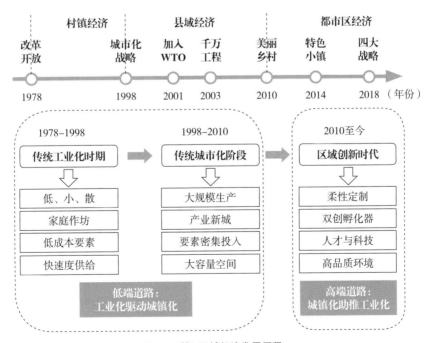

图3-1 浙江区域经济发展历程

改革开放后的前20年里，浙江区域经济呈现英国早期典型的工业化与城市化特征：自组织的家庭作坊与个私企业、高度分散化的空间组织、低成本的要素投入与低廉的产品输出等。1998年第十次浙江省党代会提出加快城市化战略后，产业与人口集聚的步伐大大加快，生产的资本密集程度与规模化程度大大提高，较好地满足了我国加入WTO之后拓展的国际中低端市场需求，这一过程一直持续到2010年左右。

之后，随着国际经济形势的持续走低和国内外中低端市场的日趋饱和，我国经济总体上进入一个经济增速换挡回落，各类结构调整优化，增长动力从要素驱动、投资驱动转向创新驱动的"新常态"时期，各类高质量的软硬环境成为区域经济发展的第一要素，这一特征在当前的浙江表现尤为明显。自2010年以来，浙江省委省政府相继启动了"美丽乡村""三改一拆""五水共治""四边三化"、特色小镇、小城镇综合环境整治、"四大（大花园、大湾区、大通道、大都市区）战略"、美丽城镇等系列行动，全地域、全方位、高质量地推进新型工业化和城镇化发展。如果说之前的发展走过的是一条"低端工业化驱动浅度城镇化"的发展道路，那么，创新时代的发展要走的是一条"以高品质的城镇化助推高质量工业化转型"（陈前虎，2017）的高端道路。

3.2 小城镇发展过程：从无心插柳到有心栽花

回顾1980年以来的8个"五年计划"，可以将浙江小城镇的发展粗略地分为两大阶段，即前15年（1980–1995）类似英国早期古典工业化模式下的快速膨胀期和后25年（1996–2020）政府积极调控下的提质转型期。如果说前15年的发展是"无心插柳"的话，后25年的发展可以说是"有心栽花"。

1980年至1995年是浙江小城镇数量蓬勃发展的15年。得益于劳动力的释放和制度的解放，家庭个私企业如雨后春笋般遍地生长，全省建制小城镇数量由1978年的不足200个上升为1995年的961个，即以年均增加50个小城镇的速度在数量上实现了快速膨胀。1995年以后受政府的调控影响这一趋势明显放缓，至1998年达到数量顶峰1006个，之后数量呈下降趋势。2015年的建制小城镇数量为609个，较1998年减少397个，且缩减的趋势仍在进一步延续。

相对于浙江省域都市区经济的快速发展，浙江小城镇近25年的转型发展是相对滞后的，与浙江省委省政府的预期存在较大差距。与省域城乡经济发展的深度推进相对应，小城镇的"质量提升"还远未完成，转型发展仍将是浙江小城镇今后很长一段时期内的中心议题，这显然要比改革开放初期前20年简单的数量扩张要难得多。况且，现有小城镇发展的区域背景变得更为复杂和多层面化。为此，需要全面回顾和总结近25年来浙江省小城镇在提质转型中的发展历程、政策探索和经验得失，才能更好地明确未来的改革方向和调控思路。

3.3 小城镇提质转型发展的3个阶段

3.3.1 控制同质化发展阶段（1996-2000）

1996-2000年是浙江小城镇转型走向理性增长的起始阶段。这种转型表现在政府不再盲目地增加小城镇的数量，而是开始关注小城镇成长的整体质量和系统绩效，其中尤为重要的是城镇的规模效应问题。因为有太多的小城镇缺乏一定人口规模集聚下的自我发展能力和相对完善的公共设施，增长后劲明显不足[①]；小城镇内部的同质化严重，即便是那些工业强镇，其整体的建设品质也较差。当时的另一个背景是乡镇工业"低、散、小"的发展格局受到城市开发区建设的严峻挑战。由于先前经济技术开发区的成功示范效应，城市改革全面推进，大中城市作为大规模生产的理想场所逐步被确立（交易成本和投资风险显著降低）。各种生产资料和市场资源开始向城市地区大范围集中，城市开发区和城市周边地区取代广大乡村小城镇成为产业集聚的重要空间载体。此外，1997-1998年的亚洲金融危机使大部分小城镇都面临着外向型产业的市场困境（国际市场的严重萎缩）和竞争压力。当然，从根本上讲，这一时期小城镇的发展困境是由产品的结构性过剩引起的，调整小城镇的产业格局已是迫在眉睫。

从全国乡镇企业的侧面数据可以反映出当时浙江省小城镇所面临的发展困境、遇到的阶段性门槛，以及经历的发展轨迹。1996-2000年，全国乡镇企业尽管在实缴税金、利润总额、工资总额等均实现不同程度的增长，但增幅连年下降。乡镇企业就业人数先降后升（图3-2），总体仍下降5.1%，不再成为农村劳动力的主要调蓄池。而乡镇企业的数目也出现较大波动，由1994年的2494万个下降为2000年的2085万个（图3-3），实际减少16.4%。这表明小城镇发展具有现实局限性，发展动力明显不足，其对于城乡经济发展的整体贡献也大大低于各级政府的预期。

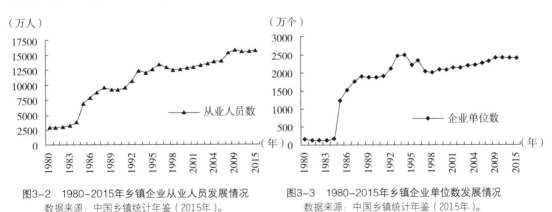

图3-2 1980-2015年乡镇企业从业人员发展情况
数据来源：中国乡镇统计年鉴（2015年）。

图3-3 1980-2015年乡镇企业单位数发展情况
数据来源：中国乡镇统计年鉴（2015年）。

为了增强小城镇的发展动力，"九五"期间中央政府曾多次召开部门会议研究小城镇的转型对策，并相继发布了若干个有利于小城镇综合发展的实质性政策措施（表3-1、表3-2），如

---

① 据1996年浙江省的第一次农业普查数据显示，县城以下建制镇建成区平均占地面积1.86km^2，但平均人口仅为4984人；规划区人口在1万以下的建制镇占80%，规划区人口在0.5万以下的占53%。

1995年的《小城镇综合改革试点指导意见》(发改委)，1997年的《小城镇户籍管理制度改革试点方案》和《关于完善农村户籍管理制度意见》，以及2000年《关于促进小城镇健康发展的若干意见》(国务院)等。初步提出了小城镇综合改革试点的工作思路，其基本目标是希望在小城镇建立一种政府精干高效、企业制度规范、市场竞争有序、城镇规划科学、保障机制完善、城乡一体发展的符合社会主义市场经济要求、适应农村经济发展特点的新体制。

浙江省控制小城镇同质化发展阶段的基本概况　　　　表3-1

时期	改革实践	主要变化	进一步发展的主要矛盾
"九五"期间	• 小城镇综合改革试点 • 局部地区的乡镇区划调整	• 建制镇数量增长势头得到控制 • 产业结构调整初见成效	• 产业"低、散、小" • 城镇基础设施建设落后

浙江省控制小城镇同质化发展阶段若干政策汇总　　　　表3-2

时期	国家级	省级
"九五"期间	•《小城镇综合改革试点指导意见》(1995) •《小城镇户籍管理制度改革试点方案》(1997) •《关于完善农村户籍管理制度意见》(1997) •《中共中央、国务院关于促进小城镇健康发展的若干意见》(2000) •《关于加强土地管理促进小城镇健康发展的通知》(2000)	《关于公布浙江省中心镇名单的通知》(2000)

在中央的政策驱动下，浙江省成为全国实行小城镇综合改革试点的重点省份，第一批进入全国试点的就有6个[①]（广东和江苏仅为4个）。与此同时，浙江省也积极进行了一系列小城镇改革的本地探索。一是在全国试点的基础上，又确立了100个综合改革试点镇，从财政、管理、户籍和投融资体制等多个方面尝试改革，并于2000年进一步明确了136省级中心镇，作为未来小城镇培育发展的重点对象；二是探索推动基层的行政区划调整，以壮大小城镇的发展空间，促进要素集聚和基础设施的合理配置，以解决小城镇的低水平重复建设问题。2000年浙江省的小城镇数量为971个，较1998年的1006个（顶峰期）减少了35个，而乡的数量较1995年也减少了128个，小城镇数量的增长势头得到初步控制。**但这一阶段的改革实践更多的是自上而下的国家及省级政府的实验性推动，地方政府的主动改革意识还没有被充分调动起来。因此，改革的面并不广**，也只是在局部地区进行。

3.3.2 引导差异化发展阶段（2001-2015）

（一）"十五"期间：小城镇差异化发展的推进阶段

"十五"期间在很大程度上延续了先前的改革思路，即提升重点城镇的发展潜力，但明显加快了改革的地方化进程，是浙江省小城镇差异化发展的推进阶段。继缙云县在2000年出台

[①] 湖州市城区织里镇、富阳市新登镇、玉环县陈屿镇、东阳市横店镇、绍兴县杨汛桥镇、苍南县龙港镇。

《关于进一步明确壶镇小城镇综合改革试点管理权限与政策的意见》之后,诸暨市在2003年下发了《诸暨市组群中心镇综合改革试点方案》,试点对象为店口镇和牌头镇。永康市也规定对五大镇的土地出让收益、基础设施配套费全部归镇里,每年财政安排500万元专项资金以奖代补的形式支持重点城镇建设。而宁波市鄞州区在2005年将姜山和集仕港镇列入小城镇建设试点镇。[①]尽管各地都推行了各具特色的优惠政策,但主要是解决一些重点城镇的建设资金困难问题,还未形成系统化的体制改革构想。

除地方自身的改革探索外,这一阶段全省乡镇区划的调整力度是前所未有的,几乎所有的地方县、市、区都推行了乡镇("村")撤并工作,从而基本奠定了省域内现有小城镇的分布格局(表3-3)。建制小城镇的数量由2000年的971个急剧下降为2005年的758个,年均减少近40个,之后便趋缓。相对应地,乡的数量也大幅减少了259个。由于乡镇区划的大范围调整,小城镇自身发展空间的扩大是极为明显的。据统计,2015年全省平均每个建制镇的建成区面积为5.3km²,较2000年(3.0km²)增长了76%。每个镇建成区的人口为11659人,较2000年的9493人增长了23.5%。然而,人口的集聚大大低于城镇面积的扩张速度,这表明当时的土地利用是较为粗放的,城镇建设并没有获得很好的发展绩效。

1985-2017年浙江省行政区划变动情况　　　　表3-3

年份	市辖区	县及县级市	建制镇	乡	村
1985	20	66	510	2730	43307
1990	19	67	749	2423	43506
1995	23	64	961	880	43364
2000	25	63	971	752	42226
2005	32	58	758	493	34514
2010	32	58	728	443	29305
2015	36	54	641	265	27901
2017	37	52	641	274	27458

数据来源:相关年份的浙江省统计年鉴及浙江省人民政府网站。

从政策变迁看,这一阶段的小城镇还承担了一项极为重要的"公共职能",即农村的现代化改造,这是浙江省乡镇转型发展和城乡改革推进不同于以往的一个重要方面,也标志着小城镇的建设由镇区向镇域扩展。2003-2005年,浙江共发布了5个面向新农村建设的支持性政策,分别为"千村示范万村整治"工程(2003)、千万农民饮用水工程(2003)、村村通公路的"康庄工程"(2003)、"千万农村劳动力素质培训工程"(2004)、"千镇连锁超市"和"万村放心店工程"(2005),力图全面改造乡村发展环境和提升农民生活水平。在公共政策的强

---

① 引自《发挥块状经济优势加快浙江省小城镇建设》,浙江财政厅课题组,www.gx-info.gov.cn,(2007.03)

势推动下，新农村建设的成效是相当明显的，乡村的硬件基础设施极大完善，乡村的潜力和活力被激发，在很大程度上巩固了小城镇发展的市场基础（农村消费成本降低）。一个重要现象是乡村旅游和农家乐在一些发达地区逐步兴起。

经过多方面的调整和政策扶持，小城镇系统的规模结构发生了巨大变化，一些中心镇或是县域重镇的优势地位在不断强化，而一些原本就缺乏产业基础的城镇则增长乏力，城镇内部的分化趋势显现。据2007年浙江农业普查显示，镇财政收入超过1亿的小城镇数量为224个，占全省建制镇总数的29.7%。但这224个镇的财政总和为585亿元，占所有建制镇总和的78.6%。平均每个镇的财政收入为2.61亿元，是剩余530个小城镇平均水平（0.3亿元）的9倍。

与前一阶段不同的是，这一阶段小城镇建设的一个重要方面是推行了工业的规模化经营，全省块状经济的区域化格局基本成型并趋向稳定，小城镇产品的市场竞争力和产业集群优势在显著提升。而小城镇转型发展的主要矛盾也开始转变为城镇化与工业化的不相适应，以及强镇与弱镇的协调发展问题。

（二）"十一五"期间：小城镇差异化发展的深入阶段

"十一五"期间小城镇的发展，一方面是整体规模的调整趋于稳定，2009年的小城镇数量为735个，较2005年仅减少了23个，减少的城镇大多是受到中心城市的空间扩张影响转变为街道建制，成为各级中心城市建成区的一部分；另一方面，政府的改革路径也变得相对明确，无论是政策供给的广度和系统性较以往都有了很大的提升，是浙江省小城镇转型发展的深入阶段，主要体现在以下3个方面：

2007年浙江省发布了《关于加快推进中心镇培育工程的若干意见》（2007），首次在全国推出"强镇扩权"改革，明确了全省中心镇提升发展的总体格局，提出要分阶段培育200个特色明显、经济发达、辐射能力强的现代小城市，并有针对性和较为系统地推出了10个方面的扶持政策[①]，赋予中心镇部分县级管理权限，以突破现有发展瓶颈和体制机制约束，目标是集中力量提升中心镇的管理能力、建设品质、规模效应和发展潜力，以解决城镇化和工业化不相适应的矛盾。**从各县市的地方实践效果看，强镇扩权改革在很大程度上提高了浙江省中心镇的发展活力和增长后劲，构建了极具竞争力的政策环境和体制优势**。同时也调动了地方县市政府通过培育中心镇推进城乡统筹发展的积极性，已经形成较为良性的循环机制和广泛的社会共识。

除对中心镇发展的持续关注外，在2003年和2005年浙江省政府就已经发布了关于加快欠发达乡镇奔小康的两个政策文件，明确提出要通过政策扶持加快欠发达乡镇奔小康的步伐，计划到2007年初步改变欠发达乡镇的落后面貌。扶持发展的具体工作包括"做大做强特色优势农业产业、积极引导农民下山脱贫、积极扩大劳务输出、加强基础设施和生态环境建设、加快农村社会事业发展、加大区域协作和结对帮扶力度"等多个方面。**但遗憾的是，这211个欠发达乡镇的主体是"乡"，从政策供给的角度各级政府还并没有察觉到县域经济弱镇的发展困境。因此，从中心镇扩展到欠发达乡镇，仍存有很大的政策供给缺口和空白**。总体上说，虽然还没有

---

① 前6项主要解决长期困扰中心镇发展的3个核心要素，即资金、土地和社会经济管理权限；后4项集中解决农村剩余劳动力转移和外来务工人员城镇化转型的相关制度保障，以加快提升中心镇的规模集聚效应。

将全省的所有建制镇或是乡镇作为一个系统整体进行长远的考虑，但对欠发达乡镇的扶贫工作仍积累了一定的地方经验。

转型深入的第三个方面表现为对全省新农村建设的统筹安排和战略重心的转移。与"十五"期间强调农村公共设施建设不同的是，这一阶段的新农村建设更多的是关注乡村产业的发展问题。2006年，浙江省委省政府发布的《关于全面推进社会主义新农村建设的决定》中，明确了"十一五"期间新农村建设的重中之重是要发展高效生态的现代农业，之后又发布了多个关于"农业主导产业、农家乐、农业机械化、农业保险"的配套性文件，希望全面推动全省农业的转型发展。农村改革的主攻方向已经由大规模的基础设施建设转向农业结构的市场化改造和乡村资源的综合性开发，即要着重挖掘农村和农业的市场价值，全面深入推动城乡统筹发展。**但遗憾的是，推动全省农业现代化发展的空间主体并没有得到很好的明确，使得宏观政策的有效落实缺少强有力的基层执行主体。一个可以明确的判断是，这肯定不是城市地区或块状经济强镇（中心镇）的主要职责，当然更不会是将近3万个极为分散和管理低效的现有村集体。为此，尽快明确全省农业现代化发展的小城镇主体，并从政策供给上加以推动落实，是全省需要破解的重要议题。**

（三）"十二五"期间：小城镇差异化发展的提升阶段

"十二五"期间浙江小城镇发展的政策供给，不仅延续了"十一五"期间"强镇扩权"改革的总体思路和主导路径，在政策供给的深度、针对性和丰富性方面较以往都有了极大的提升，是浙江省小城镇整体转型发展的提升阶段。从具体策略层面看，主要实行了以下系列措施：

第一，优中选优，加快县域经济强镇的系统性体制改革试点。2010年浙江省政府出台《关于进一步加快中心镇发展和改革的若干意见》《关于支持小城市培育试点工作实施意见》，在全省200个中心镇中选定27个镇为浙江省首批小城市培育试点，希望通过综合改革试点和密集的公共政策供给打造一批具有全国影响力的镇级市。随后，省发改委会同省编委办、法制办、财政厅、工商局密集出台了《浙江省强镇扩权改革指导意见》《关于省小城市培育试点专项资金管理若干问题的通知》《关于下放部分工商行政管理权限支持小城市培育试点的若干意见》等，督促27个县（市、区）全部出台了以"五大服务平台建设、四项重点改革、土地要素保障、资金支持和税费优惠"为主要内容的扶持政策。由此，浙江省小城市培育试点工程在体制构建上取得了重大突破，释放了试点镇的发展活力，发挥了先行先试的示范带头效应。

第二，底线倒逼，系统推进小城镇综合发展环境的持续优化。2013年以来的"三改一拆、五水共治、四边三化、两路两侧"系列行动，以淘汰落后产能、转变传统粗放增长模式为导向，全面倒逼了浙江小城镇的整体转型发展，优化了小城镇的产业投资环境和生态人居环境。习近平总书记在浙江工作时提出的"绿水青山就是金山银山"的发展理念深入人心，美丽经济和美丽环境成为小城镇转型发展的普遍性追求。

第三，需求牵引，有力推动浙江欠发达乡镇的现代化转型。"十二五"期间，浙江省城乡统筹发展进入多维良性互动的新阶段，得益于全省消费结构的转型，加之美丽乡村、现代农业园区建设的推进，乡村的文化、生态、旅游价值得以深度挖掘，逐步成为都市消费和区域旅游的新热点。浙南、浙西、浙西南、浙西北等欠发达小城镇的密集地区迎来了一波美丽经济发展热潮，催生了安吉、德清、桐庐、富阳、遂昌、松阳等一批各具特色的乡村经济和小城镇转型发展样板区（表3-4、表3-5）。

浙江省小城镇差异化发展阶段的基本概况 表3-4

时期	改革实践	主要变化	进一步发展的主要矛盾
"十五"期间	• 从综合改革试点到中心镇培育 • 大范围全覆盖的乡镇区划调整 • 农村设施建设的全面推进	• 建制镇的数量急剧下降 • 产业结构调整成效显著，"一镇一品"的区域化格局基本形成	• 城镇化远落后于工业化 • 城镇品质欠佳，缺乏吸引力
"十一五"期间	• 推行"强镇扩权"，培育中心镇 • 全面实行农业现代化建设初步推进	• 强镇的优势地位得以全面巩固 • 现代农业的发展初见成效	• 两极分化加剧 • 弱镇发展权的丧失 • 农业现代化缺乏空间主体
"十二五"期间	• 深化"强镇扩权"，全面提升中心镇功能 • 村镇环境综合整治 • 美丽乡村建设	• 强镇功能优化提升 • 乡村环境大改观 • 都市周边小城镇发展机会良好	• 高品质环境供给不足 • 现代农业发展滞后 • 都市周边发展无序

引导小城镇差异化发展阶段若干政策汇总 表3-5

时期	国家级	省级
"十五"期间	• 关于乡镇行政区划调整工作的指导意见（2001） • 关于全面推进农村税费改革试点的意见（2003） • 关于促进农民增加收入若干政策的意见（2004） • 关于开展全国小城镇改革试点工作的通知（2004） • 关于进一步加强农村工作提高农业综合生产能力若干政策的意见（2005）	• 关于乡镇行政区划调整工作意见的通知（2001） • 关于实施"欠发达乡镇奔小康工程"的通知（2003） • "千村示范、万村整治"工程（2003-2007） • 千万农民饮用水工程（2003-2007） • 村村通公路的"康庄工程"（2003-2008） • 《浙江省统筹城乡发展推进城乡一体化纲要》（2004） • "千万农村劳动力素质培训工程"（2004-2010） • "千镇连锁超市"和"万村放心店工程"（2005-2007） • 关于进一步加快欠发达乡镇奔小康的若干意见（2005）
"十一五"期间	• 《关于推进社会主义新农村建设的若干意见》（2006） • 《关于积极发展现代农业扎实推进社会主义新农村建设的若干意见》（2007） • 《关于切实加强农业基础建设进一步促进农业发展农民增收的若干意见》（2008） • 《关于促进农业稳定发展农民持续增收的若干意见》（2009） • 《关于加大统筹城乡发展力度进一步夯实农业农村发展基础的若干意见》（2010）	• 《关于全面推进社会主义新农村建设的决定》（2006） • 《关于开展政策性农业保险试点工作的通知》（2006） • 《关于加快推进中心镇培育工程的若干意见》（2007） • 《关于加快发展农业主导产业推进现代农业建设的若干意见》（2007） • 《关于加快发展农家乐休闲旅游业的意见》（2007） • 《关于大力发展农业机械化的若干意见》（2007） • 《中心镇培育专项资金管理暂行办法》（2008） • 《关于当前稳定农业发展促进农民增收的若干意见》（2009） • 《关于推进政策性农业保险的若干意见》（2009） • 《关于进一步加快中心镇发展和改革的若干意见》（2010） • 《关于开展小城市培育试点的通知》（2010） • 《关于印发浙江省强镇扩权改革指导意见的通知》（2010） • 《关于加强小城市培育试点镇规划建设管理工作的意见》（2010）

续表

时期	国家级	省级
"十二五"期间	•《关于加快推进农业科技创新持续增强农产品供给保障能力的若干意见》(2012) •《关于全面深化农村改革加快推进农业现代化的若干意见》(2014) •《国家新型城镇化报告》(2015) •《关于加大改革创新力度加快农业现代化建设的若干意见》(2015) •《小城镇综合改革试点指导意见》(2015) •《关于深化农村改革综合性实施方案》(2015)	•《关于建立完善小城市培育试点镇和中心镇行政执法体制的指导意见》(2011) •《关于印发2011年全省中心镇发展改革和小城市培育试点工作要点的通知》(2011) •《2012年浙江省小城市培育试点和中心镇发展改革工作要点》(2012) •《关于公布小城市培育试点扩围名单的通知》(2014) •《浙江省人民政府关于加快特色小镇规划建设的指导意见》(2015)

3.3.3 走向特色化发展阶段(2016至今)

进入"十三五"以来,中国的城镇化持续"降速—提质"不仅给城市发展,更是给处于区域分工和城乡联系节点地位的小城镇带来了巨大考验。为此,这一时期的政策供给继续强调"以物质更新(新空间、新环境)促功能复兴(新功能、新业态)"的基本思路持续深化政策供给的丰富性和针对性。可以说,这一阶段是浙江省小城镇整体提质转型发展的巩固阶段。在此期间,浙江省在"八八战略"路线方针的指引下,主要实行了以下具体策略和措施(表3-8、表3-9):

第一,着力培育小城镇产业创新的新载体。浙江省率先提出"特色小镇"这一概念,相继推进了特色小镇建设、小城镇综合环境整治三年行动等,迅速将特色小(城)镇这种创新空间模式打造为生产、生活、生态一体化的空间经济平台,使其成为产业创新升级的新载体和推进新型城镇化建设的新抓手,并在全国范围内形成了良好的示范作用(吴一洲等,2016)。2016年住房和城乡建设部、国家发展改革委员会、财政部决定在全国范围开展特色小镇培育工作,相继出台《关于规范推进特色小镇和特色小城镇建设的若干意见》《关于加快美丽特色(城)镇建设的指导意见》等政策,均从供给侧改革的战略层面为小城镇的特色发展提供了新的路径和发展方向。随后,全国各地纷纷出台多项政策规划,形成了特色小(城)镇建设热潮。

第二,推动城乡协调发展和品质化建设。浙江省"十三五"规划中明确提出了启动新一轮城镇体系规划修编、优化城镇空间布局和功能等级的要求,通过强化省域中心城市与周边县市协调融合发展,大力推进县域经济向都市区经济转型,从而减小城市与乡镇之间的发展差距。在具体政策方面,因地制宜实施"一城数镇""小县大城"建设;积极培育新生中小城市和特色小城镇;科学编制村庄规划,持续推进美丽宜居示范村、特色村和农村新社区建设;合理引导农村居民点布局,打造美丽乡村升级版;建设"浙派民居",全面提升城乡品质环境等。在社会发展和品质提升方面,深入推进智慧城市建设,逐步将智慧服务向有条件的村庄延伸;加强历史文化名镇和村落保护利用,突出自然风貌、文化特色和旅游元素,从而提升乡镇地区的品质化建设水平。

可以说,"十三五"期间特色小(城)镇政策的持续落实和深化,为小城镇的特色分类发展提供了良好的载体,也为未来不同类型的小(城)镇公共服务设施的差异化供给奠定了基础。这不仅适度解决了"十五"期间出现的强镇与弱镇不协调发展的问题,也弥补了"十一五"期间注重城镇的产业发展配套但忽视县域经济弱镇发展困境的遗憾,同时还延续了"十三五"期间底线倒逼(推进小城镇综合发展环境持续优化)、需求牵引(推动欠发达乡镇现代化转型)的核心思想(吴一洲等,2016;陈前虎和郦少宇,2002;陈前虎,2001)。

"十三五"时期浙江新型城镇化的最新举措:特色小镇、小城镇环境综合整治、美丽城镇建设与乡村振兴。

(1)特色小镇建设

2014年底省委经济工作会议上,浙江在国内率先提出打造特色小镇的发展战略,2015年初正式将"加快规划建设一批特色小镇"列入政府重点工作计划。特色小镇聚焦电子信息、环境保护、医疗健康、休闲旅游、潮流时尚、金融服务和高端装备制造等七大产业,兼顾特色农副产品(如茶叶、黄酒和中药)、特色手工艺品(如丝绸、青瓷、木雕、根雕、石雕和"文房四宝")等历史经典产业。作为深化城乡统筹发展和推动传统经济转型升级的重要战略之一,特色小镇的建设意义主要体现在:经济新常态下的新增长点;"众创空间"的新孵化器;信息经济等智慧产业的新集聚地;新型城镇化转型升级的新载体;新一轮产城人融合的新平台;"两美"浙江的新景区。

特色小镇并不是一个行政意义上的城镇,而是一个大城市内部或周边的,在空间上相对独立发展的,具有特色产业导向、景观旅游和居住生活功能的项目集合体。特色小镇既可以是大都市周边的小城镇,又可以是较大的村庄,还可以是城市内部相对独立的区块和街区,其中部分服务功能可以和城市共享。

特色小镇的核心是特色产业,一般是新兴产业,如私募基金、互联网金融、创意设计、大数据和云计算、健康服务业,或其他智力密集型产业。特色小镇也是一个宜居宜业的大社区,既有现代化的办公环境,又有宜人的自然生态环境、丰富的人性化交流空间和高品质的公共服务设施。特色小镇建设将秉持"政府引导、企业主体、市场化运作"的原则,将占地面积控制在$1 \sim 3km^2$的范围内,打造一个高度产城融合的空间,并体现其特有的地域文化。同时,特色小镇建设要达到AAA级以上景区标准,休闲旅游类小镇须以AAAAA级景区标准作为建设硬指标。总之,特色小镇是按创新、协调、绿色、开放、共享的发展理念,结合自身特质,找准产业定位,科学规划,挖掘产业特色、人文底蕴和生态禀赋,"产、城、人、文"四位一体、有机结合的重要功能平台。

在具体规划建设中,特色小镇的发展秉持四大发展理念:产业定位摒弃"大而全",力求"特而强",避免同质竞争,错位发展,保证独特个性。功能体系摒弃"散而弱",力求"聚而合",重在功能融合,营造宜居宜业的特色小镇。城镇形态摒弃"大而广",力求"精而美",形成"一镇一风格",多维展示地域文化特色。制度设计摒弃"老而僵",力求"活而新",将其定位为综合改革试验区和政策试点示范基地,体现制度供给的"个性化"。

从特色小镇的内涵出发,可将其发展水平评估体系分为4个维度,分别为产业维度、功能维度、形态维度和制度维度。①产业维度,特色小镇的产业应具有一定的创新性和特色性,并且能和周边产业或者自身形成一定长度的产业链，发展绿色低碳型产业，产业的经济开放性和生产效率较高；②功能维度，特色小镇的功能应具有一定的集聚度及和谐度，经济、社会和生态等各功能之间协调发展，功能结构合理，公共服务功能均等化程度较高；③形态维度，特色小镇就是要全面体现"特色"，除了特色产业以外，在空间上也要体现明显的特色，建筑、开放空间、街道、绿化景观和整体环境都要体现相应的特色，具有较为统一和鲜明的风貌特征，城乡空间形态和环境质量协调发展，投资的空间环境品质较好；④制度维度，特色小镇在一定意义上也是一个特殊政策区，应围绕特色小镇的发展目标，建立起与其发展相适应，设计能激励相应产业、资金和人才进驻的制度，以及保障特色小镇可持续发展的环境治理和收益共享的机制。

（2）小城镇环境综合整治

2016年9月26日，浙江省委省政府发文《中共浙江省委办公厅浙江省人民政府办公厅关于印发〈浙江省小城镇环境综合整治行动实施方案〉的通知》[①]，召开全省小城镇环境综合整治行动会议，进行全面动员和部署。小城镇环境综合整治坚持以人民为中心，以五大发展理念为引领，以"八八战略"为总纲，深入实施新型城市化战略，全面开展小城镇环境综合整治行动，着力解决规划不合理、设施滞后、特色缺失、管理薄弱等问题，高质量统筹城乡发展，全面提升小城镇生产、生活和生态环境质量。浙江省小城镇环境综合整治行动主要内容如下：

①行动时间：自2016年9月底开始，力争用3年左右时间完成；

②整治对象：全面整治乡镇政府（包括独立于城区的街道办事处）驻地建成区，兼顾整治驻地行政村（居委会）的行政区域范围和仍具备集镇功能的原乡镇政府驻地；

③主要任务：一加强三整治，包括加强规划设计引领，整治环境卫生——主要解决"脏"的问题；整治城镇秩序——主要解决"乱"的问题；整治乡容镇貌——主要解决"差"的问题；

④整治意义：补齐生态环境短板的重中之重，加快经济转型升级的有力举措，提升城乡发展质量的关键环节，提高人民群众获得感和幸福感的民生工程，推进基层治理现代化的重要平台；

⑤整治目标：环境质量全面改善，服务功能持续增强，管理水平显著提高，城镇面貌大为改观，乡风民风更加文明，社会公认度不断提升；

⑥阶段成果：使小城镇成为人们向往的幸福家园。

分4个阶段推进：

第一阶段（2016年10-12月）：抓机制、树样板。

全面建立省、市、县（市、区）、乡镇（街道）层层落实、上下联动的组织领导机制和工作推进机制；全面制定和落实各项政策保障措施；全面制定出台省、市、县（市、区）、乡镇（街道）各级行动计划和实施方案；全面完成小城镇环境综合整治规划方案编制工作；全面迅速推开脏乱差治理，分级、分类确立省、市、县示范样板。

---

① 中共浙江省委办公厅浙江省人民政府办公厅. 关于印发《浙江省小城镇环境综合整治行动实施方案》的通知（浙委办发〔2016〕70号），2016.9.26.

第二阶段（2017年1—12月）：抓推进、求突破。

推进脏乱差大整治，城镇环境卫生面貌得到明显改善，城镇秩序得到初步改观。推进规划实施，对涉及乡容镇貌的重要街区、重要地段、重要节点开展项目设计，并组织实施。推进整治方式方法和政策制度创新，积极探索构建符合各地实际的现代小城镇治理体系。计划全省30%的乡镇（街道）考核达标，各乡镇整治项目总体形象进度达到30%以上。

第三阶段（2018年1—12月）：抓提升、出成效。

深入推进脏乱差整治，提升小城镇环境质量，城镇秩序得到明显改观，乡容镇貌得到初步改观，符合各地实际的现代小城镇治理体系得到初步建立。深入推进赤膊墙、蓝色屋面、背包式太阳能、沿街封闭卷闸门、线乱拉治理，提升城镇空间品质；深入推进各类整治项目实施，提升城镇功能，彰显城镇特色。计划全省70%的乡镇（街道）考核达标，各乡镇整治项目总体形象进度达到80%以上，小城镇环境综合整治行动初见成效。

第四阶段（2019年1—12月）：抓巩固、强管理。

不断完善督查考核"回头看"机制，巩固整治成效。不断完善整治建设管理，基本建立符合各地实际的现代小城镇治理体系。不断完善小城镇边界区域治理，构筑城乡美丽格局。各项目标任务全面实现，脏乱差现象全面消除。全省乡镇（街道）全面通过考核验收。

"把人民对美好生活的向往作为奋斗目标，依靠人民创造历史伟业"，这是习近平总书记在十九大报告中的一句直抵人心的话。小城镇环境综合整治，正是围绕"人民对美好生活的向往"这一目标的具体实践。望得见山、看得见水、记得住乡愁的小城镇将在浙江省域范围内遍地开花。

（3）美丽城镇建设①

2019年起浙江省全面实施的"百镇示范、千镇美丽"工程，在小城镇环境综合整治的基础上，继续以美丽城镇为蓝图，高质量打造城乡融合、全域美丽新格局。美丽城镇建设着眼高质量发展、竞争力提升、现代化建设，努力建设功能便民环境美、共享乐民生活美、兴业富民产业美、魅力亲民人文美、善治为民治理美的美丽城镇，打造现代版"富春山居图"，为建设美丽中国提供浙江样板。

美丽城镇建设的核心在于"五美"。通过深化环境综合整治、构建现代化交通网络、推进市政设施网络建设、提升城镇数字化水平，实现功能便民环境美；通过提升住房建设水平、加大优质商贸文体设施供给、提升医疗健康服务水平、促进城乡教育优质均衡发展、加大优质养老服务供给，实现共享乐民生活美；通过整治提升"低散乱"、搭建主平台、培育新业态，实现兴业富民产业美；通过彰显人文特色、推进有机更新、强化文旅融合，实现魅力亲民人文美；通过建立健全长效机制、全面提升公民素养、加强社会治理体系和治理能力建设，实现善治为民治理美（表3-6）。

---

① 浙江新闻. 中共浙江省委办公厅 浙江省人民政府办公厅 关于高水平推进美丽城镇建设的意见［EB/OL］. http:// http://zjnews.zjol.com.cn/201912/t20191221_11497930.shtml.

浙江省美丽城镇"五美"建设评价指标体系框架　　　　表3-6

一级指标	二级指标	三级指标
环境美	深化环境综合整治	保护生态格局
		创建"无违建"乡镇
		综合治理河湖水域
		固体废弃物处置
		建设美丽载体
	构建现代化交通网络	畅达对外交通
		优化城镇内部交通
		加快建设"四好农村路"
		倡导公交优先
	推进市政设施网络建设	统筹推进各类市政管线敷设
		保障供水安全
		加强污水处理设施建设
		完善生活垃圾分类处置体系
		加强公共厕所建设管护
		加强防灾减灾设施建设
		建设海绵城镇
	提升城镇数字化水平	整治提升电力通信设施
		推广智慧广电
		推进"雪亮工程"建设
		实施平安乡村、智安小区建设
		建设城镇管理数字化平台
生活美	提升住房建设水平	塑造特色城镇风貌
		大力提升住房市场供给品质
	加大优质商贸和文体设施供给	加强商贸设施建设
		加强文体设施建设
	提升医疗健康服务水平	全面推进县域医共体建设
		提升基层医疗服务水平
	促进城乡教育优质均衡发展	发展义务教育
		发展学前教育
		倡导终身学习新风尚
	加大优质养老服务供给	完善居家养老服务设施

续表

一级指标	二级指标	三级指标
产业美	整治提升"低散乱"	整治提升"低散乱"
	搭建主平台	建设培育主导产业
	培育新业态	建设现代物流体系
人文美	彰显人文特色	保护历史文化遗产
		保护和传承非物质文化遗产
		全面提升公共文化服务
	推进有机更新	大力推进老旧小区改造
		提升园林绿化水平
		建设城乡绿道网
		建设镇、村生活圈体系
	强化文旅融合	完善文旅服务设施
		建设景区镇
治理美	建立健全长效机制	建立小城镇长效管控机制
		建立县域统筹的城乡一体化机制
	提升公民素养	开展文明实践
		倡导开展志愿服务
	加强社会治理体系和能力建设	深化"最多跑一次"改革
		合理配备警务资源
		提升基层治理能力
		推动"三治"融合发展
城乡融合体制机制	统筹空间布局	加强规划引导
		建立技术服务制度
	统筹公共服务供给	推进城乡基本公共服务全覆盖
		建立健全设施共建共享机制

美丽城镇建设的抓手在于"十个一"（表3-7）。通过以建设一条快速便捷的对外交通通道、一条串珠成链的美丽生态绿道、一张健全的雨污分流收集处理网、一张完善的垃圾分类收集处置网、一个功能复合的商贸场所、一个开放共享的文体场所、一个优质均衡的学前教育和义务教育体系、一个覆盖城乡的基本医疗卫生和养老服务体系、一个现代化的基层社会治理体系及一个高品质的镇村生活圈体系为美丽城镇建设标志性要求，有效推进新时代城镇的高质量打造。

浙江省美丽城镇"十个一"标志性工程　　　　　表3-7

"十个一"标志性要求	具体内容
一条快速便捷的对外交通通道	畅通便捷联系高铁站、高速公路或高等级交通设施的对外交通通道
一条串珠成链的美丽生态绿道	山水城乡融的城镇景观绿道、休闲步道及骑行绿道
一张健全的雨污分流收集处理网	开展雨污分流改造提升，实施"污水零直排"建设
一张完善的垃圾分类收集处置网	生活垃圾分类投放、分类收集、分类密闭运输、分类处置
一个功能复合的商贸场所	便利店、连锁超市、综合市场、商贸综合体、商贸特色街
一个开放共享的文体场所	图书馆、体育场馆、全民健身中心、文体中心
一个优质均衡的学前教育和义务教育体系	等级幼儿园、义务教育标准化学校、城乡教育共同体
一个覆盖城乡的基本医疗卫生和养老服务体系	医共体、标准化乡镇卫生院、居家养老服务中心、康养综合体
一个现代化的基层社会治理体系	城镇综合治理中心、数字化管理平台、"四个平台"指挥中心
一个高品质的镇村生活圈体系	构建5分钟社区生活圈、15分钟建成区生活圈等

（4）乡村振兴

党的十九大首次提出乡村振兴战略，要求在乡村建设中坚持农业农村优先发展，实现"产业兴旺、生态宜居、乡风文明、治理有效、生活富裕"。2018年中央一号文件对实施乡村振兴战略做出了明确部署，全面激发了农村发展的新活力。

乡村振兴战略是"社会主义新农村建设"政策的延续，其内涵与外延较之前都有很大的提升与创新。例如，将"生产发展"提升为"产业兴旺"；将"生活宽裕"升级为"生活富裕"；将"村容整洁"拓展为"生态宜居"；将"管理民主"丰富为"治理有效"。在此背景下，全国各地都自主探索了乡村建设的方法与模式，如浙江的"美丽乡村"、安徽的"美好乡村"、江西的"秀美乡村"等。其中，浙江的"美丽乡村"建设经验最为丰富成熟，为全国的"美丽乡村"建设提供了大量的浙江经验。

浙江省是我国农村改革的前沿阵地（顾益康和张社梅，2008）。2003年习近平总书记在浙江省启动"千村示范、万村整治"行动，开启了浙江农村人居环境建设的进程。15年间，"千万工程"造就万千"美丽乡村"，"美丽乡村"成为浙江的一张"金名片"。从"千万工程"建设美丽乡村到推进万村景区化建设，从持续开展"811"美丽浙江建设行动到积极建设可持续发展议程创新示范区，从高效生态农业到特色农业强镇，浙江省以农业供给侧改革为主线，把环境改善和生态宜居、产业兴旺、体制机制创新结合起来，大力发展美丽经济，在全国范围内率先引领乡村振兴。

改革开放以来，浙江省的乡村发展大致可分为5个阶段（图3-4）：

第一个阶段，20世纪80-90年代的乡村工业化启蒙发展阶段。随着农村家庭联产承包生产责任制的建立和逐步完善，浙江各地大力发展乡镇与个私经济，一时间村村点火、户户冒烟，涌现出以"温州模式"（金祥荣，2000）为代表的多元乡村工业化模式，乡村经济迅速繁荣发展。

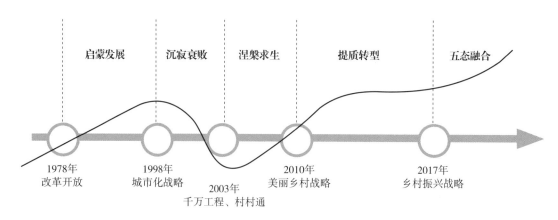

图3-4 改革开放以来浙江乡村发展兴衰历程

第二阶段，20世纪90年代后期至21世纪初，以1998年省委省政府实施"城市化战略"为标志，浙江的乡村发展进入了沉寂衰败阶段。进入20世纪90年代后，国内外经济环境发生深刻变革，缺乏规模与技术的浙江个私经济和乡镇企业生产经营环境不断恶化，为促进企业规模聚集发展，浙江提出以"中心城镇"为抓手的"城市化"战略。自此，大规模的乡村工业化阶段宣告结束，浙江乡村经济进入一段萧条衰败时期。尤其值得一提的是，20多年来粗放的乡村工业发展方式，对广大的乡村地域环境造成了严重破坏，浙江河流水道几乎都受到了不同程度的污染，如著名的平阳水头制革污染。

第三阶段，21世纪初的涅槃求生阶段。2003年，浙江紧密结合发展实际，做出了实施"千村示范万村整治"工程（简称"千万工程"）的重大决策，揭开了浙江乡村建设的序幕。这一阶段可分为以乡村公共基础设施更新为核心的"基础性建设"时期和以乡村产业设施更新为核心的"生产性建设"时期。"基础性建设"时期主要是从2003年到2007年，这一时期的主要任务是乡村基础设施建设，从整治乡村环境脏乱差问题入手，着力改善农村生产生活条件。"村村通"工程、"放心店"工程、"农民饮用水"工程等等乡村建设项目，解决了村民生产生活中最迫切的基础问题。经过5年的努力，建成"全面小康建设示范村"1811个，整治村10303个，浙江乡村面貌发生了极大的变化。"生产性建设"时期主要是从2007年到2010年，这一时期大力培育乡村产业，推动农业产业结构调整。2007年一年就先后出台了《关于加快发展农业主导产业推进现代农业建设的若干意见》《关于加快发展农家乐休闲旅游业的意见》《浙江省农家乐特色村（点）》《关于大力发展农业机械化的若干意见》等多项促进乡村产业培育的政策意见。

第四阶段，2010年浙江省推行"美丽乡村"建设开始，浙江的乡村发展进入提质转型阶段。这一阶段的乡村建设紧紧围绕着"四美三宜"的要求，在延续村庄环境综合整治的基础上，重点推行乡村内在品质的提升与历史文化的保护传承（武前波等，2017），从内涵上提升推进"科学规划布局美、村容整洁环境美、创业增收生活美、乡风文明身心美"建设。"四边三化""五水共治""两美浙江"等一系列政策组合拳，使得浙江乡村的环境持续美化。截至2017年年底，浙江省登记在册的民宿有16233家，总营业收入53.5亿元，其中客房直接收入46.5

亿元，直接就业人员9.8万人，民宿成为浙江乡村产业兴旺和农民增收致富的新增长极。通过乡村人居环境与村居建设的提升，实现了从"美丽乡村"到"美丽经济"的转变。

第五阶段，2017年党的十九大报告正式提出实施"乡村振兴"战略开始，浙江省的乡村发展进入了"五态融合"发展阶段。浙江施行《全面实施乡村振兴战略高水平推进农业农村现代化行动计划（2018-2022）》（以下简称《行动计划》），《行动计划》分别从社会治理（社态）、产业发展（业态）、文化传承（文态）、农居建设（形态）、生态保护（生态）五个方面（简称"五态"）对乡村振兴提出要求。在社会治理方面，分别从人才培养、乡村治理、土地改革等方面提出指导策略；在产业发展方面实施"12188"工程，加快推进农业现代化，推进农村一、二、三产业融合发展；在文化传承方面，要求培育农村新时代新风尚，传承发展提升农村优秀传统文化，培育有地方特色和时代精神的新乡贤文化；在农居建设方面提出实施"千村精品、万村景区"工程、全域提升农村人居环境质量等举措；在生态保护方面，要求全面落实"水十条""土十条"等措施，打赢蓝天保卫战，推动乡村自然资本加快增值。落实城镇、农业、生态空间和生态保护红线、永久基本农田保护红线、城镇开发边界控制线。

新时期的乡村建设遵循着"五态融合，系统推进"的理念（图3-5）。其中，社态是关键。只有强而有力的村两委领导班子才能调动乡村多元主体，激发乡贤、普通村民、村级经济组织等参与乡村全面建设的积极性；形态是基础。只有物质更新到位，才能促发乡村功能的全面复兴；业态是根本。产业是保持农村地区活力的重要前提，乡村振兴必须以促进农民增收为归宿，从而实现乡村的可持续健康发展；文态是基因。文化是乡村振兴之魂，有了它乡村才有灵气和魅力，也才有品质和品位——美丽宜居村庄不仅美在田园山水，更美在文化，让人读得出历史，记得住乡愁；生态是基底。山、水、林、田、湖是乡村区别于城市最重要的基质，也是乡村得以可持续发展的最基本保障。

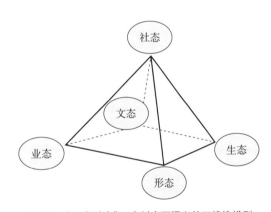

图3-5 "五态融合"：乡村全面振兴的四棱锥模型

浙江省小城镇特色化发展阶段的基本概况 表3-8

时期	改革实践	主要变化	进一步发展的主要矛盾
"十三五"期间	• 特色小（城）镇建设 • 小城镇环境综合整治 • 大湾区、大花园、大通道、大都市区建设 • 启动美丽城镇建设	• 培育小城镇特色分类发展的新载体 • 推动城乡协调发展和品质化建设 • 加快城乡融合，打造全域美丽格局	• 公共服务设施供给结构存在错位现象 • 城镇专属性服务设施建设存在短板 • 环境设施、生活设施、产业设施、人文品质、治理水平需要进一步提升

浙江省小城镇特色化发展阶段的若干政策汇总　　　　　　表3-9

时期	国家级	省级
"十三五"期间	• 《关于开展特色小镇培育工作的通知》（2016） • 《关于做好2016年特色小镇推荐工作的通知》（2016） • 《关于开展2016年美丽宜居小镇、美丽宜居村庄示范工作的通知》（2016） • 《关于加快美丽特色小（城）镇建设的指导意见》（2016） • 《关于实施"千企千镇工程"推进美丽特色小（城）镇建设的通知》（2016） • 《关于推进政策性金融支持小城镇建设的通知》（2017） • 《关于推动运动休闲特色小镇建设工作的通知》（2017） • 《关于组织开展农业特色互联网小镇建设试点工作的通知》（2017） • 《关于规范推进特色小镇和特色小城镇建设的若干意见》（2017） • 《关于建立特色小镇和特色小城镇高质量发展机制的通知》（2018）	• 《浙江省人民政府关于加快特色小镇规划建设的指导意见》（2016） • 《浙江省文化厅关于加快推进特色小镇文化建设的若干意见》（2016） • 《浙江省关于开展第三批省级特色小镇创建、培育名单申报工作的通知》（2016） • 《浙江省人民政府办公厅关于高质量加快推进特色小镇建设的通知》（2016） • 《浙江省关于特色小镇验收命名办法的通知》（2017） • 《浙江省特色小镇创建规划指南》（2018） • 《浙江省人民政府办公厅关于旅游风情小镇创建工作的指导意见》（2018） • 《关于高水平推进美丽城镇建设的意见》（2019）

3.4 发展总结与政策供给评价

3.4.1 发展总结

经过25年的结构调整和重点培育，浙江小城镇的整体发展实力得到有效提升，初步摆脱了依靠外部资源进行简单粗加工的生产格局，形成了较为完善的产业支撑体系和较强的市场竞争活力，保持了良好的经济增长势头，并逐步融入了城乡和区域一体化发展的进程。在国家统计局公布的主要工业产品中，浙江有将近110种产品的产量居全国前两位，占所有产品的21%，即全国有1/5产品的主要生产基地分布在浙江省的许多地方小城镇。类似于这样一种块状经济或者结合专业市场主导地方经济发展的小城镇，目前应该有240个左右，一直是政府关注和政策扶持的焦点。而这240个小城镇所创造的GDP、工业产值和财政收入占整个小城镇系统的80%以上。这部分城镇的发展方向是相对明确的，即以工业化来带动城镇化，以城镇化来提升工业化的发展动力和品质内涵，两者相互促进，形成双轮驱动的新型地方经济发展模式。

事实上，在表述浙江小城镇的转型发展和建设成就时，更多的是指这240个工业主导型的强镇（其中约有40个位于32个地市辖区），而很少去关注剩余500多个相对较弱乡镇的振兴发展问题。这实际上是一种认识上的误区，即在把握重点的时候，忽视了小城镇系统的整体发展绩效，因此也很难形成强镇与弱镇之间的联动机制，这样的发展结果是缺乏可持续性的。从现实情况看，这500多个弱乡镇面临的主要问题是"发展权"的丧失，即地方化的持续推进缺乏战略性的"顶层设计"！

除了从系统优化的角度来考虑城镇长远发展外，还需要关注区域大经济格局的变化对小城镇内部分化所带来的深刻影响。总体来看，浙江省已进入城镇化和工业化后期阶段，都市经济的爆炸式增长将对小城镇发展产生深刻影响，其影响的深度和广度将是前所未有的。比如，可以短时间彻底改变弱镇的市场环境和发展机遇，或者让强镇变得失去长远的发展方向——有太多的短期"市场诱惑"可能促使城镇做出错误的抉择。因此，在这样一种背景环境下，小城镇的发展目标理应立足于区域的长远发展，而不应局限于城镇本身。

为此，政府在提升小城镇整体发展绩效方面仍大有作为，且迫在眉睫——如何从有效分类和政策系统供给的角度来思考小城镇的长远和整体发展问题。尤其是对弱镇以及受都市经济影响的小城镇的发展要做出合理安排和明确定位，并满足区域经济发展的现实需求，从而将小城镇推向广域全面的转型之路。而未来要解决的主要问题也集中在"小城镇系统发展能力的优化"以及"如何更好地与区域需求接轨"两个方面。

3.4.2 政策供给评价

基本上可以把25年有关小城镇改革发展的政策内容划分为3条主线：

第一条主线是面向区域重镇和工业强镇的政策供给，即"中心镇培育工程"，在2007形成了一个纲领性文件——《关于加快推进中心镇培育工程的若干意见》。从长远看，扩权本身不存在方向性的问题，但从县域经济整体的角度看其能否真正"强镇"的关键还在于政府的制度供给不仅要"因镇"而且还要"因地"制宜，而现有中心镇的政策供给在深度和广度上有进一步优化的可能性，这其中包括几个方面的问题：一是面对县域经济一体化发展的现实，中心镇不是孤立的个体，需要承担更为积极的区域职能，因此，强镇扩权的目标理应是多重性和区域化的，更多的时候需要寻求县域经济发展的整体绩效最大化，如提升县域城镇化的整体质量等；二是在全省层面上确定的中心镇体系会相对忽视区域间的显著差异，如位于大都市近郊的中心镇，放权不当势必将加剧都市区整体发展的协调矛盾；三是任何政策的实施都是不断调整适应的过程，中心镇的扩权改革仍有很多值得改进的地方，但总体的发展方向是既要保证中心镇的快速发展，又要避免对区域的整体发展造成不良影响，同时还要积极承担更为广泛的地区职能。

第二条主线是面向农村现代化的政策供给，即"新农村建设工程"，在2006年形成了一个纲领性文件——《关于全面推进社会主义新农村建设的决定》，对全省的农村和农业现代化发展做出了战略性部署。但一个现实问题是，农业的现代化是不可能脱离小城镇的转型发展而独立存在的，因为所有稀缺的农业公共品（农地整理、技术推广、市场指导等）均有赖于公共部门的大力推动，以便在更短的时间内缩小工农差距（利用时间差降低农业改造成本），防止农业经营环境的进一步恶化（优质农业劳动力的流失、城镇化导致的农地破碎、高租金等）。**因此，尽管省域层面对农业整体发展的宏观思路和政策体系已基本成形，但目前浙江省农业现代化最缺的是明确而有执行力的基层主体，以推动宏观政策的全面地方化，这在很大程度上需要将农业政策的贯彻实施与现有小城镇的转型发展结合起来。**

第三条主线是"以物质环境更新促产业功能复兴"，即"两美浙江"战略行动。"美丽中国"是推进生态文明建设的重要方略，是中国现代化建设的必由之路，而浙江省是"美丽中国"的发源地和先行地。2003年以来，浙江坚定不移沿着"八八战略"指引的道路，以"千村示范、万村整治"为突破口，通过一系列战略举措，紧密围绕"两美浙江"（美丽浙江、美好生活）战略目标，以城乡物质环境更新为抓手，以城乡公共设施建设为重点，以政府公共投入为引擎，持续开展"五水共治""四边三化""三改一拆""特色小镇""小城镇环境综合整治""美丽城镇"等**一系列行动，极大地提升了浙江城乡人居环境的整体质量，有力推动了产业结构的转型升级**，为产业动能转换与城镇高质量发展奠定坚实基础。

总体上可以认为，下一阶段的发展不应再孤立地看待某一类小城镇的发展问题，现有关于小城镇发展的政策框架需要从系统整体和内外协同发展的角度加以整合梳理：一是中心镇的政策供给相对充分和完善，未来的主要工作是优化调整，以更加适应地方的发展需要；二是对弱势小城镇或者说欠发达乡镇的发展仍有很大的政策供给空间，但目标指向不再是简单的扶贫问题，而是如何提升它们的区域价值和发展能力，并与农业政策能紧密结合；三是如何让中心城市周边的一些小城镇成为大都市经济健康成长的"得力助手"，而不是妨碍区域一体化快速发展的"绊脚石"；四是通过持续的物质环境更新促进各类小城镇产业动能转换与功能复兴，走"高品质城镇化助推高质量工业化之路"。

第4章 分析格局特征
——浙江省小城镇空间格局与职能类型

本章以浙江全省小城镇为研究单元，剖析当前省域小城镇多维空间格局特征，明确小城镇的发展基础、优势和方向，并结合多种城镇职能分类方法，解析小城镇的职能空间分布特征。研究基于2017年底浙江省的行政区划情况，在考虑数据完整性的基础上，包括了11个地级市的829个乡镇，其中镇580个、乡249个。

4.1 浙江省小城镇空间格局特征

改革开放以来，浙江小城镇在经历了前期的"低（端）、小（规模）、散（布局）"自由发展和后期的"集（中）、强（镇扩权）、（三）改（一）拆"转型发展之后，目前省域小城镇发展已呈现出明显的区域空间分异特征。

4.1.1 圈轴集聚的空间形态格局

浙江省小城镇的分布受到区位、地理和交通线路的影响，在省域空间上呈现出围绕杭州、甬舟、温台、金义四大都市区聚集并沿轴线连绵发展特征。浙东北环杭州湾地区属于平原区，杭州与湖州、嘉兴、绍兴、宁波等地区的小城镇在围绕都市中心扩展的基础上趋于连绵发展，初步形成大规模的小城镇聚集区。浙东南温、台地区属沿海丘陵平原地区，围绕温、台市区中心形成了相对较为密集的城镇聚集区，并沿交通干线伸展。浙中金华地区属于丘陵盆地地形，除金华市中心外，小城镇整体趋于均衡分布。浙西衢州和丽水为山地丘陵地区，小城镇分布较为分散，尤其丽水市在地级市中心区也未形成显著的城镇集聚区（图4-1）。

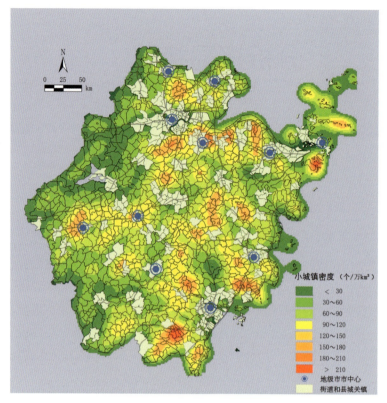

图4-1 2017年浙江省省域小城镇空间分布密度图（单位：个/km²）
资料来源：根据《浙江省2017年村镇建设统计报表》数据自行整理。

4.1.2 两极分化的人口分布格局

小城镇的人口分布呈现明显的两极分化特征，规模大的小城镇具有更强的人口集聚力。如表4-1、图4-2所示，人口规模小于3万人的城镇个数占64.6%，但人数占比却不到25.0%。而人口规模大于5万人的城镇个数虽然只有175个，却占总数的19.2%，这些城镇的总人口占了浙江省小城镇全部人口的56.0%，这部分城镇相对集中分布在地级市中心周边，较为集中的分布区在浙东北环湾、金义都市区以及浙东南温台沿海地区。从常住人口与户籍人口之比的情况看，有59%的小城镇属于人口流失型城镇，主要分布在浙西南地区；41%的城镇属于人口吸纳型的城镇，主要分布在浙东北、浙中地区，且有14个小城镇的常住人口总量超过户籍人口总量的2倍。

2017年浙江省小城镇常住人口分级统计　　表4-1

按常住人口规模分级（人）	城镇		人口	
	数量（个）	占比（%）	数量（万人）	占比（%）
>10万	49	5.4	795	26.7
5万~10万	126	13.8	874	29.3

续表

按常住人口规模分级（人）	城镇		人口	
	数量（个）	占比（%）	数量（万人）	占比（%）
3万~5万	149	16.2	578	19.4
1万~3万	319	34.9	592	19.8
≤1万	272	29.7	143	4.8
共计	915	100.0	2982	100.0

资料来源：根据《浙江省2017年村镇建设统计报表》数据自行整理。

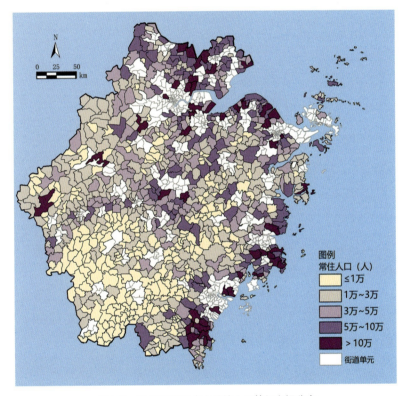

图4-2　2017年浙江省小城镇人口等级空间分布
资料来源：根据《浙江省2017年村镇建设统计报表》数据自行整理。

4.1.3　区域集中的经济发展格局

从空间分布来看（图4-3），浙江省镇级经济发展整体呈现出浙东北与浙中面状融合、浙东南沿海带状集中发展的两个片区。东北部工业企业产值较高的地区以环杭州湾地区为中心，包括嘉兴的各镇级单元、湖州东部临近嘉兴的镇级单元和杭州、宁波位于环杭州湾的镇级单元以及绍兴各镇级单元。省域中部已经形成以金华市区和义乌为核心的城镇集聚区，且带动金华各镇级单元形成集群发展态势。东北部地区与浙中地区整体上形成融合发展的特征。东南部工业企业较高的地区，主要集中在温、台两市的沿海地带。省域内西部和西南部地区相对省域内其他地区明显偏低（表4-2、图4-3）。

从数量统计上看（表4-2），浙江省小城镇经济发展同样具有区域集中的态势，工业企业产值低于10亿元的城镇个数占50.0%，但其产值占比却仅有2.0%。而产值大于100亿元的城镇虽然只有136个，占总数的14.8%，但这些城镇的总产值却占了浙江全省小城镇总产值的67.7%。

2017年浙江省小城镇工业企业产值分级统计　　　　　表4-2

按工业产值规模分级（元）	城镇		工业	
	数量（个）	占比（%）	产值（亿元）	占比（%）
>300亿	26	2.8	12310	28.5
100亿~300亿	110	12.0	16924	39.2
50亿~100亿	106	11.6	7745	17.9
10亿~50亿	216	23.6	5344	12.4
≤10亿	457	50.0	877	2.0
共计	915	100.0	43200	100.0

资料来源：根据《浙江省2017年村镇建设统计报表》数据自行整理。

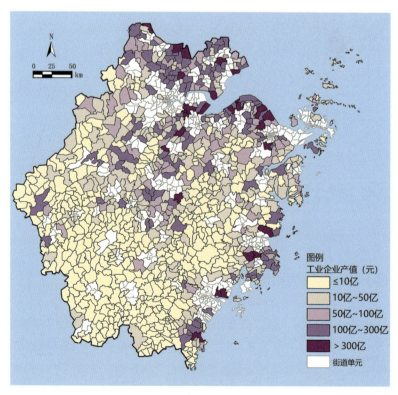

图4-3　2017年浙江省小城镇工业企业产值等级空间分布
资料来源：根据《浙江省2017年村镇建设统计报表》数据自行整理。

4.2 浙江省小城镇职能分布特征

在社会空间发展呈现区域集中态势的同时，省域小城镇的职能类型也发生着分化。围绕小城镇职能分类问题，学术界已有较充分的研究。早期我国学术界对于城镇职能的分类，多数以该城镇的产业主导类型为划分标准（陈忠暖和阎小培，2001；孙盘寿和杨廷秀，1984；周一星和孙则昕，1997）。成义军等（1995）根据小城镇的形成初衷，将其分成4种类型——工业开发型、商贸旅游型、传统集镇型、城郊型。陈仲伯等（1999）提出了4种小城镇建设与发展的模式——贸易主导型、乡镇工业主导型、城郊型、风景旅游型。张永明等（2017）从城镇经济、生态、人文/旅游、管理水平、基础设施和公共服务等六个方面将嘉兴市小城镇划分为5种类型——综合型、工贸型、旅游型、商贸型和田园型。

4.2.1 职能评价指标体系

本研究引入了物理学中的"状态"和"响应"概念来反映城镇的职能特征。状态是指小城镇职能的初始潜能。一个系统的反应除了激励所引起之外，系统内部的"初始状态"也可以引起系统的反应。系统的初始状态往往由其内部的"储能元件"提供。响应是指为了达成这个目标，在自身发展过程中所反映出来的相应特征。状态为因，响应为果。职能发展作为驱动力给城镇各类资源要素带来变化，社会系统根据这些资源要素状态及变化做出不同响应，如城镇化水平的变化、劳动力结构的改变、经济收入的变化、技术水平的变化等。其中，状态指标与响应指标都为职能强度的评价提供信息，如图4-4所示。综合考虑小城镇发展实际现状与数据可获得性等因素，最终构建了包括社会发展、旅游消费、经济增长、农业管理四个一级指标，反映城镇建设与发展两个维度的8个二级指标，16个三级指标在内的小城镇职能分类评价指标体系（表4-3）。其中，4项一级指标分别对应小城镇的4项主要职能——综合服务、旅游服务、工业生产与农业发展。

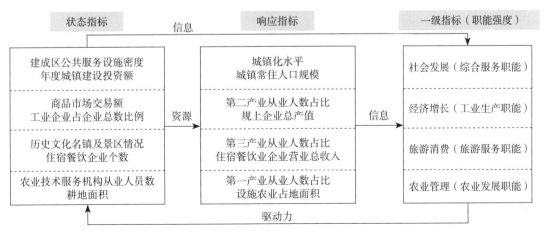

图4-4　指标之间逻辑关系示意

小城镇职能分类评价指标体系　　　　　　　　表4-3

一级指标	二级指标	指标编号/三级指标（单位）
社会发展	状态指标	X1/建成区公共服务设施密度（个/hm²）
		X2/年度城镇建设投资额（万元）
	响应指标	X3/城镇常住人口规模（人）
		X4/城镇化水平（%）
旅游消费	状态指标	X5/历史文化名镇及景区情况
		X6/住宿餐饮企业个数（个）
	响应指标	X7/住宿餐饮业企业营业总收入（万元）
		X8/第三产业从业人数占比（%）
经济增长	状态指标	X9/工业企业占企业总数比例（%）
		X10/商品市场交易额（万元）
	响应指标	X11/规上企业总产值（万元）
		X12/第二产业从业人数占比（%）
农业管理	状态指标	X13/耕地面积（hm²）
		X14/农业技术服务机构从业人员数（人）
	响应指标	X15/设施农业占地面积（hm²）
		X16/第一产业从业人数占比（%）

资料来源：自行整理。

4.2.2　小城镇职能评价方法

应用极值法和变异系数法对浙江省829个小城镇[①]数据矩阵经无量纲化处理后确定各项指标权重，并采用综合评价模型计算，获得4项一级指标的评价指数，具体计算过程如下：

①运用极值法对判断矩阵无量纲化处理：

$$X_i = (X'_i - X_{min}) / (X_{max} - X_{min}) （X为正指标）;$$
$$X_i = (X_{max} - X'_i) / (X_{max} - X_{min}) （X为负指标）;$$

式中X_i表示第i项指标的标准化后的值，X'_i为第i项指标的原始数值。

②计算标准化后各指标的平均值和标准差，结合变异系数法得各指标变异系数，归一化处理后得各指标权重W_i：

$$V_i = S_i / \overline{X}_i; \quad W_i = V_i / \sum_{i=1}^{m} V_i;$$

---

① 截至2017年底，浙江省域范围包括11个地级市、37个市辖区、19个县级市、33个县（其中1个自治县）、274个乡、641个镇以及463个街道。为保证数据完整性剔除基础数据缺失的乡、镇，最终确定本次研究城镇总数为829个，其中镇580个、乡249个。

式中$\bar{X}_i$表示第i项指标的平均值，S_i表示第i项指标的标准差，V_i表示第i项指标的变异系数，W_i表示第i项指标的权重，m为评价指标个数。

③对指标进行运算以求得各分项指标的评价指数，其具体评价模型为：

$$ESI = \sum_{i=1}^{m}(W_i \times X_i)；$$

式中ESI为分项指标的评价指数，m为该分项指标的评价指标个数。

在此基础上，借鉴纳尔逊分类法（Nelson H J，1995；周一星和R. 布雷德肖，1988；张磊等，2016）对省域829个小城镇①的4项职能进行分级，以评价指数高于算术平均值（mean，M）作为划定城镇具有某项职能的标准。一个城镇可兼具多项职能。用高于平均值以上几个标准差（standard deviation，S）来衡量该职能的强度，强度越高说明城镇该职能专业化程度越高（表4-4），并在此基础上，绘得浙江省小城镇职能空间分布图（图4-5）。

浙江省829个小城镇纳尔逊分类结果　　　　表4-4

职能类型	综合服务		旅游服务		工业生产		农业发展		职能强度
	小城镇数量（个）	占比（%）	小城镇数量（个）	占比（%）	小城镇数量（个）	占比（%）	小城镇数量（个）	占比（%）	
>M+3S	24	9.9	19	9.2	12	3.7	11	3.8	高
M+S ~ M+3S	54	22.1	46	22.3	44	13.7	38	12.9	中
M ~ M+S	166	68.0	141	68.5	266	82.6	245	83.3	低
总计	244	100.0	206	100.0	322	100.0	294	100.0	
职能分化规模指数②	0.294		0.248		0.388		0.355		
职能分化水平指数③	0.029		0.023		0.014		0.013		

资料来源：根据《浙江省2017年村镇建设统计报表》《浙江省建制镇、乡建设投资综合表》（2017）和《浙江省建制镇、乡基本情况综合表》（2017）等数据自行整理。

4.2.3 小城镇的职能分布特征

从表4-4看，全省已形成了面向4种职能类型的相当数量的小城镇，其中至少具有一项职能的城镇已有634个，占比高达76.5%，说明省域小城镇已出现大规模职能类型分化现象。但这些城镇的4类职能强度处于高段位（5和6）的比例极低，大多数城镇的职能强度处于低段位（1和2），说明整体上省域小城镇职能分化水平程度不高，高度专业化的小城镇数量不足。比较4类职能分化的规模指数和水平指数可以看出，工业生产和农业发展的职能分化规模程度（0.388和0.355）显著高于综合服务和旅游服务（0.294和0.248），但职能分化水平程度则恰恰

---

① 至2017年底，浙江省域范围拥有11个地级市（包括37个市辖区）、19个县级市、33个县（其中1个自治县）、274个乡、641个镇以及463个街道。为保证数据完整性，剔除基础数据缺失的乡、镇，最终确定本次研究的城镇总数为829个，其中镇580个、乡249个。
② 职能分化规模指数=职能评价指数高于算术平均值的城镇个数/本次研究城镇总数。
③ 职能分化水平指数=职能强度处于高水平的城镇个数/本次研究城镇总数。

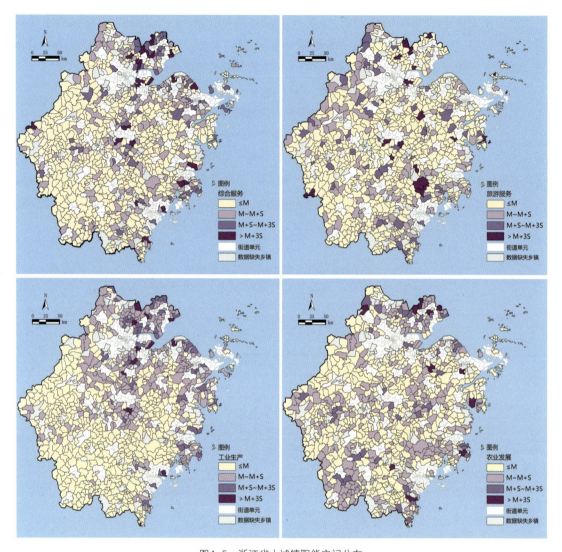

图4-5 浙江省小城镇职能空间分布

资料来源：根据《浙江省2017年村镇建设统计报表》《浙江省建制镇、乡建设投资综合表》（2017）以及《浙江省建制镇、乡基本情况综合表》（2017）等数据自行整理。

相反——综合服务和旅游服务（0.029和0.023）明显高于工业生产和农业发展（0.014和0.013）。

从图4-5看，4类城镇职能的发展受到都市区位的影响，但程度不一。其中，工业生产职能受影响程度最大，强度高的小城镇多数集中在环杭州湾的杭甬都市圈、温台沿海及少量金义盆地范围内，呈连绵集聚发展态势，且其职能强度随都市区距离呈现逐步衰减趋势；其次为综合服务型职能，这类职能的小城镇多数为省级中心镇，受历史形成的发展基础影响，空间分布相对工业生产型较为分散，但从职能强度与分布密度看，浙东北区域明显高于浙西南区域，且同样呈现随都市区距离逐步衰减特征；再次为农业发展型职能，这类职能的小城镇一方面受农地等资源禀赋影响，另一方面受中心城市区位影响，职能强度高的小城镇多数集中在杭嘉湖平原及全省11个地区中心城市周边；最后为旅游服务型职能，这类职能的小城镇在省域空间分布上相对分散和均衡，受资源禀赋和城市区位双重影响，但旅游资源禀赋起基础性和决定性作用。

4.3 面向区域专业化分工的4种城镇职能类型

在小城镇职能分类研究的基础上，结合哈里斯城镇（陈忠暖和阎小培，2001）分类法，将每项评价指数划分为6个等级的强度值，强度值越大表示城镇该职能专业化程度越高（表4-5）。将评价指标强度值作为划定该城镇主导职能类型的标准，4项指标中强度值最大的指标所对应的职能为该城镇的主导职能类型，4项主导职能对应的城镇类型分别为综合发展型、旅游主导型、工业主导型和农业主导型。若城镇的4项评价指数均低于最低临界值，则该城镇没有主导职能，划分为一般型，最终分类结果如表4-6所示。运用ArcGIS 10.4软件，绘制浙江省829个小城镇分类发展空间分布如图4-6所示。

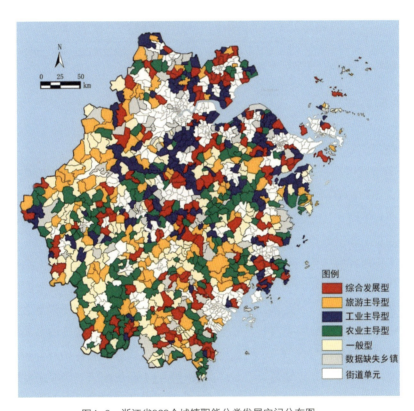

图4-6 浙江省829个城镇职能分类发展空间分布图

资料来源：根据《浙江省2017年村镇建设统计报表》《浙江省建制镇、乡建设投资综合表》（2017）以及《浙江省建制镇、乡基本情况综合表》（2017）等数据自行整理。

浙江省829个小城镇的纳尔逊分类结果　　　　表4-5

职能类型	综合服务	旅游服务	工业生产	农业发展	强度值
>M+4S	13	15	8	8	6
M+3S~M+4S	11	4	4	3	5
M+2S~M+3S	12	11	9	7	4
M+S~M+2S	42	35	35	31	3

续表

职能类型	综合服务	旅游服务	工业生产	农业发展	强度值
M+0.5S ~ M+S	43	50	89	44	2
M ~ M+0.5S	123	91	177	201	1
总计	244	206	322	294	

浙江省829个小城镇主导职能分类结果　　　　表4-6

城镇类型	综合发展型	旅游主导型	工业主导型	农业主导型	一般型
城镇个数	157	132	173	172	195
占比（%）	18.9%	15.9%	20.8%	20.7%	23.5%

资料来源：根据《浙江省2017年村镇建设统计报表》《浙江省建制镇、乡建设投资综合表》（2017）以及《浙江省建制镇、乡基本情况综合表》（2017）等数据自行整理。

4.3.1 综合服务型

1. 发展概况

综合服务型城镇有157个，占全部研究对象城镇数量的18.9%。该类城镇在省域空间上分布较为均匀，多数为省级中心镇。综合服务型城镇依靠相对优越的区位、交通和市场资源优势，既受到"自下而上"产业发展、结构演进和城镇化进程的推动，又受到县域中心城市功能外溢作用，逐步呈现出与县域中心城市一体化发展的趋势。

地处都市化地区的这类城镇多与都市中心城市一体化发展，成为承接大都市功能扩散、外溢的空间主体。以大都市郊区化和中心城市跨越式建设为契机，将区位优势明显的都市近郊重镇打造成综合发展型的高品质新城，从而具备持续地吸纳人口、集聚要素及自我完善的发展能力，并与都市中心一起形成联系高效、分工合理、结构有序、适度紧凑的多功能联合发展体，共同参与广泛的区域合作与竞争。远期这类都市城镇的人口规模应在10万~30万不等，具备相对平衡的功能体系，在充分纳都市新型产业的同时，不断优化第三产业的发展环境，提高城镇的宜居性，从而缩小与都市中心在人居环境上的品质差距。目前，大多数综合型小城镇还处于相对孤立、自我为中心的发展阶段，与都市中心的职能分工和经济联系尚不十分紧密和高效，仍以简单被动地承接都市中心的产业与城市功能扩散为主。

非都市化地区的这类城镇往往是县域经济的重要组成部分，同时拥有完善的生活服务设施。城镇经济发展转向服务业和工业双轮驱动，形成高度复合与富有生命力的产业系统，并逐步实现以第三产业为主的转型目标。它们一般都拥有服务周边农业乡镇（县域片区）的较为完善的产业支撑能力和城镇配套功能，如农产加工、销售贸易、物流运输、技术服务、教育培训、生产中介等。因此，这一类县域经济强镇的重要职能是创造规模化的城市经济，大力推进地方城镇化发展进程，分担县域中心城的集聚压力，从而提升县域城镇体系的结构绩效。

2. 典型案例

（1）杭州市瓜沥镇

瓜沥镇隶属于浙江省杭州市萧山区，地处钱塘江南岸，西北距离杭州城区仅30km（图4-7），全镇总面积126.9km²。2018年该镇常住人口约25.5万人，实现GDP179.6亿元，总人口、第二产业GDP等多项指标占比均处全区镇街第一，第三产业GDP占比位列第三。目前，瓜沥镇已成功打造中国花边之乡、中国化纤织造名镇、中国制镜之乡、中国装饰卫浴基地、中国门业之乡、中国浴柜之乡、中国民间文化艺术之乡等七块国字号品牌，荣获2018年全国综合实力千强镇第36名及2019全国综合实力百强镇第35名的优秀成绩，成为杭州地区唯一进入全国百强的街镇。

图4-7　瓜沥在杭州都市区中的区位

依托良好区位优势及基础设施条件，瓜沥镇牢牢地把握杭州大都市区发展过程中重要极点的建设契机，通过与杭州中心城区之间人才、资金、技术、科技、信息等要素的高度互联互通，全力打造国内一流现代化临空新城，跳脱传统低端产业发展困境，持续推进产业转型升级与结构优化。目前，全镇以化纤纺织、休闲家具、食品加工及机械装备为主导，已具备拥有2200家注册企业、238家规模以上企业及5家上市公司的强劲产业基础。2017年国家级临空经济示范区获批，为瓜沥镇"兴城拓港"的发展战略布局奠定了核心主场的区位优势。依托杭州航空港、高速、轨道交通、运河等海陆空交通优势及比邻杭州的人才与科技优势，瓜沥镇着力建设21km²临空产业园，高起点高标准引资引智，强化区域一体化协作，促进高端要素汇聚，以数字化、信息化、智能化等作为未来产业发展的主导方向，积极培育包含智慧物流、电子设备、通信设备、智能装备、生物医药、航空航天装备等在内的临空服务业和临空先进制造业，并对传统轻纺、卫浴家居等进行产业提升，大力发展时尚、文创和智慧产业，全力打造国内一流航空产业基地、浙江临空产业典范园区和高品质临空示范城市，而且新旧动能快速转换，产业结构加速转型，城镇实力由此不断提升，成为杭州都市区网络中的重要节点城镇。

结合产业转型带来的城市功能和人口结构双转型机遇，瓜沥镇高标准推进新城建设和旧城改造，完善智慧城市管理，大力度实施生态环境综合整治，打造宜居自然生态空间，同时提高公共服务水平，挖掘山水、人文、工业文化内涵，提升城市人文气质，激发城市活力，加快高素质人口集聚，打造国内一流现代化小城市。其主要举措如下：**构建现代化交通系统**——空港综合枢纽及对外门户交通协同发展，为瓜沥镇带来更多城市流量，同时优化TOD引导下的空间格局，优化镇区路网，合理布局公共停车设施，进一步推进区域公交一体化，高效对接杭绍都市区公交体系；**完善各项基础设施及公共服务**——给水、污水、电力电信、燃气设施优化提升，高质量教育、医疗、文体、养老服务体系加快构建，城镇人口集聚与要素吸引能力大幅提升，位于杭绍轴线的优势区位更是为瓜沥与杭州等城市设施共建共享、大型跨区域综合活动承办等提供了重要契机；**大力推进城镇有机更新**——有序推进老旧小区、城中村、厂中村改造，引入品牌住房开发商，建设串珠成链的镇域绿道网络，衔接区域慢行系统，打造城镇通勤慢行网，并积极实践创建未来社区，提升瓜沥城镇建设品质与人居环境品位；**优化城镇服务功能**——以七彩小镇和金升大厦为主要载体，瓜沥镇通过引入连锁超市、影院、星级酒店、知名品牌连锁餐饮娱乐商家，打造市（区）级综合商贸集聚中心，不断完善餐饮、住宿、休闲、娱乐、商务等城镇功能，优化和提升人居环境，持续推进人口城镇化进程，充分发挥都市区周边小镇的区位优势，打造综合服务型的高品质新城（图4-8～图4-10）。

瓜沥镇作为都市化地区综合服务型小镇，充分发挥其临近杭州市区的重要区位优势，有效承接了中心城区的功能与要素外溢，实现城镇快速发展与转型升级（图4-11）。

（2）乐清市虹桥镇

虹桥镇隶属于温州乐清市，地处国家级风景区北雁荡山南麓，东濒乐清湾深水良港，南接甬台温高速公路，西南距温州机场60km，与杭州车程距离约300km（图4-12）。2019年镇域

图4-8　瓜沥七彩小镇

图4-9　纳斯科创园

图4-10　萧山国际机场

图4-11　瓜沥镇鸟瞰

第4章 分析格局特征——浙江省小城镇空间格局与职能类型　79

图4-12　虹桥镇地理区位图

面积为56.8km²，常住人口12.8万，实现地区生产总值80.72亿元，同比增长8.2%，位列全国千强镇第40名。虹桥镇先后获得中国电子元器件产业基地、中国精密模具生产基地、省级文化强镇、省级卫生镇等称号，是浙江省小城市培育试点镇、小城镇环境综合整治省级样板镇。

虹桥是一座山海相依的千年古镇，历来发展兴旺的工贸产业带来了该镇人口的集聚，这一显著的人口集聚效应一直延续至今。作为县域副中心城镇，虹桥镇始终坚持工业化与城镇化双轮驱动。一方面，通过多元复合的现代农业产业、浙东电子信息产业集群、乐清湾港口产业集群、家具专业市场等的建设，建立起稳定、持续的产业体系；另一方面，通过品质化商住小区开发、旧村改造、下山移民村及农房集聚区建设，大力完善教育设施、医养服务、酒店商业、文化体育等服务保障，多措并举推进城镇化进程，促进人口集聚。如今，作为区域中心地的虹桥镇广泛服务周边地区，向北辐射芙蓉镇、清江镇、雁荡镇、大荆镇，向西辐射淡溪镇、天成街道、石帆街道，向南辐射蒲岐镇、乐清湾港区，有效分担了县域中心城市的集聚压力，综合服务型城镇地位日益突出。此外，近年来虹桥镇持续推进现代物流体系，特别是下仙垟物流仓储中心及农村电子商务服务行政村全覆盖等的建设行动，进一步提升了其服务周边乡镇、推动城乡融合发展的区域中心地功能。

纵观虹桥发展历程可以发现，该镇注重搭建创新融合的特色产业平台，始终积极推进专业多元的商贸产业（红星美凯龙、居然之家、木材市场等）、工艺引领的文化产业（和兴万清堂木雕艺术馆）、更新再生的教育产业（珊瑚树教育产业园）、创新引领的工业产业（高精模具、电子元器件、智能装备等）及功能复合的商服产业（天元广场等）等五大平台协同建设，同时持续提升人居环境质量水平，完善城镇功能服务设施配套，促进新型工业化与新型城镇化之间的良性互动（图4-13~图4-16）。

图4-13 宝鑫时代购物中心

图4-14 华都天元广场

图4-15 红星美凯龙

图4-16 虹桥镇风貌

4.3.2 工业生产型

1. 发展概况

工业生产型城镇有173个，占全部研究对象城镇数量的20.9%。该类城镇主要集中在浙江省东北、东南和中部，多数在杭州、宁波、温台以及金义都市区范围内，受交通区位影响明显，呈现出"走廊"式发展特征。

地处都市化地区的这类小城镇往往农业比较优势不明显，工业基础较好，提升发展的目标是充分利用大都市的技术、人力资源优势和产业扩散转移机会，整合各镇现有工业资源，实现集约集聚发展，避免恶性竞争，积极发展成为整个都市化地区重要生产基地和专业化的工业功能组团。这类城镇与都市中心的交通联系极为便利，人口规模在3万～10万人左右。工业产业类型可以是经技术改造提升后的传统产业，也可以是高效益、集约化的都市科技工业以及现代农产品深加工产业等，强调产品的质量和品质，而不是简单的规模集中。

地处非都市化地区的这类城镇尽管远离都市区域，但往往在某一类工业产品的生产上形成了地域集群，并拥有相对较强的市场竞争优势。镇区人口规模一般达到5万人左右，是县域内重要的工业次中心和制造业基地。非都市化地区的工业主导型城镇，其转型的主要目标是改造传统块状经济或是培育发展新兴产业，实现价值链的不断升级，创造更多的本地经济福利。从目前各地的调研情况来看，这类城镇在转型发展过程中，特别需要不断地提高城镇人居环境品质，以持续提升地方对各类人才的吸引力。

2. 典型案例

（1）诸暨市店口镇

店口镇位于诸暨市北部，东连绍兴、北接萧山，距离杭州市区、萧山国际机场车程约1h，交通便利，区位优势明显（图4-17）。2019年店口行政区域面积为10490hm^2，常住人口达145117人，GDP突破200亿元，工业总产值突破800亿元，位列2019年全国综合实力千强镇第50位，发展水平多年稳居绍兴镇级第一、全省27个小城市培育试点前列，并先后荣获了联合国开发计划署试点镇、国家级生态镇、华东地区首个乡镇级金融安全小区等称号，其整体经济实力可与欠发达地区县市相当，城乡发展水平也已远超其他乡镇。

图4-17 店口镇地理区位图

近年来，店口镇深入贯彻落实诸暨市政府"北承南接，开放创新"的发展战略，主动承接杭州都市圈高端产业转移，打造新兴产业集群，不断增强平台支撑能力。依托临杭优势区位，店口镇牢牢把握与杭州都市圈合作的新机遇，充分发挥"北承南接"桥头堡作用，加大与杭州高端产业流、信息流、人才流对接力度，加强与杭州都市圈的产业承接、项目对接、功能衔接，将其高新区打造成为接收杭州高端产业转移的高地。此外，早在2016年店口为深入融杭，进一步发挥都市圈内工业强镇的地位，提出建设一个主导产业突出、集群优势明显的千亿级临杭产业园，承接杭州产业转移和项目孵化，发展铜加工及新材料、环保新能源、智能装备产业。与此同时，筹建环保装备研究院，在技术领域进行深层次交流合作，为临杭产业园发展提供充分智力保障。

店口镇素有浙江"资本市场"第一镇之称，强大的工业实力与其注重科技创新的发展理念息息相关。首先，店口镇始终坚持积极培育科技创新主体，鼓励本土企业与各大高校、研究院合作，引导企业坚定不移地走产学研合作之路，以真金白银支持企业科技创新发展。同时，通过不断强化对产学研工作的奖励力度，出台例如《店口镇工业经济政策三十条》等条例支持企业转型升级与壮大发展，已经培育出包含7家国家级高新技术企业、10个厂办研究所（院）、10个省级高新技术企业研发中心和省级企业技术中心、3个国家级和省级检测中心、2个博士后工作站、3支中国名牌产品、1支中国驰名商标、21支省名牌产品、20支省著名商标等在内的丰硕成果。目前，店口已拥有较为完善的产业链支撑系统——产销研一体化发展，发展动力强劲，其高达300万/亩的工业用地拍卖价格很好地展示了店口作为工业重镇的实力与潜力（图4-18～图4-20）。

图4-18　店口镇航拍　　　　图4-19　盾安集团　　　　图4-20　解放湖高新技术产业园区

从家庭作坊到集体经济，从民办企业到股份制改造，从原始资本到进入资本市场，店口镇通过金融、税收等杠杆淘汰落后产能，不断倒逼企业加快转型升级，获得了在方寸之地上创造培育上千家中小企业及上百家规模以上企业的傲人成绩。通过产品质量的不断打磨和技术创新实现了品牌的长青之态，不断推动产业由"低小散"向"高精尖"爬升。通过发挥临杭的优势区位，充分实现与大都市产业、技术、人才、资金扩散转移，积极打造大都市区专业化生产基地。此外，工业的转型升级又进一步推动了产城融合的步伐，为店口镇发展成为创新、休闲、文化、健康之城提供持续的动力（图4-21）。

图4-21　店口镇风貌

（2）永康市芝英镇

工业重镇芝英位于浙江省金华市中部，距永康市区12.5km，与杭州约2h车程距离（图4-22），镇域常住人口达10万。作为永康五金产业的重要发源地及县（市）域副中心，芝英全镇现有工业企业1600多家、镇级工业区2个、规模以上企业75家、亿元以上产值企业14家，2019年实现规模以上工业产值66.5亿元，完成财政税收3.7亿元。

图4-22 芝英镇地理区位图

芝英镇自然资源匮乏，自古以来就有五金手工制造的传统。改革开放后，五金工匠纷纷办厂，五金行业也在20世纪90年代迎来了飞速发展，大量外来人口涌入芝英，该镇也由此发展成为永康市人口与经济重镇。如今，地处永康五金产业块状经济中心区域的芝英镇，形成了以有色金属压延加工、衡器、餐厨用具、五金制品等为代表的特色产业集群，其中源起于芝英打铜、打锡的有色金属压延加工产业有力支撑了永康五金业的形成与发展，成为永康五金产业八大支柱之一（图4-23）。

图4-23 芝英镇工业园区

然而，随着土地、劳动力等要素的不断上涨，传统五金制造产业发展动能持续衰退，近年来芝英镇经济实力也出现明显下滑，规模以上工业产值5年来由近90亿元下降至60多亿，城镇活力不断衰减，竞争力及影响力逐渐被周边乡镇反超。究其原因，芝英严重滞后的城镇化水平成为其发展的最大桎梏。根据浙江省美丽城镇发展指数评价结果显示，芝英镇现状环境美、产业美及治理美得分情况较好，但生活美、人文美及体制机制指标得分明显偏低（表4-7），存在较大提升空间。具体表现为物业、医疗健康服务水平、文体设施建设、优质农贸市场、学前及老年教育短板突出，园林绿化、生活圈体系及旅游配套服务设施亟待完善，规划设计编制引导与设施共建共享机制有待强化。此外，满意度指数调查结果进一步表明，当前芝英镇居民的重要诉求主要体现在以下几个方面（图4-24）：提升道路交通设施建设水平；完善文娱及体育设施；扩大教育规模，提升教育质量；改善住房卫生条件，营造优质生活环境；提升医疗卫生水平，完善养老机构医疗设施等。由此可见，芝英镇明显滞后的基础设施与公共服务配套标准、低劣的人居环境建设水平及发育滞缓的城镇服务功能（图4-25、图4-26），已经造成了城镇化与工业化之间的严重不协调，加剧了芝英镇人才的流失，阻碍了产业新旧动能转换与结构的转型升级，限制了内需增长、财税来源和城镇的持续投入，从而陷入了恶性循环和"低端锁定"的困局。反观隔壁邻居——全国千强镇古山，近年来持续改善人居环境，开发多个高端房产项目（图4-27），吸引了周边乃至永康城里的居民和企业纷纷前来置业生活。

芝英镇与古山镇美丽指数评价结果比较　　　　　　　　　　　　表4-7

芝英镇美丽城镇发展指数	总分	现状评估得分
环境美	50	42.6
产业美	10	7
治理美	20	18.4
生活美	30	19
人文美	30	17.3
体制机制	10	4.5

数据来源：永康市芝英镇美丽城镇建设行动方案。

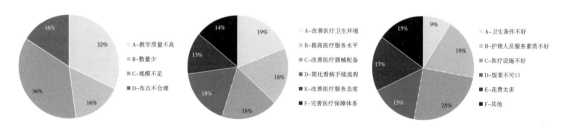

图4-24　美丽城镇满意度调查部分结果
数据来源：永康市芝英镇美丽城镇建设行动方案。

图4-25　芝英中学　　　　　　　　　　图4-26　芝英集市环境

图4-27　古山镇"山水一品"房产项目

作为非都市化地区小镇，芝英镇未来须围绕"五美"目标，重点完善基础设施及公共服务配套，强化城镇服务功能建设，全面提升人居环境品质。具体策略：通过构建现代化交通网络、推进市政设施网络建设、提升环卫消防及人防设施、提高城镇数字化水平等举措提升环境美；以住房提质行动、公服保障行动指引生活美；通过进一步优化产业空间布局，搭建产业发展平台并推动企业转型升级助推产业美；以保护修缮历史建筑，提升丰富文化内涵，提高城镇绿化水平，建设镇村生活圈体系等举措指引人文美；通过推进社会治理、提升公民素质推动治理美。由此，实现城镇发展模式转型，完成"以低端工业化驱动浅度城镇化"向"高品质城镇化助推高质量工业化"的路径转变，营造城镇化与工业化双轮驱动、协同发展的良好局面，使千年古镇、经济重镇芝英在新时代焕发新的独特魅力（图4-28）。

4.3.3　旅游服务型

1. 发展概况

旅游服务型城镇有132个，占全部研究对象城镇数量的15.9%。这类城镇的核心竞争力在于优美的自然生态环境或悠久的历史文化底蕴。伴随着大城市中产阶层的崛起和生活的日趋闲暇化与品质化，个性化的产品和定制化的服务需求正在悄然兴起。在政府与市场的共同推动

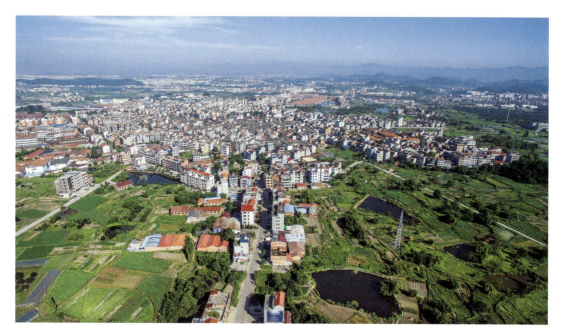

图4-28 芝英镇风貌

下,乡村旅游已成为浙江省小城镇发展转型的新载体和推进新型城镇化建设的新抓手,这对于那些起点低、发展慢的小城镇而言,无疑将是一次重要的发展机遇。

都市区的这类城镇面向工业化后期生活方式闲暇化的转型趋势,以庞大的都市中产阶层对高品质、多样化的休闲需求为导向,充分发挥大都市地区科技、人才和资金频繁流动的地域优势,大力改造传统农村经济,推进城乡融合,形成一批高品质的"产业+文化+旅游"休闲度假基地。 这部分小城镇的人口规模一般为1万～3万,以历史文化体验、观光休闲农业和工业生产旅游为主,注重小巧精致和自然生态的环境品质,城镇功能独特、地方风貌迷人。

非都市区的这类城镇难以受到中心城市的辐射作用,镇域经济基础薄弱,基础设施配套不够齐全,人口规模相对较小,基本上不承担农业加工职能。它们对区位、经济等要素的依赖性比较低,核心竞争力为优美的自然资源或悠久的历史文化资源。从产业发展看,主要以高品质的乡村生态与文化休闲需求为导向,充分利用本地资源优势,大力改造传统经济发展模式,形成一批高品质的休闲度假基地。与此同时,旅游业的发展还带动了地方农产品的在地销售,为当地农业结构转型提供了持续动力。

2. 典型案例

(1)嘉兴市乌镇

乌镇位于嘉兴市桐乡北端,地处丰饶的杭嘉湖平原腹地,距杭州、上海分别为60km和106km(图4-29),区位优越,交通便利。江南水乡小镇乌镇拥有7000多年文明史和1300年建镇史,曾荣获中国历史文化名镇、中国十大魅力名镇、全国环境优美乡镇、国家5A级旅游景区、浙江省历史文化名城、省级旅游风情小镇等称号,素有"中国最后的枕水人家"之誉。经2017年行政区划调整后乌镇面积达到110.93km^2,户籍总人口87012人,2018年该镇实现生产

图4-29 乌镇地理区位

总值64.57亿元。全域旅游建设不断深入推进，2019年接待游客817.9万人次，实现营收21.44亿元，比上年增长21.7%，旅游业保持着持续繁荣发展之势。

地处沪杭之间，素有"鱼米之乡，丝绸之府"美名的乌镇，依托其保存完整的千年水乡古镇风貌与肌理格局，凭借都市化地区广阔的客源市场，通过旅游与重大事件的相互借势与借力，如举办世界互联网大会（图4-30）、戏剧节（图4-31）等，被成功打造成为我国旅游和互联网产业发展的重要标签。乌镇不仅开发了包含东栅、西栅、江南乌村、国际房车露营地、老年养生旅游示范基地等多个主要景点，还引入创办了包含中电海康乌镇街、腾讯众创空间、浙江大数据交易中心、平安创客小镇、凤岐茶舍等在内的多个互联网项目，打造了旅游与互联网产业协同发展的乌镇模式。

乌镇能在众多古镇中脱颖而出，关键在于精准的市场定位、精致的环境打造和精心的文化策划：一是**高端市场定位**。长三角地区拥有国内最庞大的高端客户群体，乌镇早期定位为观光市场，人均消费才100元左右，后期主要定位于商务和休闲市场，人均消费过千，已成为目前营收主力。不同于低端观光市场定位，高端市场的定位可以使景区保持较低的游客密度，从而精心营造迎合高端客源私密与静谧的环境氛围，同时可实现对古镇资源的保护，深化游客体验，避免同质化恶性竞争；二是**系统化的人居环境更新**。乌镇实现了管线埋放和给排水与水电煤系统的全面改造，并对建筑立面、公共空间和环境进行了基于古镇街区风貌的整体打造，重构历史建筑内部空间，包括室内空间的重新分隔、现代厨卫设备的更新、人均居住面积的提升等。此外，乌镇还将新的功能注入古建之中。例如古镇水上消防队、公共厕所、监控中心等均在古建筑的内部改造过程中植入，确保古镇整体风貌统一的同时实现功能现代化。在社区配套层面，乌镇按照现代居住社区标准配备了公共场所、社区休闲活动空间、人文活动设施及各类旅游配套设施，同时专门建立了居民晨练场所、修复戏院、书场、露天电影场等，为游客带来

图4-30　互联网会议中心

图4-31　乌镇戏剧节

图4-32　昭明书舍酒店

更加真实的古镇生活体验。经过立体式、全方位的深度改造，乌镇的客房均具备三星级以上硬件标准，部分会所达到五星级，更有享誉全球的小型豪华酒店组织（SLH）授权经营的乌镇会所，满足了中产阶层的品质化需求（图4-32）；三是**文化生活再激活**。乌镇旅游开发牢牢把握当代旅游市场的现实需要，激活历史文化，坚持"古为今用、洋为中用"原则，凸显创意大众化、动态化、生活化与趣味化特点，展现出生动的社会生活场景。乌镇传统特色老字号商铺、木心美术馆、特色香市节以及作为全球三大戏剧节之一的乌镇戏剧节等多元的文化体验产品和活动，满足了中产阶层的文化体验、艺术审美、社交互动、知识学习等精神文化需求。乌镇景区的发育生长，经历了从功能型产品向休闲型产品升级、由休闲型产品向文化体验多元型产品扩展、再由文化体验型业态向个性化多元化文化主题业态延伸的过程，它的休闲消费、度假、商业会展与节庆活动不仅仅是实现文化体验的不同手段，也是满足多元客群需求，实现业态互补、消费互补、文化互补的重要举措（郑世卿和王大悟，2012）。

乌镇着眼于长三角中高端客源市场，定位为周边大城市的日出行或周出行旅游目的地，重视运营精细化及场景化处理，从而使自己涅槃重生，历经从观光到度假再到文化小镇的不断革新与蜕变。以素雅、时尚、前卫的江南水乡古镇姿态，乌镇向世人呈上了一张当之无愧的旅游金名片（图4-33）。

（2）温岭市石塘镇

石塘镇，地处浙江东南沿海，温岭市域东端，距杭州260多公里（图4-34），行政区域面积28.2km²，人口约7万，海岸线长达58.6km，是全国著名的渔业乡镇，也是浙江省渔业重镇及首批旅游风情小镇。渔业的蓬勃发展带动了水产加工、船舶修造、海岛旅游消费等二、三产业的兴起，2018年石塘镇实现工渔农总产值105.86亿元，共计接待游客210万人次，旅游年收入达3.3亿元。

作为非都市化地区的海岛旅游小镇，石塘充分发挥阳光沙滩、海韵石秀等独特的自然资源优势，以国家级旅游度假区为总体建设目标，以海岸观光、海乡体验、海港休闲、海上运动及海岛度假为主要内容，着力推进中国一流滨海绿道、浙东南最美海岸线及长三角海洋高端民宿示范区建设。2012年半岛旅游区正式开工建设，总投资高达43.9亿元，珍珠滩商务度假区、环岛沿海绿道、东方好望角国际度假区、三蒜岛度假区纷纷开建，各项基础设施得以完善，景区品质不断提升，但由于旅游开发起步较晚，石塘镇一直面临着旅游业态不足、配套设施短缺等问题。为此，石塘镇着力推进了以下几方面工作：①**构建内序外畅交通体系**——对内加强旅游

第4章 分析格局特征——浙江省小城镇空间格局与职能类型　89

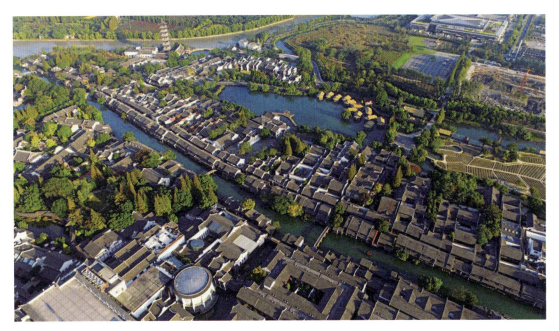

图4-33　乌镇风貌

图4-34　石塘镇地理区位图

交通的统筹协调力度，对外加大道路建设投资，同时跟进游客集散中心、大型停车场等配套项目建设，并开通景区公交小环线服务于游客；②**做好文旅体融合文章**——举办石塘国际瑜伽旅游文化节（图4-35）、浙江省海洋运动趣味比赛等项目，积极争创省级运动休闲小镇与省级海上运动中心。聚焦文旅融合，积极发展以船模、海洋剪纸、海贝彩绘等为代表的传统工艺，持续推动节庆活动规模化、品牌化。举办"曙光节""小人节""开渔节"等活动，进一步激发民俗文化的带动作用；③**发展特色民宿打造综合体**——石塘镇"屋咬山，山抱屋"的石砌建筑独具地域魅力（图4-36），着眼这一独特资源本底，小镇通过基于保护原则的特色石屋民宿开发（图4-37），有效激活并释放了民宿经济活力。近2年来，全镇高端民宿增至39家，中端家庭式民宿更是多达数百家。石塘精品民宿通过主动对接工会疗休养、亲子游等活动不断扩大市场规模。与此同时，为强化旅游目的地建设，石塘镇实施积极的招商引资策略，现已与苏州四时丰年旅游发展有限公司达成了观沧海文旅项目，并紧锣密鼓地推进曙光文化及太阳文化两大高端综合体的开发建设。

图4-35　国际瑜伽旅游文化节

图4-36　石屋建筑群

图4-37　石塘镇民宿

未来，石塘镇将以国家级旅游度假区为目标，始终坚持"政府主导、市场主体"的开发建设思路，注重自然资源保护与人文资源开发，持续打响"曙光首照地、东方好望角"的旅游金名片（图4-38）。

图4-38　石塘镇风貌

4.3.4　农业发展型

1. 发展概况

农业发展型城镇有172个，占全部研究对象城镇数量的20.7%。农业主导型城镇是指以农业及其相关产业为主的乡镇，其分布明显受到区位、地理和农业资源条件等因素的影响。浙东北杭嘉湖绍为水网平原，浙东南温台地区属沿海丘陵平原，浙中金义地区大都为丘陵盆地，围绕这些地区中心城市周边形成了相对较为密集的农业城镇聚集区。浙西南衢州和丽水地区为山地丘陵，该区域城镇工业发展较为落后，多数城镇以发展农业产业为主。

都市化地区的农业乡镇大都以某一农产品为特色，凭借广阔的都市消费市场优势，大力发展观光休闲农业，而且农业和旅游联动发展。非都市化地区的城镇往往以本地特色农业生产为主，以农产品加工和生产服务为辅，在某一种或某几种农产品的生产、加工、贸易及产量上具有相对的区域竞争优势，拥有服务区域的较为完善的产业支撑能力和城镇配套功能。

2. 典型案例

（1）杭州龙坞茶镇

龙坞茶镇位于杭州市西湖区西南部，距离杭州市中心约15km（图4-39），与西湖风景区相距约9km，交通便捷，环境优美静雅。该镇总面积24.7km^2，常住人口12370人，境内有山林茶地976hm^2，是杭州西湖龙井茶的一级保护区和生产区，也是浙江省首批及唯一的茶产业省级特色小镇。随着城市居民对乡村休闲旅游需求的快速发展，龙坞茶镇地处杭州近郊区的区位优势和独特的山地田园景观资源为"茶+旅游"产业的发展提供了无限可能，农旅产业由此成为拉动小镇经济增长的强大动力。2016年以来，龙坞茶镇接待游客从130万人次上升至2017年的200万人次、2018年280万人次，2019年更是上升到350万人次，当年实现旅游收入1.5亿元，成为继西溪湿地后西湖区的又一处游憩胜地，同时也成为杭州居民日出行的重要目的地之一。

龙坞茶镇历史悠久，早在宋末元初时，便已盛产茶叶，被誉为"千年茶镇"。该镇以种植西湖龙井为主，区域内有茶园14000多亩，是龙井茶最大产区——70%的西湖龙井生产于此，也是最具观赏性、最生态化的西湖龙井茶种植地，素有"万担茶乡"之称。龙坞以"中国第一茶镇"为建设目标，积极推动茶与旅游、文化、科技、会展等相关产业的有机融合，突出"六茶共舞、三产交融"为主导的产业特色，从茶叶特色、茶旅融合、创新活力及国际风情等多方

图4-39 龙坞茶镇地理区位图

面进行城镇开发与氛围营造，努力打造一个涵盖"喝茶、饮茶、吃茶、用茶、玩茶、事茶"的全产业链历史经典特色小镇，并致力于塑造一个重要的国际交流平台（图4-40～图4-42）。一方面，龙坞茶镇依托其资源优势，积极打造西山游步道、3A级风景区"画外桐坞"、国内首条标准山地车赛道及龙坞茶旅线路等项目，不断丰富旅游资源；另一方面，围绕"茶"做文化，设置茶主题文化产业园、国际茶博会永久会址等，从多元化的"茶主题"业态板块和国际茶博板块展现龙坞茶镇的独特魅力。此外，小镇还依托其地理区位，在科技创新活力等方面获得了显著成效，包括引入医药、保健等重点项目，不断开创茶与科技的新对话。通过杭州之江经营管理集团有限公司与浙江大学茶叶研究所签订共建"中国第一茶镇"战略合作协议，携手推动产学研销一体化合作，促进茶产业平台建设、专业人才培养、科学研究与学术交流、资源共享方面的多方位深度合作。与此同时，小镇还积极承办国际茶博会，引进联合国粮农组织和中国茶产业联盟杭州办事处等国际机构，主动实施"走出去"战略，踊跃参加各类国际推广会，不断扩大和提升国内外的影响力和知名度。

"千年茶镇"龙坞，依托其独特的龙井茶生产基地和优越的地理区位，从茶叶种植制作出发，不断延展、裂变产业链，逐渐发展为以"茶文化"为特色的农旅小镇，成功打造了一处隐逸于杭州大都市区的世外茶源（图4-43）。

图4-40　开茶节　　　　　　　图4-41　茶文化研学基地　　　　　图4-42　九街

图4-43　龙坞茶镇风貌

（2）金华市源东乡

源东乡距离杭州约150km（图4-44），位于金华、义乌和兰溪三市交界处，是金华市生态示范乡。乡域面积47.8km²，户籍人口约1.7万人，耕地和山林面积分别为8000余亩及5万余亩；全乡水果种植面积达2.2万亩，其中蜜桃种植面积近1.2万亩，产量约1.1万t，年产值6500余万元，占源东农业年产值70%以上。2001年源东乡被农业部命名为"中国白桃之乡"，2016年又被省农业厅、省旅游局认定为省级休闲农业与乡村旅游示范乡镇，全年累计接待游客40余万人，农旅收入突破2000万元。近年来，全乡以"源东蜜桃省级特色农业强镇"创建为契机，依托产业资源优势，建设美丽田园，推进农旅融合，发展美丽经济，积极打造"全年有绿、月月有花、季季有果"的特色桃源小镇。

图4-44 源东乡地理区位图

源东乡主要依托本地特色农业支撑其经济社会发展，重要农特产——源东蜜桃近些年声名鹊起，打响了"浙中桃花源"的品牌（图4-45～图4-47）。为进一步助推农业产业提升，源东乡近年来积极出台各类政策：一是**精准扶持，实施新优品种战略**。通过实施200万新品引入专项资金及果园改造项目，提升水果品质，实现与省内其他产区差异化发展，有效为果民增收；二是**创新举措，加快推进土地流转**。探索建立土地流转公司，提高土地流转率，对农业发展用地给予有效激励，以此推动农业持续快速发展；三是**丰富业态，打造源东花花世界**。分期引入百合、牡丹、多肉、玫瑰、菊花萱草、绣球等花卉，打造"四季有花香"的花花世界，形成源东花卉产业规模效应，并与南京农业大学等科研院校建立产学研合作关系，形成以半垄荷花为中心，辐射周边、带动农户的美丽经济发展模式。除此之外，源东乡还积极致力于做好桃文章，助推农旅融合发展，主要举措如下：一是**做大源东桃品牌，提高产业附加值**。源东乡推行桃子的规模化与标准化种植，提高桃品质，并积极打造"**源东桃**"公共品牌，加大宣传力度，扩大品牌销售渠道，提升品牌影响力。通过源东蟠桃盛会暨桃王争霸赛的举办，进一步扩大了源东蟠桃美誉度和知名度，实现以品牌带动产业发展，极大地提升了产业附加值；二是**做足源东桃文化，深挖产业内涵**。源东乡重点打造丁阳岭"浙中桃花源"，不断挖掘桃文化，以旅游带动农业发展。桃文化馆、游客接待中心等项目的建成对于挖掘桃文化、延伸源东农旅产业的价值链更是意义重大。依托施复亮、施光南名人效应，源东乡还开展"光南文化""桃文化"等系列活动，打造"光南故里·桃源小镇"；三是**做亮源东桃花节，促进三产融合**。自2010年以来，源东乡成功举办7届源东白桃（桃花）节，活动关注度不断提升。2011年，"金东区源东白桃节"被评为"浙江省优秀农事节庆"。2019年第七届源东桃花节游客总量达40万人次，同比增长59%，日均游客量最高突破10万人次。以"3~4月到源东赏桃花，5~10月到源东采摘、品尝源东蜜桃"的乡村休闲农业旅游正在蓬勃发展，休闲农业总产值已突破1.5亿元。

生态和人文并重，农业与旅游融合，借力"桃经济"发展农旅融合产业已成源东乡常态。在浙中桃花源已有的知名度和美誉度上，源东乡以全域景区为蓝本，进行分区特色打造，串联分散景点，建设了浙中桃花源景区、"花花世界"产业区、名人文化红色旅游特色区等景点，培育了丁阳岭采摘园、柑橘无疫种苗网式繁育示范基地、乐优音乐主题公园等一批小有名气的农业产业基地，初步实现了"全年有绿、月月有花、季季有果"的农业休闲旅游目的地目标（图4-48）。

图4-45　源东桃花

图4-46　源东桃

图4-47　源东红桃擂台赛

图4-48　源东乡风貌

4.4 小结

无论从区域宏观分布还是微观职能特征来看,浙江小城镇发展的职能分异态势日趋明显。这种分异态势,一方面映射了城镇既有的基础、历史和现状条件,另一方面也体现了区域经济发展新的需求、特征与格局。从目前来看,面向综合服务、工业生产、旅游服务和农业发展,这是小城镇职能发展的四种基本类型,也是未来政策差异化供给的现实基础。

第5章 探索成长路径
——基于浙江省30个典型小城镇的案例剖析

本章基于可持续发展理论，解析城镇特色的内涵与本质，剖析"特色"在小城镇可持续发展中的作用机理，分析区位（都市区与非都市区）对于小城镇特色成长路径的差异化影响，揭示不同区域城镇特色成长与社会发展（主要指公共设施供给）存在的主要矛盾，认为社会发展是影响各类城镇特色成长的主要障碍，由此构筑起两条不同的区域城镇特色成长路径。

5.1 小城镇可持续特色成长评价体系

审慎观察当前火热的小城镇实践与研究，存在三大认识误区：①对象模式固化。忽视小城镇的区域环境及其作为路径选择的起点，不同区域的小镇互相模仿，导致发展模式趋同、特色风貌丧失，加剧了恶性竞争；②动力机制钙化。一般能够长期繁荣的城镇都具有一定特色（何兴华，2017），浙江的经验也印证了这一城镇发展规律。该省首批入选全国特色小城镇的样本在各方面协同发展的同时兼具鲜明特色，是综合化实力与专业化职能的有机统一。一些小镇盲目追求特色，忽视特色与经济、社会、环境之间的互倚关系，无异于拔苗助长；③发展路径硬化。任何事物的发展都是内外因作用的过程，小城镇发展也必然是自组织与被组织过程的统一。受历史微观数据统计缺乏的限制，有关小城镇特色的研究多以定性描述为主，已有的定量分析也普遍着眼于静态角度，缺乏人类主观能动性的考量。凡此种种单一、片面与静态的做法既不利于城镇特色成长，更影响了城镇的可持续发展。

从产业经济学角度看，城镇特色大都基于资源禀赋的传统产业逐渐成长而来的（Kojima K，2001），这种资源要素的先天差异是产生分工的最初动力（亚当·斯密，1981）。杨小凯（2003）认为，分工演进带来劳动者的专业化水平提升（要素成长）、新机器出现（技术进步）、产业链拓展裂变等，专业化竞争优势由此形成。从"分工演进"的视角来解读，本文所指的城镇特色成长可以理解为是一个专业化分工水平不断提高、迂回生产度不断加深、产业结构不断转型升级的动态过程（陈前虎，2005）。

1987年以来世界环境与发展委员会出版的一系列报告使"可持续发展"成为全人类的共

识。一方面，该理论追求经济、环境、社会的相对平衡（Teis H, Lars C, 2015），这其中既涵盖事物发展自组织与人类社会能动干预之间的过程协同，也关注数量增长与质量提高的结果统一；另一方面，该理论强调任何空间聚落必须落实在以区域为主体的多层次人居环境上（刘健，1997），才有可能通过经济的分工合作、社会的结构组织和资源的合理配置来实现自我平衡。

为此，尝试将城镇特色置于可持续发展系统中，建立一种能反映城镇区域参与、要素协同、动态变化的可持续发展的扩展模型，并从以下3个维度对此扩展模型进行设计：

①区域维度。小镇所处的区位决定了其发展的区域环境与动力起点，并将深刻地影响其可持续发展的路径选择。据此，以时间距离为基础，结合既有研究中都市区范围的界定方法（胡序威等，2000；张欣炜和宁越敏，2015）确定不同都市区的辐射范围，将小城镇按其是否处于辐射范围内大体分为都市区小镇和非都市区小镇两大类；②目标维度。任何空间主体的可持续发展目标都必须根植于其赖以生存的"经济—环境—社会"三大子系统。考虑到实践的诉求，同时也为了深入剖析"特色"在可持续发展中的作用，将其作为独立的子系统进行评价；③过程维度。联合国经济合作开发署提出的PSR模型从压力（P）、状态（S）和响应（R）三方面动态地表征了人类活动与系统间相互作用的链式关系，通过"作用—反馈—再作用"的循环过程逐步达到可持续发展的目标。其中，"压力"是指人类活动直接或间接给"经济—社会—环境"系统带来的负担；"状态"反映了各系统的开发利用强度、产出效应以及存在的问题；"响应"描述了人类活动对压力和状态的关注程度以及所采取的措施（Chkheidze N和Babyk I，2015）。

基于上述3个维度，建立适用于小城镇特色成长的可持续发展扩展模型——EESC-PSR立方体（图5-1）。该模型包括24个立方块，每个立方块代表了特定区域的小城镇在实现某一发展目标时与人类活动的相互作用关系，并进一步依据科学性、系统性、实用性等原则，结合本次研究数据现状，构建基于EESC-PSR立方体的小城镇可持续发展评价指标体系（表5-1）。

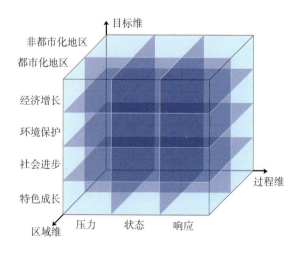

图5-1 小城镇可持续发展扩展模型（EESC-PSR立方体）

基于EESC-PSR立方体模型的小城镇可持续发展评价指标体系　　　表5-1

区域	目标	过程	指标编号/名称（权重）	性质	备注
都市区小镇/非都市区小镇	经济增长（0.172）	压力	C1/经济密度（0.023）	−	镇域国民生产总值/镇域面积
		状态	C2/人均GDP（0.109）	+	镇域国民生产总值/镇域人口
		响应	C3/固定资产投资年均增长率（0.039）	+	根据2015、2016年全社会固定资产投资额计算得
	环境保护（0.195）	压力	C4/万元GDP建成区面积（0.023）	−	根据镇域国民生产总值、建成区面积计算得
		状态	C5/镇域绿化覆盖率（0.090）	+	根据指标数据整理得
		响应	C6/生活垃圾无害化处理率（0.082）	+	根据指标数据整理得
	社会进步（0.292）	压力	C7/人口密度（0.039）	−	镇域人口/镇域面积
		状态	C8/城镇化水平（0.055）	+	镇区常住人口/镇域常住人口
		响应	C9/基础设施与公共服务投入（0.208）	+	根据指标数据整理得
	特色成长（0.341）	压力	C10/主导产业产值增长率（0.037）	−	根据2015年、2016年主导产业产值计算得
		状态	C11/特色文化保留度（0.044）	+	根据城镇保留的民俗活动、特色餐饮、民间技艺、民间戏曲等情况打分
		状态	C12/特色文化品牌度（0.041）	+	根据城镇包含的非物质文化遗产（国家/省/市级）数量打分
		状态	C13/主导产业品牌度（0.087）	+	根据城镇主导产业产品品牌荣誉称号（国家/省级）数量打分
		响应	C14/主导产业年投资额（0.133）	+	根据指标数据整理得

5.2 研究案例与评价结果

5.2.1 案例样本与数据来源

选取2017年浙江省申报全国特色小镇的30个小城镇（建制镇）为样本单元[①]，其中省级中心镇[②]（20个）约占样本总量的2/3。作为各县（市）推荐的发展水平较高的城镇，研究样本具有覆盖面广、典型性强的特点，但30个小镇之间仍存在明显的发展水平差距，如2016年航埠镇GDP总量为9.74亿元，仅为马鞍镇的1/16（159.54亿元）；2016年西塘镇域常住人口89449人，而老竹镇仅为3692人。

---

① 本文研究对象为行政建制镇。为保证样本统一性，剔除推荐表中的沈家门渔港小镇（非建制镇）；为保证数据完整性，剔除基础数据缺失过多的司前镇。
② 浙江省住房和城乡建设厅．关于组织开展省级中心镇城建基础设施"十二五"建设规划编制工作的通知．建设发（2010）253号．2010-11-03.http://www.zjjs.gov.cn/n71/n72/c177999/content.html．

原始数据来自《2017年浙江省特色小镇推荐信息表》，该表涵盖自然地理、经济生产、人口规模、文化传承、机制创新、环境保护、设施建设等七大类指标。对于少数指标的缺失或异常现象[①]，文中通过时间序列平滑法补齐或校正。

5.2.2 样本预处理

选取浙江省内的杭州、宁波、温州、金义都市区[②]，以及与浙江毗邻的上海都市区，结合既有研究中的判断标准，根据都市区中心城市的城镇化率和人口密度，依次界定上述各都市区辐射边界为：从都市区中心城市出发，1.5h、1h、1h、1h、2h小汽车可达范围。通过谷歌地图得到各都市区中心距离30个小镇的最短时间矩阵，运用ArcGIS10.2中的空间分析功能确定各都市区的地理辐射范围。

5.2.3 评价结果

运用灰色关联TOPSIS法[③]确定表2中的指标因子权重，得30个小城镇的分项指数与综合指数。利用ArcGIS10.2中的Jenks最佳自然断裂法，将小镇按综合指数的高低划分为4个等级（表5-2）。绘制2016年浙江省30个小城镇的综合指数空间分布图（图5-2）。

2016年浙江省小城镇分项指数与综合指数分级表　　　表5-2

分级	指数\镇名	经济	环境	社会	特色	综合	分级	指数\镇名	经济	环境	社会	特色	综合
I级	石林镇	0.353	0.381	0.318	0.331	0.341	II级	虹桥镇	0.369	0.548	0.362	0.347	0.394
	老竹镇	0.355	0.375	0.329	0.345	0.348		健跳镇	0.398	0.473	0.334	0.407	0.397
	竹口镇	0.350	0.500	0.338	0.341	0.373		高虹镇	0.402	0.500	0.369	0.363	0.398
	矾山镇	0.363	0.539	0.327	0.332	0.376		莲花镇	0.368	0.584	0.320	0.411	0.411
	梁弄镇	0.400	0.375	0.358	0.429	0.393		王店镇	0.398	0.540	0.342	0.404	0.411

[①] 推荐表中缺失埭溪镇、东浦镇、西店镇的镇域GDP数据，通过收集三镇2013-2015年GDP数据推算得2016年相关数据；东浦镇缺失主导产业年投资额数据，以该镇主导产业吸纳就业人员数量代替。
[②] 浙江省四大都市区参照2011年国务院批准文件《浙江省城镇体系规划（2011-2020）》。
[③] TOPSIS法是Hwang和Yoon于1981年提出的多目标决策分析方法，灰色关联TOPSIS法是TOPSIS法与灰色关联理论的结合，目前已广泛应用于指标评价类的研究中。其原理为：对数据无量纲处理，运用变异系数法得各指标权重；以加权矩阵为基础，根据各指标的最优值和最劣值构成两组参考方案；通过计算各样本与最优（劣）方案的绝对距离以及灰色关联系数，获得各样本与最优方案的相对接近程度；样本越贴近正理想解越优，反之越劣，以此对样本进行排序。运算步骤见参考文献（左军，1991）。

续表

分级	镇名	经济	环境	社会	特色	综合	分级	镇名	经济	环境	社会	特色	综合
Ⅱ级	东浦镇	0.398	0.560	0.341	0.401	0.414	Ⅲ级	白塔镇	0.405	0.640	0.344	0.424	0.439
Ⅱ级	平桥镇	0.401	0.488	0.379	0.419	0.418	Ⅲ级	佛堂镇	0.415	0.473	0.356	0.505	0.440
Ⅱ级	航埠镇	0.409	0.546	0.348	0.415	0.420	Ⅲ级	西店镇	0.418	0.469	0.490	0.418	0.449
Ⅱ级	金塘镇	0.400	0.532	0.387	0.401	0.422	Ⅲ级	郑宅镇	0.420	0.637	0.329	0.501	0.463
Ⅱ级	鄞江镇	0.403	0.601	0.360	0.384	0.423	Ⅲ级	马鞍镇	0.521	0.592	0.384	0.429	0.463
Ⅱ级	廿八都镇	0.400	0.540	0.359	0.423	0.423	Ⅳ级	富春江镇	0.521	0.592	0.384	0.429	0.454
Ⅱ级	崇溪镇	0.411	0.497	0.356	0.460	0.428	Ⅳ级	新市镇	0.426	0.614	0.438	0.457	0.461
Ⅲ级	寿昌镇	0.379	0.590	0.400	0.39	0.430	Ⅳ级	慈城镇	0.427	0.602	0.495	0.453	0.476
Ⅲ级	腾蛟镇	0.372	0.631	0.413	0.371	0.434	Ⅳ级	周巷镇	0.424	0.611	0.421	0.582	0.500
Ⅲ级	深甽镇	0.381	0.655	0.361	0.408	0.438	Ⅳ级	西塘镇	0.448	0.619	0.671	0.466	0.540

从图5-2来看，小镇的综合指数分布呈显著的"西南低、东北高"空间特征。Ⅰ、Ⅱ级大都为非都市区小镇，多位于远离省域中心城市的西南和部分中部内陆地区；Ⅲ、Ⅳ级大都为都市区小镇，多位于东北部环杭州湾及中部金义都市区。这些小镇在改革开放初期基本都是农业乡镇，但经过三四十年的发展，已呈现出明显的水平差异及不同的发展阶段特征。

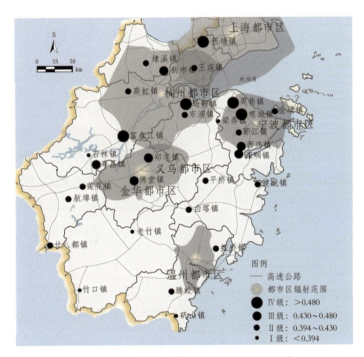

图5-2 2016年浙江省小城镇综合指数空间分布

5.3 特色成长在城镇可持续发展中的作用机理

分别以经济、社会、环境指数为纵轴，以特色指数为横轴，以分项指数的均值（Average，AVG）为标准将4级小镇（4级圆点表示）划分至不同象限（图5-3），深入剖析"特色"与其余子目标之间的静态结构特征。在此基础上，借助Pearson相关性检验分析各目标相互作用的动态机理，结果表明：除经济与环境指数没有显著相关性外（显著性水平大于0.05），其余指数之间都具有不同程度的相关性。

从特色与经济指数的关系看（图5-3-a），样本小镇集中位于象限Ⅰ、Ⅲ，其中象限Ⅰ内多为Ⅲ、Ⅳ级都市区小镇，象限Ⅲ内多为Ⅰ、Ⅱ级非都市区小镇，城镇特色成长（专业化分工水平）与经济增长呈现出显著的同频共振特征。从特色与社会指数的关系看（图5-3-b），9个样本小镇位于象限Ⅳ（多为非都市区小镇），反映出城镇片面追求特色而社会发展水平低下的"城市化滞后于工业化"现象。从特色与环境指数的关系看（图5-3-c），近2/3的样本小镇位于象限Ⅰ、Ⅱ，说明城镇的环境保护状况总体良好，但部分城镇的环境优势并未有效转化为特色竞争优势（象限Ⅱ）。另外，还有部分城镇则表现出环境保护明显滞后于特色成长的特征（象限Ⅳ）。

特色是可持续发展系统的重要引擎，它内化于经济增长的生产要素和过程环节，同时依托于社会和环境等外生力量的支撑（图5-4）。特色成长与经济增长的相关性（0.610）最强，城镇通过培育特色不断提高专业化分工水平，从而整合优化生产要素，发挥规模聚集效益，持续拓展生产可能性

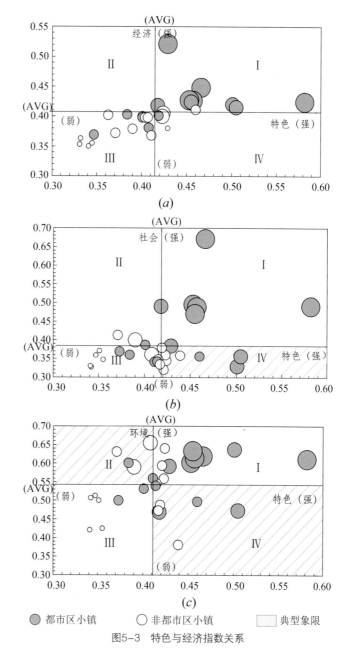

图5-3 特色与经济指数关系

边界，使得低成本的比较优势逐步成长为难以被模仿和超越的竞争优势，城镇获取了一种动态的规模报酬递增效应。社会发展与经济增长（0.482）、特色成长（0.454）的相关性较强，反映出在中国体制转轨过程中经济增长能否促进社会发展，一定程度上取决于政府是否"有为"——将经济增长带来的财政收入转化为改善城镇生产与生活环境的公共投入（社会发展），从而持续吸引人才，并由此依靠科技创新促进产业转型升级（特色成长）。环境保护

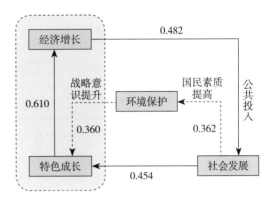

图5-4 特色在可持续发展中的作用机理

与社会发展（0.362）、特色成长（0.360）的相关性较弱，这与环境保护有赖于国民素质提高和政府战略意识提升有关。随着新经济的持续发展，环境资源作为重要的战略要素不断被"组合"进分工产业链，并带动产业的转型升级（特色成长）。

可以说，任何环节的缺失、断裂或滞后都将造成发展的不可持续。如20世纪八九十年代凭借纽扣贸易辉煌一时的虹桥镇，因城镇建设迟滞导致其名噪一时的专业市场逐渐没落。再如近年来立足资源本底，走上"绿色农业"之路的莲花镇，因发展规模受限和建设资金短缺，阻碍了城镇比较优势向持续竞争优势的转化。反观那些高可持续性指数的城镇（西塘镇、周巷镇、慈城镇等），均体现出特色成长与其他目标系统协同并进的特征。

5.4 城镇可持续发展中的特色成长障碍

为了系统分析城镇可持续发展的困境，深入剖析不同区域城镇特色成长的障碍机制，本文引入障碍度模型[①]，用以计算都市区小镇与非都市区小镇的障碍因子。选取排序前5位的指标作为主要障碍（表5-3），结合可持续发展的扩展模型（EESC-PSR立方体），将10个主要障碍按照目标维包含的4个子目标、过程维包含的3个子环节进行归类和分析（图5-5）。

不同区域小城镇障碍因子排序　　　　　表5-3

区域	障碍度排序				
	1	2	3	4	5
非都市区	C9（1.62）	C3（1.60）	C12（1.33）	C8（1.02）	C4（0.75）
都市区	C9（1.20）	C12（1.19）	C5（1.06）	C13（0.87）	C2（0.81）

---

① 障碍度模型是分析研究对象所受制约因素的常用方法，其通过因子贡献度、指标偏离度和障碍度对障碍因素进行诊断。运算步骤见参考文献（尹鹏、刘曙光，2017）。

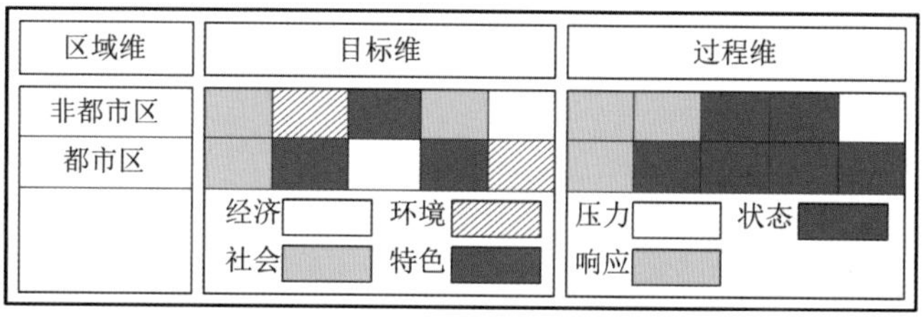

图5-5 基于立方体模型的小城镇障碍因子分类

从目标维看，特色与社会类指标占主导（各3个），其中特色类指标障碍度位序居中，社会类指标多排序第一。这一事实表明，社会发展滞后和特色成长不足是城镇可持续发展的主要障碍，而社会发展滞后是障碍的主要方面。

从过程维看，特色成长与社会发展的障碍集中于"状态—响应"两个环节。状态指标居多说明特色产品的效益不佳，即特色文化品牌度（C12）、主导产业品牌度（C13）等反映内在特色能力的指标亟待提高。响应指标序列靠前表明地方薄弱的社会发展战略意识、低下的社会政策供给能力及不力的规划实施水平等外在社会因素是城镇可持续发展受阻的主要原因，并突出表现为基础设施与公共服务投入（C9）等关键的响应措施滞后。由此可见，特色成长（内因）和社会发展（外因）是影响城镇可持续发展的一对主要矛盾。虽然特色是推动可持续发展的源泉和动力，但从目前来看，社会发展是矛盾的主要方面。

从区域维看，非都市区小镇的障碍度普遍高于都市区小镇，说明区域条件对于城镇发展的重要性，但两类小镇排名前5的障碍因子均以特色与社会类指标为主，即都市区小镇与非都市区小镇均存在特色与社会方面的内外矛盾。然而，两类小镇在这对矛盾上的表现形态与作用机制却不尽相同。

5.4.1 都市区小镇特色成长的"高端锁定"困局

都市区小镇位居大都市地区，无论是传统集群经济的转型升级还是新经济的培育发展，都有赖于科技创新的推动，而科技创新的主体是人才。因此，"人"的发展成为第一要务。具体来说，都市区小镇需要建设高品质的人居环境，从而不断吸引智力型人才入驻，由此依靠科技创新带动产业链向研发、营销和品牌等高端价值节点拓展。然而，都市区小镇的社会投入普遍存在着路径依赖现象：缺乏从基础设施与物质生产领域向改善人居环境的公共服务设施领域（教育、科技、文化等）的大力度转换，从而使特色成长陷入"高品质人居环境建设不力（外因）—人才吸引力不强—科技创新乏力—产业转型升级受阻（内因）—高端锁定"的路径困局。

由此可见，无论是非都市区小镇还是都市区小镇，特色成长是可持续发展的内因，社会发展是外因，外因通过内因起作用，两者相互联系、彼此转化，推动着城镇的可持续发展。近年来，浙江省大力度推进美丽乡村、特色小镇、小城镇综合环境整治的一系列战略举措，其根本目的就在于通过加大基础设施与公共设施供给等社会发展的力度，助推城乡的特色可持续发展，许多地方因为"新空间"换来了"新业态"。

5.4.2 非都市区小镇特色成长的"低端锁定"困局

非都市区小镇远离大都市地区，资金、人才与科技等要素的匮乏不仅使本地资源难以有效转化为专业化优势，也导致了产业发展的规模效益难以形成。从30个案例城镇统计来看，都市区小镇的规模以上企业个数是非都市区小镇的3倍以上。需要指出的是，规模效益的缺乏本质上便是专业化分工水平低下（特色成长不足）的表现。在低水平状态下，经济增长获取的超额利润积累薄弱，社会用于改善生产与生活设施的资金投入短缺，进一步制约了专业化分工水平的提高，使特色成长陷入"特色成长状态欠佳（内因）—经济增长不足—社会响应措施滞后（外因）—低端锁定"的恶性循环。

5.5 迈向可持续发展的两条特色成长路径

城镇面临的一系列障碍凸显了由传统工业化带动城镇化发展的局限性，更昭示着依托资源节约、环境友好、经济高效的新型城镇化和新型工业化互动发展的城镇特色成长路径探索已经迫在眉睫（图5-6、图5-7）。

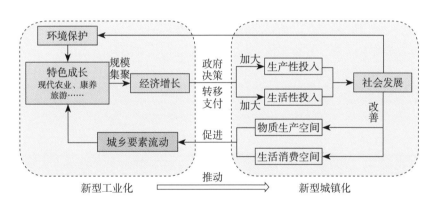

图5-6 非都市区小镇特色成长路径

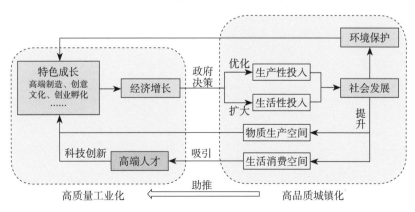

图5-7 都市区小镇特色成长路径

5.5.1 非都市区小镇：新型工业化推动新型城镇化

非都市区小镇特色成长突破低端锁定的思路应该聚焦于对本地特色资源的可持续开发利用并培育规模经济效应，抛弃原有粗放要素投入的路径依赖，加快实现特色资源向经济优势的转变，大力加强人居环境建设，改善生产与生活条件，走新型工业化与城镇化道路[①]。如面向生态与地方文化的传承保护、现代农业与乡村旅游开发等地方特色发展模式，并通过乡镇抱团、共建共享来形成适度规模化的发展格局。基于当前乡村振兴背景，在前期农村人居环境改善的基础上，结合农业政策供给强化农业的区域基础设施与公共服务建设，推动农业的规模化与专业化发展。与此同时，尽快制定差别化的政策与制度供给体系是至关重要的，包括与特色经济发展相关的绩效考核制度、与资源空间配置效率相关的土地制度、有利于人口迁出的户籍制度，以及与社会公平发展相关的财政转移支付制度等。

5.5.2 都市区小镇：高品质城镇化助推高质量工业化

都市区小镇需要围绕"人"的发展来谋划制定城镇的发展战略与政策。通过建设或就近与都市中心共享完善的公共服务和基础设施——包括那些门槛规模要求较高的专属公共服务，如打击假冒侵权、保护知识产权、建设专业化的科技共享平台、优化高端要素环境（金融、信息、商务）等，不断塑造低成本、高品质的生产和生活环境来吸引高层次人力资本聚集，逐步消除创新要素流动中的障碍，并由此依靠科技创新衍生出以高端制造、创意文化、创业孵化为主的特色产业，实现以高品质的城镇化来提升工业化的发展动力和质量内涵[②]。这不仅是这类小镇自身特色成长的需要，也是浙江省县域经济转型升级的要求。

5.6 两类城镇典型案例分析

5.6.1 都市区小镇：杭州梦想小镇

"梦想小镇"位于浙江省杭州市余杭区仓前街道，占地面积约3km²，是浙江省首批特色小

[①] 新型工业化是指以信息化带动工业化，进而实现科技含量高、经济效益好、资源消耗低、环境污染少、人力资源优势得到充分发挥的可持续发展的工业化。新型城镇化是指有别于过去粗放的、低效的，转而强调集约、智能、绿色、低碳的一种新的城镇化模式，是以城乡统筹、城乡一体、产业互动、节约集约、生态宜居、和谐发展为基本特征的城镇化，是大中小城市、小城镇、新型农村社区协调发展、互促共进的城镇化。

[②] "新动能"概念由李克强总理于2016年两会时首次提出，是指通过结构性改革等新举措以及新一代信息技术革命，培育经济新业态、新模式，孕育经济社会发展的新动力。这一培育过程需要坚持创新、改革、开放，坚持培育产业新优势，坚持推进简政放权，根本上依靠创新驱动。高质量发展是2017年中国共产党第十九次全国代表大会首次提出的新表述，指出新时代我国经济发展的基本特征，就是我国经济已由高速增长阶段转向高质量发展阶段。高质量发展意味着高质量的供给、高质量的需求、高质量的配置、高质量的投入产出、高质量的收入分配和高质量的经济循环，其根本在于解决经济发展"好不好"的问题。

镇和国家级互联网创新创业高地,已被住房和城乡建设部列入全国范围推介的10个特色小镇样板。梦想小镇东到杭州师范大学,西至东西大道,南濒余杭塘河,北接宣杭铁路,临近地铁5号线仓前站和规划在建的杭州高铁西站,交通十分便利。此外,小镇相距繁华的杭州市中心区约17km,公交时距1h以内,距离西溪湿地约5km,与阿里巴巴西溪园区毗邻。5km之内有浙江大学、杭州师范大学等高等院校,因而具有教育与科研资源丰富、地理位置优越等特点(图5-8)。自2014年以来,小镇与创客们的梦想一起成长,从最初汇聚80个项目、830名创客,到现在(2020年3月)扩增到2203个创业项目、引进18800名创业人才。除此之外,梦想小镇还集聚了1423家各类资本管理机构,管理资本总额达3059亿元,形成了比较完备的金融业态。在杭州市大力发展信息产业、推进"大众创业、万众创新"的时代背景下,梦想小镇已成为众创空间的新样板、信息经济的新增长点、特色小镇的新范式、田园城市的升级版和世界级的互联网创业高地。

图5-8 梦想小镇地理位置

图5-9 梦想小镇自然环境

1. 历史沿革

梦想小镇的"前世"为仓前古镇,自南宋绍兴二年距今已有800余年,历史悠久、文化底蕴深厚,是一个典型的江南水乡。仓前镇自古以来就有"鱼米之乡"的称号,区内地势平坦,京杭大运河的支流余杭塘河穿镇而过,古镇因水而美,自然环境优美、恬静(图5-9)。直至今日小镇仍白墙黛瓦、小桥流水、深巷老屋、水网交织和阡陌纵横,勾织成一派绿意盎然和静谧古朴的江南水乡风光。改革开放以来,仓前镇的发展大致分为两个阶段:第一阶段是传统工业发展时期。改革开放初期,仓前镇大力发展乡镇企业,奠定了仓前镇以传统乡镇工业为基础的产业业态。直至2002年仓前镇提出"工业立镇、经济强镇"的发展战略,形成以轻纺、皮革、机械和塑化为主的四大主导产业,有意识地引导工业的集聚和发展,自此发展成为配套较为完善的城郊传统型工业小镇;第二阶段是转型发展为科教新区。在经济新常态下,仓前镇的传统产业发展迟缓,随着《杭州市城市总体规划(2001-2020)》中将仓前镇所在的余杭组团定位为杭州现代服务业副中心和创新科教基地(图5-10),仓前镇开始调整自身发展定位,积

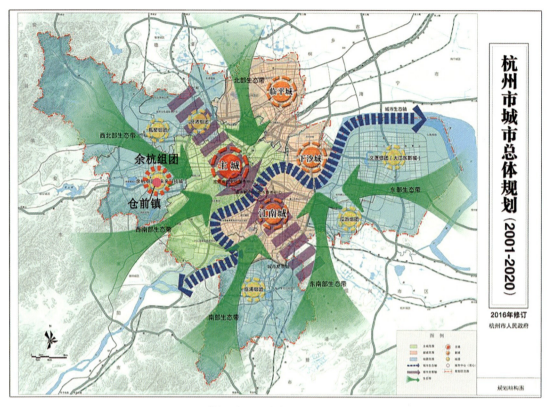

图5-10 《杭州市城市总体规划（2001-2020）》

极利用上位规划带来的资源和政策优势，在杭州都市区产业发展的带动下，逐渐由传统的工业产业向电子信息和科创产业转型。

2. 转型策略

随着国务院一系列关于"强化实施创新驱动发展"政策的出台，全国快速兴起了"大众创业、万众创新"的浪潮。面对信息化趋势和创业热潮，浙江省政府决定在杭州都市区内建设"梦想小镇"——作为全省100个特色小镇的先行试点和创新引领下的城乡发展转型的实践探索。特色小镇的提出为仓前镇的发展提供一条以人的城市化为核心、体制创新为保障的新型城镇化之路。梦想小镇按照互联网创业要求进行规划改造，以"互联网+传统文化"为主题，采用"有核心、无边界"的空间布局，把现代文明、人文历史及自然特色融于城镇建设。小镇在协调自然环境、历史保护与更新开发三者关系的基础上，创新性地提出了"先生态、后生活、再生产"和"景区、镇区、社区复合功能"的设计理念，与周边的高教园区、研发功能区及生活居住区紧密结合，打造成集休闲娱乐、艺术经营、创业办公、科教研发为一体的复合型都市区小镇（图5-11）。梦想小镇建设立足于历史文化和自然资源的保护，以"人"的发展为中心，实现了从基础设施与物质生产领域向全面改善人居环境的公共服务设施领域（教育、科技、文化等）的成功转换，吸引了人才入驻，并由此带动了传统集群经济的转型升级和新经济的培育发展。

图5-11 梦想小镇规划总平面图

梦想小镇的发展强调以人为本,从人的需求出发,坚持"三生融合"的理念,创建高品质的人居环境,以此来吸引人才、留住人才和储备人才。通过分析不同群体(包括创客、游客、居民等)的日常生活需求,构建舒适便捷的工作空间、休闲安逸的生活空间、开放共享的社交空间和配套齐全的网络空间,实现人与环境共生、共进和共存,以追寻更多人才的驻足,让创业者们在这里追梦、造梦、圆梦。小镇的人居环境主要从以下4个方面的思路进行规划改造:

第一,在建筑风貌上,小镇基于"保护第一、传承创新"的思想,在最大程度保留传统建筑特色和空间肌理的前提下采取"针灸式"的规划改造方法进行历史文脉的延续和功能品质的提升,以此来激活老旧街区的空间活力。在提炼仓前传统街区文化基因的基础上充分考虑到现代互联网城市及创新创业的需求,加入现代元素,呈现出传统文化与现代文明的对话和协调融合,营造了优质的人居生活环境和丰富、开放、自由的生活氛围。一方面,规划秉承"修旧如旧"的原则,拆除违建和危房、修复古建(包括结构加固、修缮立面和屋顶维护)、新建建筑物(以仓前老街的原有肌理为脉络,体现"粉墙青瓦马头墙"的江南徽派风格建筑的特征),使得小镇内的整体建筑风貌得到统一协调,延续了传统老街青砖黛瓦、夹岸为街、枕河而居的风貌(图5-12);另一方面,小镇内太炎众创空间建筑的设计既吸收传统建筑精粹,又结合具有现代气息的混凝土和玻璃幕墙,实现历史与现代的有机融合,打造互联网产业园区的独特氛围空间(图5-13)。

图5-12 梦想小镇建筑风貌　　　　　　　　图5-13 太炎众创空间建筑

第二，在交通组织上，小镇围绕地铁站点组织居民的工作与生活，引导形成"集体行动的逻辑"，打造安全、舒适、便捷的"步行+公交"出行系统。首先，借力周边公交和地铁设施与城市交通系统衔接，尽可能地提高城市公共交通可达性，以此来增加区域的微循环能力；其次，坚持"'慢'才会'快'、'快''慢'有机结合"的原则思路，组织建设包括公交接驳体系、人车共处体系、步行友好环境体系、日常公共设施体系等系列人性化设施，只有小镇中观尺度上的"慢城建设"到位，方能实现整个城市宏观上的"快城运行"，慢才会快；再次，保护小镇原有街巷宜人的尺度，梳理街巷脉络，织补巷弄空间，构建连续的步行空间，形成一套慢行优先、舒适便捷和绿色低碳的交通体系；最后，小镇内部完全步行化，并在外围打造交通保护壳——有序组织机动车外围停放，避免人车交叉，营造安全良好的交通秩序。由此，小镇沿余杭塘河边巷陌深深、纵横交错、青砖斑驳、苍苔横啮，一砖一瓦都积淀着深厚的文化，与城市的喧闹相隔绝，形成连续而有趣味的步行氛围（图5-14～图5-16）。

图5-14　塘河旁街巷　　　　图5-15　街巷纵横交错　　　　图5-16　街巷青砖斑驳

第三，在"双创"氛围打造上，针对主体人群（毕业大学生和小微创客），小镇形成集合创业、休闲、旅游和居住的"3+1"复合型创新创业空间。小镇创建完备的工作场所、舒适的办公环境、齐全的城市配套，营造多元、高品质的创业空间。一方面，升级市政配套，引入商业配套，健全休闲娱乐配套，打造富有趣味的生活空间；另一方面，提供百兆到桌面、千兆进楼宇、万兆入区域、WiFi全覆盖、网络全免费的公共服务器，形成快速便捷的网络空间。例如，在1560m长的梦想之路中，小镇安置20个资源服务器——为镇内和外来的创客提供接待、会议、打印等服务。充分运用互联网和云计算技术——为创客构建低成本、便捷化和开放式的共享服务平台（图5-17）。

第四，在公共服务功能方面，小镇增设国学院、食堂、礼堂、健身中心、展览馆、创意集市、精神粮仓、主题餐厅、高档会所、民俗体验馆等公共场所，满足人群的工作、学习、文化、社交、娱乐、医疗、休息、旅游、参观等方面的多元化需求。秉持"在出世与入世之间自由徜徉"的设计理念，梳理整合水系脉络、农田景观和特色湿地，创造"点、线、面"多样形

图5-17 共享服务平台

图5-18 交流平台空间

态的绿色开放空间,既增加了小镇内空间的趣味性,又提供了休憩停留的场所,打造娱乐、休闲、观景于一体的悠闲田园小镇生活。一方面是小镇内营造了9个以广场、水景、田园、花园等形态聚合而成的丰富多样化的公共开放空间,结合展示、学习、文化、创意、休闲等功能,为创客们提供多角度全方位的交流平台(图5-18);另一方面是小镇内建设了35组田园生态型的新型工作空间,区别于传统互联网办公模式,其众创办公空间以景观交织的院落空间为主(图5-19)。

在信息化时代下,梦想小镇通过塑造高混合、高活力、高品质的生产生活环境,加强相关产业配套设施的建设,吸引了高层次人力资本聚集,带动人才项目发展,推进了产业的集聚、升级和创新,走出了一条"互联网+传统文化"的创新创业新路径。小镇推动了科技与人文、传统与现代的高度融合和相辅相成,激发了数字经济新活力,使得新旧产业有机叠加、共生共融,从而打造了一种互联网时代下面向世界的高品质创新创业新模式。

图5-19　工作空间

3. 总结讨论

总结杭州近年来特色小镇的成功建设经验，普遍都遵循了这样一条规律：充分发挥都市区密集的人才与科技优势，以高品质的城镇化建设助力高质量的工业化转型，即通过改善和提高都市区小镇的人居环境品质，从而不断吸引智力型人才入驻，推动小镇创新创业，实现产业转型与小镇可持续发展。梦想小镇的成功首先在于其自身位处都市区的地理位置，同时也得益于省市两级政府的大力扶持，但更为关键的在于其以"人"为第一要务的发展理念。在经济社会不断发展进步、生产生活持续转型的背景下，人们对人居环境的要求日益提高，并呈现出明显的"用脚投票"态势①。梦想小镇因高品质的生活环境吸引人、因丰富完善的配套设施留住人，进而带动创业资本与创新活动的聚集，推动传统经济向新经济产业成功转型，成为一个发展与保护、历史与未来相互融合与激荡的梦想之地和成功典范。

5.6.2　非都市区小镇：衢州开化根缘小镇

根缘小镇紧邻开化县城区，地处浙江西部边境，浙、皖、赣三省七县交界处，距杭州市212km（图5-20），规划面积3.78km²，建设面积1.12km²，是浙江省首批37个特色小镇之

图5-20　根缘小镇地理区位

---

① 2019年，在1/3的新一线城市出现人才流失的背景下，杭州人才净流入50万，净流入率持续位居全国第一，达到8.82%。杭州人才净流入率的逆势上扬，与杭州近年来大力建设人居环境，提升城市人居品质，着力打造人才最优生态，以及本身具有良好的经济和产业基础紧密相关。

一。作为非都市化地区的文创旅游小镇，根缘小镇依托"根宫佛国文化旅游区"5A级景区，聚焦对根雕艺术的可持续开发，将具有区域特色的根雕技艺扩大到文化创意产业、休闲旅游产业并延伸根雕文化产业链，形成了规模化的文创产业发展格局。2018年，根缘小镇实现主营业务收入17.85亿元，接待游客180.87万人次。截至2019年，小镇入驻企业156家，累计完成固定资产投资31.28亿元，其中特色产业投资占比90.87%，非政府性投资占比82.36%。

1. 历史沿革

根雕艺术是一种以枯木烂根为材料，通过局部刀笔塑造根雕人物、动物、场景，形成根雕家具、根雕奇石、根雕盆景等类型丰富的产品的造型艺术，是开化县的传统工艺之一。根缘小镇（图5-21）紧邻开化县城区西部，是开化县传统根手工艺作坊的集中所在地，其转型发展经历了从开化根雕厂到根宫佛国文化旅游区，再到根缘特色小镇三个阶段。

第一阶段为传统的低端生产加工模式。改革开放以来，开化县依托钱江源发源地，县域森林资源丰富等优势区位条件，根雕产业飞速发展，形成了以开化根雕厂为主、零星家庭作坊为辅的发展态势。县域内城关镇、华埠镇、村头镇、马金镇、林山乡、金村乡、大溪边乡等地都形成了不同规模的根雕产业。2001年开化被中国根艺美术学会授予"中国根雕艺术之乡"的称号。依托开化根雕厂，小镇成为县域内最大的根雕产业聚集地，具备了相当的规模基础。然而，这一阶段的根雕产业经营粗放，企业分布零散缺乏集聚效应，从业人员素质低下，创新投入不足，导致整个根雕产业产品低端，品牌缺乏，进而在世纪之交时期陷入了"产品低端—需求不足—创新投入不足"的"低端锁定"困局。

图5-21 根缘小镇总平面图

第二阶段为全域旅游背景下的文旅结合发展模式。2000年以来，为摆脱"低端锁定"困局，根缘小镇内的开化县根雕厂联合其他作坊，成立"醉根艺品"有限公司。同时，开化县为更好发挥根雕产业的带动作用，提出以"根艺为特色，旅游为主导"的发展战略，结合优质自然生态资源，统筹根雕产业、文化旅游功能，打造根宫佛国文化旅游区。2002年根缘小镇内的根宫佛国文化旅游区开始建设，经历三期工程，建设了醉根博物馆、十二生肖文化长廊、醉根宝塔等多处不同的主题景观。2013年根宫佛国文化旅游区被评为5A级景区、国家生态文明教育基地、国家文化产业示范基地，成为国内唯一的根文化主题旅游区，实现了从低端根雕加工向根雕艺术、文化旅游转型的第一次发展蜕变。

第三阶段为特色小镇背景下的联动发展模式。根宫佛国的成功为根缘小镇的转型发展奠定了坚实的基础。2015年，以省级"特色小镇"建设为契机，在开化县国家公园建设与全域景区化的背景下，根缘小镇入选首批37个特色小镇之一。这一阶段根缘小镇的发展重点在于深度挖掘根艺特色，带动周边产业发展，全方位渗透体现根雕艺术的创造性服务价值。根缘小镇规划建设了根主题民宿、根主题商业街、养生会馆、度假公园、国际会展中心、798创意园区、根艺学校、高端住宅等设施，在3.78km²的范围内汇聚了文化创意、旅游服务、根雕产业、商务会议等多种相互配套的产业功能，形成了以根宫佛国为基础的"文化、旅游、产业、生态"一体发展模式，实现了根雕产业的第二次发展蜕变。

2. 规划策略

根缘小镇是以根雕产业与旅游服务产业为主导，聚合资源并提升效益的文创旅游小镇。作为非都市区小镇，以低端制造业为主的传统工业化发展模式难以为继，依赖粗放式要素投入的工业化路径，既不符合开化县国家森林公园保护生态系统完整性的要求，在市场经济条件下也缺乏竞争力。因此，根缘小镇突破低端锁定的思路聚焦于对开化特色山水景观与根雕产业资源的可持续开发利用，走出了一条新型工业化推动新型城镇化的崭新道路。

具体来看，根缘小镇从产业、旅游、文化三个方向的转型发展着手，规划根雕产业集聚、文化博览休闲、原生度假养生、禅茶静修体验、风景名胜旅游五大功能区（图5-22），统筹考虑自然生态、特色文化、创意产业、旅游服务等功能之间的关系。小镇明确了区域特色挖掘对于小镇建设目标和经济发展的要求，通过大力推进自然环境保护和人居环境改善两方面工作，广泛吸引人才，助推新型工业化和新型城镇化发展。

（1）产业发展转型升级

根雕艺术作为一种兼具艺术性和创新性的传统工艺（图5-23、图5-24），在新的时代背

图5-22 功能结构规划图

图5-23 醉根博物馆　　　　　　　　图5-24 八百罗汉堂

景下与文化创意产业结合，对区域发展发挥着独特的作用。此前，开化县的根雕产业面临着艺术创作流水线化、管理模式粗放、专业人才和专业服务机构缺乏、产业融资困难、产业园区不成规模和体系等问题。为此，根缘小镇提出了以根宫佛国为核心，延伸产业上游，拓展产业下游，建设综合性艺术产业区的规划思路。

围绕根宫佛国，根缘小镇采取了一系列举措完善提升根雕产业链：①**有序适度开发根材产业**。小镇发挥开化县森林覆盖率高、树种根材资源丰富的优势，通过建立企业准入制度，有序适度开发森林资源，以满足整个根雕产业的原材料需求；②**大力推进产业组织模式转型升级**。小镇将传统的前店后厂式的家庭手工作坊转型升级为集中园区、大师工作室等产业组织新模式，优化提升了根雕生产的组织形式，极大地提高了根雕产业的组织化水平与结构化程度（图5-25）；③**适时成立根雕专业委员会**。为规范运行、管理和监督根雕产业发展，提高整个行业的自我组织与管理水平，吸引集聚根雕艺术人才，小镇于2016年适时成立并入驻了中国美术协会根雕专业委员会，主要成员包括根雕企业家、根雕艺术大师、高校教授、传统手工艺大师等；④**推动企业和职业学校的深度合作**。小镇与衢州职业技术学校合作，通过设立根雕专业，聘请根艺相关从业者为兼职师资等方式，为根雕产业发展培养专门人才；⑤**加强根雕产业宣传交流**。根缘小镇借助根宫佛国的平台，创办"一网一刊一号"开展根雕艺术的传播宣传，举办"一节一赛一展"活动（图5-26），推动根雕艺术的交流展览。目前，一个完整的根雕产业链已初步成型，成为小镇持续特色发展的重要源泉与动力。

（2）旅游发展转型升级

近年来，开化县的旅游发展思路已从传统的依托景区的门票经济转变为开放式景区的全域旅游经济，由原本单一景区的孤立发展转型升级为全域化、全景化、全覆盖的旅游组织模式。根宫佛国文化旅游区与周边旅游资源相比，具有唯一性和互补性特征，是开化旅游的"金名片"，也是打造国家东部公园的核心资源。根缘小镇依托优越的旅游资源与区位条件，制定了相应的发展策略：①**提升旅游层次**。完善根宫佛国5A级景区的配套服务设施及交通设施，提升旅游服务的档次，创造更多中高端旅游消费；②**借势滚动开发**。利用钱江源旅游度假区的建设机会带动周边度假地产的开发，将前期获利部分投入景区建设及更大范围的环境保护工

图5-25 根宫佛国南门

图5-26 "醉根杯"根雕创作大赛

程,通过滚动开发模式带动周边适宜区块开发;③**注重景区联动**——将根宫佛国5A级旅游景区划分为四区一轴,确立了"根雕+山水"的发展路线,并通过产业、养生、休闲三条异质的游览路径,将根宫佛国的人流与根缘小镇的产业串联在一起;④**兼顾近远期发展**——小镇规划瞄准了现有目标客群和中远期目标客群,在保持现有的背包客、团体游客、家庭游客数量稳定增长的前提下,争取凭借根雕的独特优势吸引长三角地区私人业主、高管等高端消费人群与艺术设计师和雕刻艺术家等特殊人群;⑤**提供多样旅游产品**——小镇引入旅游、度假、创意、文化等多个不同主题产品,具有代表性的有根博园、SOHO村、根艺交易市场和茶博园,囊括了"吃、住、行、游、购、娱"各个环节,面向不同的客源市场、需求定位与开放时间;⑥**转变低端消费模式**——小镇旅游发展的一个重要目标是,通过景区功能建设将游客的旅游模式从低附加值的一次性消费和经过式观光游览,转变为高附加值的度假旅游和长期停留的旅居模式。

根缘小镇充分发挥"根雕+山水+文化"的优势,一方面借力国家森林公园建设,从全域旅游视角出发大力开发旅游产品潜力,促进根雕产业和文化旅游的融合,实现了小镇文化、景观、生态质量的全面提升;另一方面通过开放景区、强化服务、深化游客体验、延长游客停留时间等,从而实现了比原先的门票经济更大的经济和社会效益。

(3)文化发展转型升级

特色小镇要提升品位,营造具有地域特色的景观,必须深度挖掘体现地域特色的文化元素。旅游文化元素不但是旅游深度开发的关键要素,更是突出旅游目的地特色、提升旅游知名度、开发设计旅游产品的核心竞争力。

开化县虽然有着优越的山水景观和多元的文化资源,但此前的旅游开发受制于理念陈旧,停留在旅游景区的空间开发层面,根雕、茶、目连戏等地方特色文化与民俗精神缺乏挖掘保护,导致开化县的旅游发展与周边区域路径雷同,产品恶性竞争。为此,根缘小镇以根雕产业为基础,结合了根雕产业的物质基础和钱江源的精神内涵,打造"寻根溯源"的文化品牌,将根雕的特色既体现在外在的中式建筑风格和山水景观的营造上,同时也通过对根雕产业文化附加值的深入挖掘,将打造"寻根溯源"的文化内核作为战略目标,靠文化元素提高旅游含金量。具体策略包括：①**深度挖掘，延伸内涵**——小镇深入挖掘开化的根雕艺术渊源，从根雕艺术最直接相关的禅茶文化、山水哲学进一步引申出中国神话传说、历史民俗以及儒道精神等多元文化，从而丰富了"寻根溯源"的文化内核；②**塑造环境，凸显主题**——小镇在建筑设计与景观营造上突出根雕主题，尽显山水、园林和根木之美。按照文化内涵分区建设了不同文化区块，包括根宫佛国核心区、华夏根文化景区、中国根雕博物馆、神工天趣园、童趣园和醉根广场（图5-27）；③**策划事件，高端引领**——小镇入驻了根雕专业委员会，联合浙江省标准研究院出台了根雕行业浙江标准，连续举办两届"一带一路"国际根艺文化交流活动周以及国际根艺作品展（图5-28），引导举办高端的国际商务和会议活动，通过事件营销提升品牌形象，创造更高的品牌利润和品牌价值；④**原生自然，沉浸体验**——小镇打造了慢生活街区，游客以"慢生活"的方式亲身体验本地的文化特色。小镇内的居民不需要因为外来者而刻意装扮迎合，更多的是维持根雕从业者生产生活的自然状态，实现了本地居民与外来游客的和谐相处与自然交流。

文化是特色小镇的灵魂所在，是产业发展的内生动力。作为小镇的支柱产业，根雕本身被赋予了天然与工巧的双重审美属性和独特的文化载体功能。只有通过多途径不断深入诠释根雕的文化内涵，才能打造好根缘小镇的核心特色，实现向文化休闲旅游小镇的转型发展。

图5-27 醉根广场

图5-28 "一带一路"国际木文化艺术展

3. 总结

非都市区小镇特色成长的关键在于抛弃原有粗放要素投入的路径依赖，聚焦于对本地特色资源的可持续开发利用并培育规模经济效应，加快实现特色资源向经济优势的转变。通过对根缘小镇的转型发展路径梳理可以发现，小镇的成功除了得益于国家东部公园优越的自然环境和地理区位外，最为重要的是抓住了根雕这一根植地域的特色与优势。根缘小镇"文化、旅游、产业、生态"一体的发展方式，推进了根雕产业的转型升级，促进了与根雕元素相关的旅游、文创、商贸产业发展，实现了根雕特色资源向经济竞争优势的转变。根缘小镇的"特色产业+文化旅游"的新型工业化和新型城镇化发展道路，为非都市区小镇发展转型提供了范例与借鉴。

5.7 小结

特色小城镇建设是国家进行城乡治理的重要平台和抓手，培育城镇特色是促进城乡空间优化和产业转型升级的必然要求。小城镇的特色培育切忌盲目的投资建设冲动，而应遵循其自身内在的成长规律。特色成长的背后是小城镇专业化分工水平和职能的提升，以及与经济、社会、环境等子系统之间的良性互动。为此，需要系统思考小城镇特色成长的作用机理与障碍机制，而不应简单地"就特色论特色"。

通过对可持续发展理论从一维到三维的改造设计，EESC-PSR立方体模型实现了这一理论工具分析过程的"虚拟现实"化，为小城镇特色研究提供了区域联系、动态发展和复杂系统的多维视角，从而可以多角度、全方位和动态化地透视分析浙江省小城镇特色成长在可持续发展中的作用机理与障碍机制，为不同地区类型小城镇的特色可持续发展提供差异化路径。

对于城镇可持续发展而言，特色是重要引擎，它内化于经济增长的生产要素和过程环节，依托于社会和环境等外生力量的支撑。从障碍机制上看，特色成长是内因，社会发展是外因，外因通过内因而起作用。需要指出的是，虽然不同区域的小城镇特色成长的过程和路径并不存在"标准范式"，但浙江小城镇发展面临的障碍困境及近年来的一系列实践表明，以小城镇环境综合整治为抓手，有针对性地加大和优化不同区域类型小城镇的社会建设力度，包括与生产生活相关的基础设施与公共服务设施建设，不断提升人居环境品质，是推动小城镇特色成长与可持续发展的必由之路。

第 6 章　探究成长机制
——基于台州市76个小城镇公共品供给的实证分析

第5章的研究表明，社会发展是推动小城镇特色成长的必由路径。各类生产性和生活性公共设施的供给是社会发展的主要内容和重要标志。本章以台州市76个小城镇[①]为研究样本，运用熵值法评估小城镇的经济社会发展水平及其公共品供给水平，通过对不同发展水平、职能类型的小城镇经济社会发展及其公共品供给之间的相关性分析，从政府职能角度揭示公共品促进小城镇特色成长的机理与机制，明确不同类型小城镇未来发展过程中各类设施供给的方向与政策建议，为破解小城镇发展困境、引导小城镇特色可持续成长提供新的视角与思路。

6.1　公共品促进小城镇发展的分析框架与指标体系

公共品与经济发展之间的相互关系向来就是经济学、城乡规划学等学科的重要议题，20世纪80年代，伴随新古典内生经济增长理论的兴起及新制度经济学的蓬勃发展，经济学家们开始关注诸如"知识""教育""制度"等公共品对内生科技进步的贡献，新古典内生经济增长理论中也由此涌现了一系列文献研究及相关例证。在增长理论中最早开始关注公共物品的是肯尼斯·约瑟夫·阿罗（Kenneth J. Arrow），该经济学家在20世纪60年代初便将技术或者知识等公共物品的外部效应用于解释经济增长。1965年，日本理论经济学家宇泽弘文（Hirofumi Uzawa）提出两部门模型，首次假设经济内存在一个生产人力资源的教育部门，并将索洛模型中的外生技术进步内生化。随后，罗伯特·卢卡斯（Robert E. Lucas Jr）延续这一理念，强调了教育等公共物品对解释经济增长的贡献。1989年继相关学者设立的新古典模型验证了诸如机场、公路等基础设施可产生强有力经济支持作用后，罗伯特·巴罗（Robert J. Barro）做出了关于政府支出贡献于经济增长的理论描述，但该理论研究主要强调政府支出在改善产权配置效率

[①] 截至2018年初，台州市行政区辖椒江、黄岩、路桥三个区，临海、温岭、玉环三个县级市和天台、仙居、三门三个县，分设61个镇、24个乡、44个街道。本章研究中所指的小城镇主要指建制镇及乡，剔除部分数据缺失的乡镇，最终选取了76个乡镇作为研究对象。相关的原始数据来自《浙江省2017年村镇建设统计报表》以及官方网站。浙江省乡镇经济发达，大多数乡与同等规模的建制镇之间并无本质差异。

方面的作用。20世纪末，有学者提出了将基础设施作为改善交易效率因素的研究模型。上述种种均对某类或某几类公共品及经济发展之间的关联做出了有益探索，为当代研究奠定了重要理论基础。根据新兴古典经济学框架，公共品对经济增长的促进作用主要通过提高交易效率及劳动效率两大路径得以发挥，且不同公共物品发挥的作用存在差异性（骆永明，2008）。

基础设施是公共品的重要组成部分，追溯国内相关理论发展可以发现，至20世纪80年代初期，我国经济理论工作者开始逐渐意识到基础设施对经济增长的积极作用，对这一议题的研究也由此不断增加。1981年，钱家骏、毛立本开创性引入"基础结构"概念，提出应将基础设施作为独立对象研究其对经济增长的贡献。到20世纪八九十年代之交，滞后的基础设施对经济增长的"瓶颈"制约日益显著，经济理论界遂将研究重点转换至瓶颈制约生成的起因、对策及关联探究，主要从基础设施对经济增长的"瓶颈"制约、基础设施与其他产业的演进及基础设施与区域经济发展等主要方面展开。此外，关于基础设施的建设、投融资、管制等论题研究均进一步丰富了理论成果（杨军，2000）。

基础设施与经济社会发展的紧密相关性早已成为社会共识，大量学者通过数理模型对此进行了更为具象、广泛且深入的验证。近年来国内主要文献成果梳理如下（表6-1）：张学良（2007）、王晓东等（2014）学者着眼交通基础设施，运用不同的数理模型考察分析了该类设施对经济增长的溢出效应及弹性值；张军等（2007）依据现有文献及省级面板数据，度量了改革开放以来中国基础设施的存量变化和地区差距，对影响设施投资支出的重要变量进行了识别解释，并指出除经济发展等因素外，政府在"招商引资"上的标尺竞争和政治治理转型同样决定了基础设施的投资水平；杨莉等（2009）以新疆为例，对基础设施与经济发展进行了耦合关联分析，并揭示了1980-2006年两者耦合情况的分布特征及时序演变；刘生龙、胡鞍钢（2010）则通过各省份1988-2007年的面板数据验证了交通、能源、信息基础设施对经济增长的溢出效应，并以能源使用率低解释了能源设施溢出效应不显著的现象；郑世林（2014）利用1990-2010年省级面板数据实证考察了电信基础设施对经济增长的影响，得出伴随行业成长，移动及固定电话设施表现出对经济不同程度的促进及制约作用；孙早等（2015）则以2003-2012年面板数据估计了基础设施建设投资与东、中、西部地区经济增长间的不同作用；史雅娟等（2016）以北京市为例，通过影响力、感应度、协调度等方法测度了1978-2014年基础设施对经济增长的贡献率、与其他经济部门的关联关系及与经济社会发展水平的协调度；刘倩倩等（2017）利用DEA模型和Malmquist生产率指数，对2005-2014年中国290个城市市政设施的投入产出效率进行了评价并分析其对经济增长的影响；赵鹏军与刘迪（2018）采用全国121个城镇数据，通过构建基础设施与社会经济发展的关联度模型对其进行了关联水平、协调水平的测度及分析。

近年来公共品及经济发展关系研究相关文献梳理　　　　表6-1

作者	研究方法	主要研究数据	指标体系
张学良	生产函数法、时间序列模型及面板数据模型	各省市交通基础设施基本建设投资额	—
王晓东等	Feder模型	省际交通基础设施投资额	—

续表

作者	研究方法	主要研究数据	指标体系
张军等	GMM模型	29省（市）基础设施投资面板数据	基础设施投资：电力、煤气及水的生产和供应业；交通运输仓储和邮电业；水利、环境和公共设施管理业的基本建设投资
杨莉等	灰色关联分析法、耦合度模型	新疆维吾尔自治区基础设施及经济发展相关数据	基础设施：交通运输；邮电通信；学校教育；环境保护；卫生保健。经济发展：经济总量；经济结构；经济增长；经济效率
刘生龙等	GMM模型	各省铁路里程、公路里程及内河航道里程密度、能源消耗量、邮电业务总量面板数据及全要素生产率	—
郑世林	面板数据计量模型	省级人均GDP增长率、固定资产投资、政府消费支出、人口增长率、R7D经费内部支出及使用移动电话普及率和固定电话普及率	—
孙早等	计量数据模型	生产总值增长率及基础设施投资	基础设施投资：电力、燃气及水的生产和供应业，交通运输、仓储和邮政业全社会固定资产投资
史雅娟等	生产函数模型、影响力、感应度、协调度及协调发展度	北京市基础设施与经济社会相关数据	基础设施：交通设施、水务设施、环境设施、能源设施、邮电设施 经济社会指标：经济指标、社会指标
刘倩倩等	DEA模型、Malmquist生产率指数及修正的柯布道格拉斯模型	290个城市市政设施投入产出数据，地区生产总值、市辖区人口、固定资产投资额、市辖区建设用地、二三产业从业人员数、在校师生比、财政支出比重及二产占比数据	市政设施投入指标：供水建设、道路桥梁、排水建设、园林绿化、环境卫生投资额 市政设施产出指标：供水管道长度、排水管道长度、污水排放量、生活垃圾无害化处理量、市容环卫车辆数、道路长度
赵鹏军等	灰色关联分析	121个城镇基础设施及社会经济相关数据	基础设施：道路交通、给排水、能源、通信、环卫 社会经济：经济发展、产业结构、生活质量

通过以上对现有主要研究成果的梳理，本章在参考借鉴其经济社会发展指标选取的基础上，综合世界银行相关定义标准[①]、小城镇特性及微观数据的获取难度等因素，构建包含经济增长、社会进步、结构优化等三个一级指标和6个二级指标在内的小城镇发展水平评价指标体系（表6-2）。

---

① 按照世界银行2017年分组标准，高收入国家指按图表集法计算的人均国民总收入12056美元及以上的国家，中等偏上收入国家指人均国民总收入3896美元至12055美元的国家，中等偏下收入国家指人均国民总收入995美元至3895美元的国家，低收入国家指人均国民总收入995美元及以下的国家。

小城镇发展水平评价指标 表6-2

一级指标	二级指标	单位
经济增长	人均GDP	元
	人均社会消费品零售额	元
社会进步	城镇化率	%
	城乡居民基本养老保险参保率	%
结构优化	第二产业就业人口比	%
	第三产业就业人口比	%

与此同时，构建了区分专业化与广义基础性公共设施的两类一级小城镇公共品供给水平评价指标体系（表6-3）。近年来，考虑到浙江省为引导旅游业快速发展，省、市、县三级政府均对民宿产业给予了政策支持、财政补贴与价格引导，民宿具有明显的公共品特性，因此作为三级指标纳入。

小城镇公共品供给水平评价指标 表6-3

一级指标	二级指标	三级指标	单位
专业化公共设施	农业专业化设施	农业合作社数量	个
	工业专业化设施	专业市场个数	个
	旅游业专业化设施	精品民宿数量	个
基础性公共设施	经济性基础设施	供水普及率	%
		燃气普及率	%
		人均道路面积	m²/人
		排水管道暗渠密度	km/km²
		污水处理率	%
		生活垃圾处理率	%
	社会性基础设施	千人幼儿园、托儿所、小学数量	个
		建成区绿地率	%
		千人图书馆、文化站数量	个
		千人剧场、影剧院数量	个
		千人体育场馆数量	个
		千人本级政府创办敬老院	个
		千人医疗卫生机构床位数	张
		千人社会福利收养性单位床位数	张

6.2 研究案例与评价结果

6.2.1 区域概况及数据来源

回顾浙江省改革开放与发展的历程，可以发现每一次重大的区域经济社会转型和自下而上的地方改革都是从小城镇起步的（陈前虎等，2012）。考虑浙江省小城镇发展的先发性与典型性因素，本章尝试以台州市76个小城镇为例开展相应研究。台州市地处浙东南沿海，自然地理条件颇具"浙江特色"——包括山地、丘陵、平原及海岛等多种地形地貌，乡镇民营经济发达，是浙江40多年小城镇发展实践的缩影与典范。2017年实现人均GDP（按户籍人口计算）10799美元，根据世界银行分组标准，已达到中等偏上收入国家水平[①]。经样本筛选和数据校核，本文最终选取台州市76个小城镇作为样本单元，其中包括57个建制镇、19个乡。样本城镇常住人口规模2000人~20万人不等，发展水平涵盖高低各个层次，城镇职能类型呈现工业、农业、旅游、综合服务多元分化特征，具有覆盖面广、类型多样、典型性强的特点。

本章相关原始数据来自《浙江省2017年村镇建设统计报表》《浙江省建制镇、乡基本情况综合表》（2017）及浙江省文化和旅游厅官方网站。对于少数指标的数据缺失现象，文中采用插值法进行数据补齐。

6.2.2 评价方法及结果

运用熵值法确定指标体系各因子权重，得到76个小城镇各项指标得分，并进行水平划分及可视化处理，具体研究方法如下：

1）归一化与熵值法。收集整理得到表1及表2的原始数据后，为消除量纲差异，首先利用下式对数据进行归一化处理：

$$X_{ij}=(X'_{ij}-X_{min})/(X_{max}-X_{min}) \quad (1)$$

式中：X'_{ij}为第i个小城镇的第j项指标原始数据；X_{ij}为标准化值，X_{max}、X_{min}分别表示指标j的最大值和最小值。得到归一化数据结果后，采用熵值法对各指标进行加权求和，在保证权重客观性的基础上有效克服多指标间信息重叠问题，最终得到小城镇经济社会发展及公共品供给水平的综合得分。

2）空间自相关。经济地理现象在空间单元的分布上一般都会表现出不同程度的空间依赖性或空间自相关性特征，应用ESDA统计技术对空间数据进行空间自相关分析已经成为学界研究的重要手段（张立生，2016）。全局空间自相关分析通过Moran's I指数来反映某一变量的空间关联程度及空间差异程度。Moran's I指数的具体实现利用Arcgis软件操作完成。

小城镇发展得分中，玉环市沙门镇以0.5956的得分位居第一，紧跟其后的4个小城镇分别是：上盘镇0.5266分；龙溪镇0.5193分；楚门镇0.5097分；大溪镇0.4824分。得分后5位的分别

[①] 参考世界银行发布的世界发展指标：http://datatopics.worldbank.org/world-development-indicators/themes/economy.html。

是：富山乡0.0571分；上垟乡0.0632分；平田乡0.0694分；溪港乡0.1240分；安岭乡0.1346分。这些得分差异十分显著。为了更为直观地反映台州市小城镇发展水平总体分布特征，本章借鉴相关研究方法（李爱民，2013），以得分的平均值和标准差作为划分依据，将研究对象具体划分为低级水平、中低级水平、中级水平、中高级水平和高级水平五个层次，表征经济社会发展的5个阶段，具体结果见表6-4。

小城镇发展水平划分标准　　　　　　　　　　　　　　　　表6-4

等级划分	划分标准	得分范围	个数	百分比
低级水平	0≤M≤M0−0.5ST	[0, 0.2272]	27	35.53%
中低级水平	M0−0.5ST<M≤M0	(0.2271, 0.2847]	16	21.05%
中级水平	M0<M≤M0+0.5ST	(0.2847, 0.3422]	10	13.16%
中高级水平	M0+0.5ST<M≤M0+ST	(0.3422, 0.3997]	8	10.53%
高级水平	M>M0+ST	(0.3997, ∞]	15	19.74%

注：M0表示台州76个小城镇发展得分的平均值；M表示小城镇发展的得分；ST表示小城镇发展得分的标准偏差。2017年，台州市小城镇发展得分的平均值0.2847，标准偏差为0.1149。

从表6-4的结果可以看出，台州市小城镇发展水平总体上呈现金字塔状分布，除了高级水平的城镇样本外，随着发展水平的提高，其所包含的小城镇个数逐级递减，且超70%的小城镇位于中级及以下水平，整体发展得分偏低。

从区域的分布情况来看（图6-1），大多数发展水平处于中级以上的小城镇集中分布于台州南部的玉环市及温岭市，临海市东部、天台县及三门县交界处有少量分布，整体而言台州北部及东部的小城镇发展水平显著偏低。造成这一现象的原因是多方面的，其中地理区位起到了基础性作用。台州南部以温黄平原为主，良好的地理条件使得小城镇高度发育，城镇人口密度、规模、联系度均呈现较高水平。随着改革开放，该地区便快速实现了以轻工业为主的乡村工业化，由此逐渐成为台州小城镇经济、"温台经济"的渊薮。而北部地区以山间盆地与河谷为主，城镇人口少、集聚能力差、联系弱，块状经济发育不足，从而导致台州城镇发展形成了南强北弱的分布格局。此外，为表征城镇发展水平的整体关联与具体差异，本文采用Arcgis10.2软件进行相关运算，结果显示样本城镇发展全局Moran's I指数为0.4284，说明台州小城镇发展水平在空间格局上具有较强的空间自相关关系，集聚特征明显。

同理计算出小城镇公共品供给综合得分，结果显示：白塔镇、大陈镇、新桥镇、金清镇及楚门镇分别以0.3830、0.3285、0.2537、0.2519及0.2119的分数位居前五，湫山乡、汇溪镇及坦头镇得分最低，依次为0.0349、0.0395及0.0430，得分差异明显，但相较于城镇发展水平，极值差距有所缩小，两极分化稍有缓解。采用前文方法将公共品供给得分划分为5级（表6-5），可以发现其分布同样呈金字塔形，得分位于越高水平的城镇个数越少。

从区域分布情况来看（图6-2），公共品供给得分分布无明显地域差别，高低值地理空间分布较为均衡，计算得到全局Moran's I指数为0.0055，表明样本城镇的公共品供给水平分布在空间格局上是随机的。

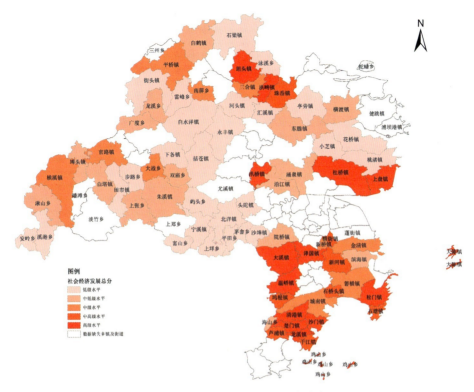

图6-1 台州小城镇发展水平空间分布

小城镇公共品供给水平划分标准　　　　　表6-5

等级划分	划分标准	得分范围	个数	百分比
低级水平	$0 \leq M \leq M0-0.5ST$	[0, 0.0785]	26	34.21%
中低级水平	$M0-0.5ST < M \leq M0$	(0.0785, 0.1103]	21	27.63%
中级水平	$M0 < M \leq M0+0.5ST$	(0.1103, 0.1420]	10	13.16%
中高级水平	$M0+0.5ST < M \leq M0+ST$	(0.1420, 0.1738]	10	13.16%
高级水平	$M > M0+ST$	(0.1738, ∞)	9	11.84%

注：M0表示台州76个小城镇公共品供给得分的平均值；M表示小城镇公共品供给的得分；ST表示小城镇公共品供给得分的标准偏差。2017年，台州市小城镇社会经济发展得分的平均值0.1103，标准偏差为0.0636。

6.3 小城镇发展与公共品供给的关联机制探究

基于前述评价结果，进一步从不同的水平、类型和区域视角，运用灰色关联分析法，深入探索城镇发展与公共品供给两系统之间的关联机制。

灰色关联分析法作为灰色系统理论与研究的一种重要方法，主要通过关联度顺序来描述因素间关系的强弱、大小、次序等，计算简便，量化结果与定性分析相对一致。这一方法的基本

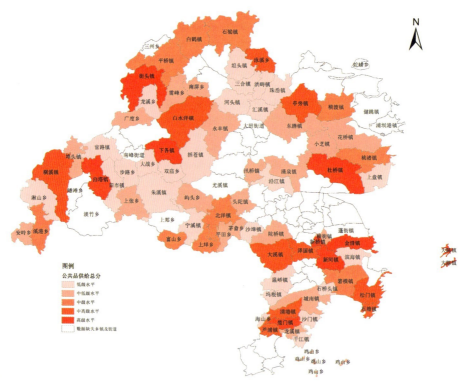

图6-2 台州小城镇公共品供给水平空间分布

思想就是根据序列曲线几何形状的相似程度来判断不同序列之间的联系紧密程度,曲线越接近则表明相应序列之间关联度越大,反之越小(刘思峰等,2004)。本章选取灰色关联分析方法,计算公共品与经济社会发展两系统之间的关联度,数值越高则说明两者关联程度越高,关系越为紧密。具体步骤见下式:

对序列数据进行标准化:

$$X'_i(k) = \frac{X_i(k) - \overline{X}_i}{s_i} \quad (2)$$

式中:$X_i(k)$ 为第k个小城镇第i项指标的得分;$X'_i(k)$ 为标准化后的得分;$\overline{X}_i$ 为该项指标得分的平均值,s_i 为该项得分的标准差。

计算关联系数:

$$\xi_i(k) = \frac{min_i min_k |y(k) - x_i(k)| + \rho max_i max_k |y(k) - x_i(k)|}{|y(k) - x_i(k)| + \rho max_i max_k |y(k) - x_i(k)|} \quad (3)$$

式中:$\xi_i(k)$ 为第k个小城镇第i项指标的关联系数;$y(k)$ 为第k个小城镇参考指标的得分;$\rho \in [0,1]$ 为判别系数,用来削弱最大值过大而失真的影响,提高关联系数间的差异显著性,相关研究表明为达到最好分辨率,通常取$\rho=0.5$。

计算关联度:

$$r_i = \frac{1}{n}\sum_{k=1}^{n} \xi_i'(k) \qquad (4)$$

式中：当$0<r_i\leq0.35$时，两系统间相互联系较弱；$0.35<r_i\leq0.65$时，两系统间的关联为中等程度；$0.65<r_i\leq0.85$时，关联度较强；当$0.85<r_i\leq1$时，关联度极强。

6.3.1 整体关联分析

表6-6为76个样本城镇发展与公共品供给间的关联度，结果表明：

小城镇公共品与发展指标关联矩阵　　　　　　表6-6

关联矩阵	公共品供给总水平	专业化公共设施	专业化公共设施			基础性公共设施	基础性公共设施	
			农业专业化设施	工业设施专业化	旅游专业化设施		经济性基础设施	社会性基础设施
城镇发展	0.7181	0.6900	0.7279	0.6916	0.6356	0.7196	0.7863	0.6947
经济增长	0.7949	0.7852	0.7502	0.7561	0.7278	0.7902	0.7839	0.7821
社会进步	0.6454	0.6186	0.6797	0.6364	0.5814	0.6474	0.7301	0.6216
结构优化	0.5565	0.5524	0.5934	0.5623	0.5180	0.5514	0.6233	0.5390

1）公共品供给水平与小城镇发展指标的关联系数达到0.7181，表现出较强关联性。此外，城镇发展指标与公共品各分项关联度均高于0.6，表明小城镇发展与公共品供给显著关联。

2）小城镇发展各分项指标与公共品供给之间呈现出"经济增长（0.7949）>社会进步（0.6454）>结构优化（0.5565）"的关联强度特征，即公共品供给与经济增长关系最为紧密，社会进步、结构优化次之。这一结果反映了公共品促进城镇发展的内在机理与顺序规律：公共品作为生产要素直接参与生产过程，首先对经济增长产生影响。随后，其外部性作用不断凸显，在创造良好社会环境的同时积累了大量人力资本，由此进一步改善投资环境，促进经济结构调整，最终对城镇整体发展起到推动作用。与此同时，这一结果也表明，公共品建设离不开资金的投入与支持，经济增长情况直接影响设施供给的完备程度，两者相互制约、互促互进，表现出更为密切的作用关系。

3）从公共品各分项与小城镇发展指标的关联度看，基础性公共设施（0.7196）高于专业化公共设施（0.6900），而经济性基础设施（0.7863）高于社会性基础设施（0.6947），但就结构优化而言，专业化公共设施（0.5524）高于基础性公共设施（0.5514）。这一结论表明，基础性公共设施，尤其是经济性基础设施可以通过影响劳动力的地区间流动及企业选址等直接作用于生产活动，而社会性基础设施则是通过提高社会福利来间接影响生产效率，为此呈现不同的关联度。专业化公共设施则是通过公共服务的专业化供给来促进城镇的特色成长与区域分工协作，从而推动结构优化，实现高质量发展，遂与产业结构更为密切。

4）聚焦专业化公共设施分项。除经济增长与工业专业化设施关联度最高外，社会进步和结构优化均与农业专业化设施关联更为紧密。这一结论很好地验证了经济学家刘易斯提出的工业化进程取决于农业改进的重要论断。大量国际经验也表明了农业在减轻地区贫困、促进地区转型升级方面发挥的基础性作用（德怀特·H.波金斯等，2018）。

6.3.2 动态关联分析

小城镇发展是一个动态的演进过程，按水平高低将小城镇划分为5个发展阶段，动态考察两者之间的关联性（表6-7），可以发现：

不同发展阶段小城镇公共品与发展指标关联矩阵表　　　表6-7

城镇发展水平	公共品供给总水平	专业化公共设施	专业化公共设施			基础性公共设施	基础性公共设施	
			农业专业化设施	工业专业化设施	旅游专业化设施		经济性基础设施	社会性基础设施
低级水平	0.8431	0.7795	0.8282	0.7786	0.7403	0.8327	0.8343	0.8031
中低级水平	0.6902	0.6728	0.7576	0.6765	0.6344	0.6987	0.8748	0.6639
中级水平	0.5314	0.5103	0.5927	0.5095	0.4263	0.5683	0.5840	0.5463
中高级水平	0.5799	0.5689	0.5202	0.6172	0.4976	0.5863	0.7628	0.5509
高级水平	0.5166	0.5337	0.5205	0.5251	0.4310	0.5218	0.5054	0.6096

1）随着发展水平的提高，公共品供给与小城镇发展之间的关联度总体呈下降趋势，但在中高级阶段出现回升。这一现象表明，公共品供给促进城镇发展存在明显的边际递减效应。在城镇发展的关键时期——中高级阶段，及时有效的公共品供给能顺利助推城镇转型升级，实现跨越发展。

2）步入中高级发展关键期后，在与城镇发展的关联度上专业化公共设施逐渐反超基础性公共设施，而基础性公共设施中的社会性基础设施则超越了经济性基础设施。这一结果预示，在城镇化由高速度向高质量的转型过程中直面生产性公共服务需求，专业化特征愈益明显。而面对生活性公共服务需求，人本化的社会性基础设施供给更显迫切。

3）在小城镇发展的全生命周期中农业专业化设施与城镇发展一直保持着相对较高的关联度，但工业专业化设施紧随其后并呈后来者居上之势。这一现象与前文分析结论相符，再次印证了小城镇成长过程中农业的基础性作用及其工业化过程的必然性。

6.3.3 分类关联分析

浙江省小城镇发展的区域分异特征日趋明显（陈前虎等，2019）。依据台州市域总体规划，按其主导职能，将样本分为工业、旅游、农业与综合服务四种城镇职能类型，数量占比依次为29%、26%、32%、13%。分别计算4类城镇发展与公共品供给之间的关联度（表6-8），可以发现：

不同发展类型小城镇公共品与发展指标关联矩阵表　　　　表6-8

城镇发展类型	公共品供给总水平	专业化公共设施	专业化公共设施			基础性公共设施	基础性公共设施	
			农业专业化设施	工业专业化设施	旅游专业化设施		经济性基础设施	社会性基础设施
工业主导型	0.5324	0.5018	0.5644	0.5682	0.4553	0.5471	0.6043	0.5259
旅游主导型	0.7991	0.7535	0.7851	0.6976	0.7281	0.7862	0.7741	0.7531
农业主导型	0.7641	0.7173	0.7739	0.7309	0.6761	0.7761	0.8034	0.7537
综合发展型	0.6500	0.7033	0.6847	0.6662	0.5132	0.6282	0.5995	0.5939

1）4类城镇发展与公共品的关联度呈现"旅游主导型（0.7991）>农业主导型（0.7641）>综合服务型（0.6500）>工业主导型（0.5324）"强弱顺序特征。这一现象表明，旅游和农业主导型的城镇，其公共品供给与发展之间关系更为密切，这两类城镇的公共品投入具有更为显著的产出效应。注重这两类城镇的公共投入，能够有效促进城镇可持续发展，尤其是旅游主导型城镇公共品的供给水平对游客旅行体验影响甚大，两系统间关系最为紧密。

2）各个城镇的发展水平与其主导职能相配套的专业化设施间存在较强的关联性，但农业专业化设施与各类城镇发展呈现出优先关联特征。这一结论再次体现了农业专业化设施对于小城镇发展的基础性作用。

6.3.4 分区域关联分析

按照与中心城市距离远近不同，小城镇经济社会发展与公共品供给之间的关联度同样呈现出较为显著的区域特性（表6-9）。具体表现为：

不同区域小城镇公共品与发展指标关联矩阵表　　　　表6-9

距离台州市中心车程/h	公共品供给总水平	专业化公共设施	专业化公共设施			基础设施	基础性公共设施	
			农业专业化设施	工业专业化设施	旅游业专业化设施		经济基础设施	社会基础设施
≤1	0.6865	0.6797	0.6827	0.6788	0.5875	0.6914	0.8104	0.6640
>1	0.7260	0.6859	0.7439	0.6894	0.6509	0.7259	0.8012	0.7115

距离台州市中心较近的小城镇（1h车程以内），公共品与经济社会发展之间的关联度相对较低（0.6874）；而远离台州市中心（1h车程以上）的小城镇，公共品与经济社会发展的关系更为紧密（0.7250）。浙江省较早进入城乡统筹发展阶段，城乡公共品共建共享初获成效，靠近中心城市的城镇较偏远城镇具备更高的城乡一体化水平，设施共享更为便捷，因此，该类城镇发展与自身公共品的供给关联度不高；而偏远城镇则不具备设施共享条件，其经济社会发展与内部公共品供给关联性更强。

6.4 结论与讨论

深入把握小城镇发展与公共品供给之间的关系，揭示二者的互动机理与机制，对于指导和破解公共品供给困境、推动城镇可持续特色成长具有重要的实践意义。研究主要结论如下：

1）样本城镇按5档水平标准划分，大体呈现金字塔状数量分布，两极分化特征明显，近七成左右的小城镇发展及其公共品供给水平尚处于中高级以下，正待进入转型升级的关键时期。从地理位置上看，城镇发展水平南高北低、高值集聚特征显著，而公共品供给水平分布则相对较为分散均衡。

2）小城镇发展与公共品供给显著关联，并总体呈现以下特征：①经济增长最为显著，后依次为社会进步与结构优化，反映了公共品供给促进城镇发展的内在机理与顺序规律；②基础性公共设施，尤其是经济性基础设施与城镇发展最为密切，而专业化公共设施与社会性基础设施对于结构优化、城镇转型发展至为重要；③工业专业化设施在小城镇经济增长过程中起主导作用，而农业专业化设施在小城镇持续发展过程中发挥着重要的基础性作用。

3）动态来看，公共品供给对小城镇发展的促进作用总体表现出边际递减特征，但在中高级阶段出现一个发展转型期。加大专业化公共设施与社会性基础设施供给力度，是发展转型期的关键之举。工业化与农业现代化是小城镇成长的必由之路。

4）旅游主导型和农业主导型小城镇与公共投入之间存在更为显著的关联性，而它们往往就是原来工业基础薄弱、公共投入较少、综合发展水平较低的两类城镇。针对性地弥补这两类城镇的公共投入，加大与城镇主导职能相匹配的各类专业化公共设施供给，加快推进农业现代化，对于促进小城镇特色成长和区域专业化分工，加快城镇发展模式转型具有重要意义。

5）远离中心城市的小城镇因无法与市中心共享基础设施，因此较临近市中心的城镇而言，其公共品供给与经济社会发展两者间关联程度更高。

小城镇可持续发展过程中面临的一系列公共品供需困境，凸显了原先片面、静态和"一刀切"的公共资源配置手段存在的问题。根据上述结论，非常有必要从系统、分类和动态的视角，针对不同职能类型、不同发展阶段小城镇的公共品供给策略做进一步的讨论：

1）遵循公共品促进城镇发展的顺序规律，优化城镇各类公共品供给结构。小城镇犹如生命体，它的持续健康成长需要"五脏六腑"的系统协同工作，任一脏器的发育迟缓都将导致功能紊乱甚至病变。在不同的生命周期，各类公共品的供给类型与力度应有变化和侧重，但保持公共品供给结构的系统性是至关重要的。对于那些发展水平较低的小城镇，弥补基础性公共设施——尤其是水、电、路等经济性基础设施的短板，促进其经济增长起飞，是十分必要和有效的。而对于那些发展水平较高的城镇，针对性地提升专业化公共设施与社会性基础设施的供给水平，则有利于其实现跨越和转型发展。

2）坚持因地制宜原则，针对不同类型城镇加强相应专业化公共设施的全生命周期供给。专业化公共设施就像生命体的基因密码，与生俱来又与时俱进，决定着城镇的优胜劣汰。放眼浙江，自改革开放以来凡是形成"一镇一品"块状经济的小镇，都是持续优化专业化公共设施供给的典范。相反，那些昙花一现的，都因不思进取过早死在了"第一代市场"上。从调研来看，当前台州区域经济分化趋势明显，分区按类供给公共设施十分必要。其中，市域北部农业和旅游两类城镇较多，在强化基础设施建设的同时，应适时加强行业组织、技能培训、信息化服务与管理等公共平台建设。南部地区工业和综合服务两类城镇经济实力较强，基础建设基本到位，当前亟须改善仓储物流、投融资平台、人才中心、科创服务、品牌展示等相关专业化公共设施建设。

3）按照与时俱进理念，适时强化专业化与社会性基础设施供给力度。劳动的专业化分工程度从根本上决定了社会进步，并体现了科技创新的能力和水平。科技创新的主体是人才，吸引人才的关键在于高品质的人居环境。如果说浙江小城镇发展的前半场是"低端工业化带动了浅度城镇化"，那么，后半场及未来的发展则需"以高水平的治理——分类管理，来引导不同类型城镇的高品质建设，从而实现高质量的发展——特色成长"。直面日趋激烈的区域经济竞争环境与城镇转型发展的现实压力，加大教育、医疗、文化、娱乐、社会福利等社会性基础设施的品质化建设力度，提升与不同类型城镇生产服务能力升级相关的各类专业化公共设施的供给水平，是当前台州乃至浙江小城镇的发展要点与建设重点。

4）坚持走新型工业化之路，持续提升工业专业化设施对城镇发展的支撑引领作用。广义工业化不能仅仅狭隘地理解为工业发展，而是包括对农业及服务业生产模式的全新改造，体现为全社会、全行业生产效率的提升（张培刚，1991）。专业市场在浙江小城镇工业化过程中发挥了独特的作用，包括了前期的原材料与成品交易，后期的人才、资金、技术交流等功能，是一个综合的工业专业化设施平台。面对新的发展环境，应该借助大数据、互联网与人工智能等技术，持续提升信息化时代工业专业化设施对城镇发展的支撑与引领作用，走一条"信息化带动、可持续发展又能充分发挥人力资源优势"的新型工业化之路，推动各行各业的生产经营方式向标准化、规范化、规模化、社会化和专业化发展。

5）优化完善农业专业化设施的供给保障水平，大力推进城镇农业发展现代化。农业是所有小城镇的基础性产业，农业现代化对小城镇发展起到基础性推动作用。农业现代化不仅包括农业生产的条件、技术和组织管理的现代化，同时也包括资源配置方式的优化，以及与之相适应的制度安排。因此，在农业现代化及其专业化设施的供给过程中，既要重视"硬件"建设，也要重视"软件"建设，特别是农业现代化必须与农业产业化、农村工业化相协调，与农村制度改革、农业社会化服务体系建设以及市场经济体制建设相配套。如果忽视"软件"建设，"硬件"建设将无法顺利实施，也无法发挥应有的作用。从目前来看，加强行业组织管理及"企业+农户"的制度建设，对推进台州农业现代化尤为重要。各地自然条件和发展水平虽各不相同，农业专业化设施供给策略也不应一刀切，但基本规律是相通的。

6）把握城乡融合背景下基础设施共建共享契机，差异化落实不同区域城镇公共品供给政策。地处大城市周边的小城镇逐渐成长为都市网络功能体系中的重要节点，具备与中心城市间重要的要素流通共享条件，其公共品供给应在满足村镇生活圈体系基础上，充分借力中心城市辐射效应，依托交通、通信等基础设施网络，持续提高城、镇之间公共品互联互通水平，通过共享人才市场、创新研发中心、仓储物流中心、创新创业服务中心等高级设施，切实避免重复建设与资源浪费。而远居乡村腹地，通常扮演着乡村地域服务中心角色的小城镇，由于不具备设施共享条件,其设施供给应在把握自身及周边乡村腹地需求的基础上构建一个更为系统、全面、自足的公共品供给体系,充分发挥公共品供给对经济社会发展的积极作用。

台州是浙江发展的缩影。自2013年以来,浙江省持续推进"三改一拆""五水共治"、特色小镇、小城镇环境综合整治及"美丽城镇"等系列公共品供给行动,有效提升了人居环境,促进了小城镇的转型升级。但从顶层设计到具体实践操作过程中,如何遵循公共品促进城镇经济社会发展的机理与机制,做到"因地制宜、与时俱进"的供给,避免"一哄而起"或"一视同仁"现象,仍然是个严肃而亟待破解的议题。

6.5 典型案例分析:玉环市楚门镇

楚门镇地处浙江东南沿海,位于台州玉环市北部、楚门半岛中心地带,是全国著名的文旦之乡,也是举足轻重的省级中心镇。该镇曾先后获得全国文明镇创建先进单位、全国创建文明小城镇示范点、全国发展改革试点小城镇、全国环境优美乡镇、浙江省"十大经典江南小镇"等荣誉称号,连续多年位列全国综合实力千强镇前100名。2017年,楚门镇镇域总面积37.5km^2,常住人口约13万,其中建成区面积为13.9km^2,常住人口约9.1万人。是年,全镇实现GDP超过198亿元,工业企业总产值逾200万元。回顾楚门成长历程可以发现,该镇的发展史就是一部公共品持续供给促进小城镇特色成长的历史。

6.5.1 专业化公共品[①]供给助推工业转型升级

楚门曾是一个传统的农业城镇,改革开放后迅速打破以农业为主的传统经济模式束缚,做大做强以阀门、家具制造为主导的产业集群,先后经历了起始创业、积累发展、调整提高三个阶段,实现了由贫困落后的农业小镇向繁荣富庶的工业强镇的历史性转变。在此过程中,为有效释放民营经济市场活力,应对资源要素、技术质量、品牌竞争等一系列产业成长问题,当地政府在不同时期主要通过战略政策、专业市场及智库平台三大专业化公共品的投入来破解发展中的困境,从而不断推动工业经济提质转型,具体举措如下:

1)战略政策激发市场活力。 20世纪90年代初期,玉环位于全国改革前沿,率先提出并实施了"全岛股份化"重要战略,通过软公共品供给推动构建了市场经济微观制度基础,解放了企业在经营体制上的束缚。由此,楚门镇阀门、家具产业迅速培育出一大批合作制、个体私营企业,并通过扩大生产及技术改造逐年提升产量,年产值逾千万企业自此层出不穷。

2)专业市场助力产业扩张。 得益于"三产活镇"战略,历来商贸发达的楚门镇在20世纪90年代就已经拥有木材、副食品、果品等各类批发市场十余个。1999年楚门建成玉环现代家具城(图6-3),市场面积达2.3万m^2,成功打造了产源地市场先例。经过多次改造升级,家具城

[①] 专业化公共品指主要服务于楚门镇工业经济的各项公共设施与政策制度。

由原先的传统批发市场升级为辐射全省、全国知名的精品家居大卖场,奠定了产业与市场互促共荣格局。得益于家具专业市场经营,楚门乃至整个玉环家具行业发展突飞猛进,摆脱了原先产品层次低、个性不突出、营销网络窄等困境,年产值增至几十亿元,且早在2014年就已具备年产套房家具90万套的生产能力,在全国110个地区设立了销售网点,占据了国内

图6-3　楚门镇现代家具城

30%以上市场份额,位居全国首位。依托家具产业的辐射带动效应,现代家具城周边形成了新的建筑装饰市场,装潢、五金建材等相关产品市场聚集。此外,楚门作为玉环水暖阀门生产核心区,行业相关企业数及年产值均占玉环80%以上。立足产业优势,该镇于2014年正式运营全省首个水暖阀门产源地市场,楚门、玉城、大麦屿等地众多水暖阀门龙头企业争相入驻一期摊位。水暖阀门城作为玉环水暖阀门行业龙头企业展示产品与对外营销的重要窗口,有力支撑了工业经济发展。依托现有产业优势,打造集商贸、会展、信息、网络及物流等为一体的现代化产源地专业市场群,已成为楚门发展的重要战略目标与核心竞争力所在。

3）智库平台吸引人才集聚。面对产业转型升级的巨大压力,帮助企业提升自主创新能力成为政府公共品供给的侧重点。一方面,立足本地实际需求,制定落实各项高层次专业人才引进及培养办法,出台系列配套政策,强化人才吸引效力;另一方面,围绕欧美家具、水暖阀门两大特色产业集群的高质量打造,积极建设功能完备的科技转化平台,通过优质载体集聚一流人才。2012年,楚门镇与县人事劳动社会保障局共同组建的公益性服务机构——港北人才交流中心、港北人力市场正式投用,极大地优化了人才服务环境,推动和加快了产业转型升级步伐。2013年,楚门首创乡镇一级公共科技服务平台,与中国人民大学、浙江工业大学、浙江大学台州研究院、浙江农林大学、台州学院等高等院校和大专院校签订战略合作意向,通过政、校、企三方合作,推动产业技术难题攻克及专业人才培养,提升行业核心竞争力,助推产业提质转型。同年,由楚门镇人民政府主办创立的楚洲人才梦工厂(图6-4),作为一家聚焦"阀门卫浴、欧美家居"产业、致力于推动企业科技化、品牌化、新零售化发展的乡镇级智库平台,在"用7年时间、分三步走"发展规划的指引下,2019年实现产值超一亿,纳税高达314万元。显著的实用型人才孵化效果,不断深化的产、学、研合作,加快了企业科技创新步伐,持续推动了楚门、玉环乃至全国阀门卫浴及家具行业的健康发展。

三大专业化公共品的针对性供给,使得楚门通过人才创新弥补了先天资源不足的缺陷,从根本上保证了经济的持续走强,有力地推动了楚门新型工业化发展,并带动了城镇化水平

图6-4　楚洲人才梦工厂

的提升。2007-2017年，楚门镇工业总产值由115亿元增长至200亿元左右，财政收入由近5亿增至9亿元左右，2017年城镇化率达到70%的较高水平。

6.5.2 基础性公共品[①]建设提升人居环境水平

工业化的持续发展为提升城镇人居环境水平提供了有力保障，以小城市试点培育、小城镇环境综合整治及美丽城镇建设等重大战略行动为抓手，楚门镇的基础设施和公共服务建设经历了一个从"**针对性补短、系统性完善到品质化提升**"的转变过程。基础性公共品的持续建设和不断完善，极大地提升了人居环境质量和水平，吸引了各类人才，依靠人才又推动了科技创新和产业转型升级，由此助推了工业化的高质量发展，从而实现了楚门城镇化与工业化的良性循环。

1. 浙江省小城市试点培育

自改革开放至今，浙江省小城镇建设始终呈现蓬勃发展的良好态势。20世纪90年代中期，浙江省委、省政府将中心镇培育提上议程，并于"十一五"期间进一步部署实施了"中心镇培育工程"。由此，浙江省孕育出了一大批经济实力强劲、产业特色突出的小城镇。然而，受管理体制、发展定位等诸多因素制约，中心镇发展受到基础设施不完善、公共服务水平低等问题长期困扰，导致城镇人口及产业集聚动力不足，部分中心镇陷入"半城镇化"困境。为此，2010年10月，浙江省小城市试点培育工作正式启动。小城市培育试点是浙江新型城镇化道路探索的延伸，也是国内的首创之举（徐靓和尹维娜，2012）。第一批27个试点镇自此开始推进自身由"镇"向"城"的历史性转变，楚门镇位列其中。

2011年，楚门镇全面启动小城市培育3年行动计划。该行动以项目建设为抓手，以针对性补短板为重点，通过对工业经济、基础设施、商业住宅、社会事业、生态环境、公共服务和体制机制等六大类152个项目总计约75.8亿元的投资建设，着力将楚门打造为现代化新型小城市。聚焦公共品建设，该镇主要施行了如下举措：

市政设施建设：为解决交通设施供给滞后带来的混乱无序的交通状况，楚门镇开展了76省道复线楚门段（图6-5）、环保路、南兴街等主干道建设工程，并有序推进红照路、昌业路南北延伸，持续打造"五纵四横"城镇交通网络，不断完善城镇骨架系统。此外，污水管网建设、强弱电路改造、自来水全覆盖、垃圾封闭化处理等行动也同步协调开展（图6-6），有效弥补了楚门市政设施短板。

河道水系治理：河道淤积及人为侵占等一系列问题严重破坏了楚门镇的自然生境。为强化生态治理，提升环境水平，楚门镇积极落实绿化、净化、美化及亮化工程，大力开展了大南塘河整治、12条河道沿河10km生态景观带建设（图6-7）等专项行动，成效凸显。

居住条件改善：为提升城镇居住水平，楚门镇积极推进了旧城、城中村改造工作（图6-8），并启动园区保障性住房、村级公租房、拆迁安置房、新民小区等项目建设，改善了居民地住房条件，满足了民众的刚性需求，同时也为人居环境的下一步优化提升打下了坚实基础。

---

① 基础性公共品即指广泛定义的基础设施，包含经济性基础设施及社会性基础设施。

图6-5　76省道复线工程

图6-6　地下管道改造

图6-7　河流生态整治成效

图6-8　城中村改造前后

公共服务补缺：实现由"镇"向"城"突破的一大关键在于完善城市服务功能。对此，楚门镇全力推进社会公共服务中心（图6-9）、县第二人民医院、中心幼儿园迁建、楚门小学分校区、养老服务中心、老年活动中心、规划展览馆、文玲书院（图6-10）等公共服务项目建设，将医疗、教育、养老、文化各项民生事业建设作为主要抓手，以此全面提升城镇服务水平。

图6-9　社会公共服务中心　　　　　　　　图6-10　文玲书院

针对性地弥补公共品短缺这一举措，有效推动了楚门由"镇"向"城"的重大跨越，进一步强化了城镇人口及产业地集聚能力，成功打造了浙江省小城镇建设标杆。与此同时，楚门的经济社会活力不断释放，建设新需求呼之欲出。

2. 浙江省小城镇环境综合整治

2016年9月，浙江省委省政府发文《中共浙江省委办公厅 浙江省人民政府办公厅 关于印发〈浙江省小城镇环境综合整治行动实施方案〉的通知》[①]，并召开全省小城镇环境综合整治行动会议，对该项行动进行了全面动员及部署。小城镇环境综合整治作为一项系统工程，是补齐生态环境短板的重中之重、加快经济转型升级的有力举措，也是提升城乡发展质量的关键环节、提高人民群众获得感和幸福感的民生工程，还是推进基层治理现代化的重要平台，旨在全面改善城镇环境质量、持续增强服务功能、显著提高管理水平、大幅改观城镇容貌、不断提升社会公认度及创建文明乡风。

楚门镇在积极推进小城镇环境综合整治行动的过程中，紧密围绕"一加强三整治"核心内容，以"我爱我家"专项行动为主要抓手，系统结合"五水共治""清洁家园""四边三化"、美丽乡村建设等工作，对城镇环境卫生、秩序及乡容镇貌进行了大刀阔斧地整顿，公共品建设得到了系统性完善。主要举措如下：

"**治差**"**提速，美化城市形象**。楚门镇依托小城市试点培育建设行动成果，遵循"一路一品一特色"理念，将当地文化及产业要素融入建设，进一步提升道路交通设施品质，重点开展了S226省道复线、湖滨路、南兴路等立面改造及红照路（图6-11）、南兴东路等四个入城口整治提升工程，并打造了数条精品示范路及"最美街区"（图6-12）；

"**治脏**"**提标，改善城乡面貌**。一方面，楚门镇积极开展环境大清理大整治行动，改造并新建公厕、垃圾中转站、村级搜集点等重要设施（图6-13），进一步巩固国家卫生镇创建成果；另一方面，该镇通过大力开展源头治污、城区雨污分流、沿河截污纳管、生态补水等工程，全面拉开"治水剿劣"决战帷幕（图6-14），积极创建"最美亲水游步道"项目，持续提升城镇生境质量。

[①] 中共浙江省委办公厅 浙江省人民政府办公厅. 关于印发《浙江省小城镇环境综合整治行动实施方案》的通知（浙委办发〔2016〕70号），2016.9.26.

图6-11 红照路入城口改造

图6-12 湖滨路最美街区

图6-13 分类垃圾桶分发

图6-14 河道清淤

图6-15 楚门镇公共自行车

图6-16 铺埋电线管道

"治乱"提效,优化城镇秩序。针对市场环境杂乱、交通秩序混乱、电力线路凌乱等现状,楚门新增了农贸市场、停车位等设施多处,并在全域范围内建成投用了公共自行车系统(图6-15),大力推进电路管线上改下工程(图6-16),系列举措极大地优化了城镇秩序,提升了城镇风貌。

除此之外,教育、文化、养老、医疗等各项民生工程同步推进。历经3年的小城镇环境综合整治行动,实现了楚门镇公共品的系统化供给,全域交通、环境、建筑、卫生、水体、风貌、人居生活服务及文化发展都获得了显著提升。

3. 浙江省美丽城镇建设

2019年,浙江全省提前完成了1191个小城镇环境综合整治行动任务,城镇建设步入提质转型新阶段。为建设具有时代特征、现代品质、浙江特色的小城镇,"百镇样板、千镇美丽"工程适时推出。楚门镇围绕打造都市节点型美丽城镇样本镇目标,积极对标"五美""十个一"(图6-17)标志性要求,通过找短板、促提升、创特色、抓长效,全力打造"宜居宜业宜游"的全省一流现代化小城市。

着眼高质量发展、竞争力提升、现代化建设的新要求,楚门镇公共品供给也跨入了质量

序号	主要类型	主要要求	建设内容
1	两道	一条快速便捷的对外交通通道	1. 共建路(中山段)一期;2. 直塘路延伸段建设;3. 青春路、文房路建设;4. 祥和桥、河东桥、三观堂桥建设;5. 中山园区道路改造;6. 楚柚北路改造;7. 全域交通网布局完成
2		一条串珠成链的美丽生态绿道	1. 前王河提升改造工程(游步道向小王村、直塘村延伸);2. 龙王河提升改造工程(大南塘闸至滨江大道游步道新建);3. 三期水系整治;4. 南山公园、龟山公园登山绿道建设
3	两网	一张健全的雨污分流收集处理网	1. 9-16号区块"污水零直排"建设;2. 科园路、兴安南路、直塘西路雨污分流改造;3. 科技产业工业区雨污分流改造;4. 全域"污水零直排";5. 全域雨污分流
4		一张完善的垃圾分类收集处置网	1. 推进"垃圾革命",实施垃圾分类;2. 建成区、河道保洁整体外包;3. 厨余垃圾中转站投入使用,新中转站选址;4. 垃圾中转站建设完成投入使用;5. 垃圾分类与垃圾回收网
5	两场所	一个功能复合的商贸场所	1. 城郊综合市场改造;2. 老街(东西南北大街)立面改造;山北综合市场改造中;3. 兼逊巷等重点公房区块改造;4. 西南综合市场改造
6		一个开放共享的文体场所	1. 南山公园改建;2. 城市客厅建设
7	四体系	一个优质均衡的学前教育和义务教育体系	完善学前教育全域覆盖
8		一个覆盖城乡的基本医疗卫生和养老服务体系	1. 楚门卫生院搬迁;2. 养老板块布局,发展"银发"经济,联合天宜社工服务体制带动就业
9		一个现代化的基层社会治理体系	1. 城东桥西侧、环湖路(湖滨)增设交通信号灯及电子警察系统;2. 完成村级综治中心标准化建设;3. 发挥"四个平台"作用,健全全科网格制度;4. 城市大脑打造智慧化城市
10		一个高品质的镇村生活圈体系	1. 文房桥区块亮化、雕塑修复工程;2. 美丽社区、美丽庭建设(湖滨大渭渚);3. 长城宾馆;4. 红照路沿线供热管道建设;5. 楚门商城区块环湖栈道建设工程;6. 长城方诺达酒店;7. 楚门中心小学北面、老镇政府南面、华龙时代广场西面停车场改建;8. 完善5/15/30min的镇村生活圈

图6-17 楚门镇"十个一"标志性工程

图6-18　高品质生活小区

图6-19　田岙村居家养老中心

图6-20　楚门敬老院

图6-21　文化创意中心建设

化发展阶段，主要举措包括：①在有效解决交通设施供给滞后问题的基础上，进一步提出美丽公路建设，通过改造停车场、道路及其排水系统，打造绿色便捷交通网；②升级"治水剿劣"行动，延续河道整治工作，积极建设美丽河湖、生态绿道，打造优美宜人生境；③提高全域5G网络覆盖率及4K/8K超高清承载能力，助推城镇信息网络大变革；④建设中山星级菜场，引入品牌连锁超市，提升消费环境，优化商贸服务供给；⑤改造小王村等老旧小区，建设楚门一号、商业综合体住宅小区等高品质居住社区（图6-18），优化居住环境，提升城镇品位；⑥持续推动养老产业智慧化升级，保障养老机构优质供给（图6-19、图6-20）；⑦强化城镇人文传承，通过楚门商城改造、文化创意中心建设（图6-21）、文创街区改建、省级历史文化名镇保护等工作彰显城镇特色及历史文化。与此同时，楚门镇将进一步推进城乡基本公共服务全覆盖，以此持续提升人居环境品质，实现2020年率先达到美丽城镇样板要求的重大目标。

　　回顾楚门发展历程，有效、有序的公共品供给是城镇持续特色成长的关键。前期，专业化公共品供给不断推动工业转型升级，工业化带动城镇化；后期，基础性公共品建设持续改善和提升人居环境水平，高品质城镇化助推高质量工业化。工业化与城镇化之间的良性互动，为楚门镇打造富有"千年古镇、梦里水乡"韵味的新时代全省一流小城市注入了源源不竭的强劲动力（图6-22）。

图6-22 楚门城镇风貌

6.6 小结

小城镇是一个不断成长的，且系统复杂和动态变化的有机生命体。在不同的成长阶段，小城镇有着不同的"生理需求"并表现出明显不同的"生理特征"。

公共品犹如陪伴个人成长过程中的教育体系，从幼儿园到大学，随着认知能力和水平的提升应逐级而上。公共品也如每个人的衣物穿着，从尺码、款式到颜色需因人而异。

为此，小城镇的公共品供给需要摒弃罔顾个体特色的一刀切供给模式。系统考虑城镇所处的发展阶段及其职能类型，以系统、动态、分类的视角深入探究和把握各类公共品对不同发展阶段、不同职能类型城镇的作用机理与机制，提出分阶段分类型配置各类公共品的针对性建议是破解小城镇发展困境、引导小城镇特色成长的科学之道、持续之路。

第7章 研判未来趋势
——浙江省人口城市化时空特征与态势格局

本章根据1990-2017年浙江省63个市县单元的人口统计数据，借助各种技术与方法，系统、深入地刻画27年来浙江省人口数量变化及其内部空间格局变迁，以期在城市化水平趋稳的背景下，分析省域城市化人口承载空间主体的变化趋势，为把握未来省域小城镇人口布局及其发展战略制定提供决策依据。

7.1 研究背景

浙江省是我国改革开放最深入、区域经济和城市化发展最快的省份之一，也是国内主要的人口迁入地之一。据统计，1990-2017年，浙江省总人口由4238万人增至5657万人，27年间人口增长1419万人；2017年底省域城市化水平已达68%，大规模的"乡—城"人口迁移趋缓，而区域之间、城市之间、不同等级城镇之间的人口迁移开始显现，并呈现出持续加速态势。

迄今为止，已有诸多学者探讨浙江省人口分布与经济、社会发展之间的关系，试图为浙江省的资源配置与产业组织提供科学依据和决策参考。但从已有研究来看，针对省域宏观人口变迁机理分析（史晋川等，2008；杨剑等，2010；茆长宝和穆光宗，2016）或微观城镇人口空间演化与机制探讨（冯健和周一星，2002；尹文耀，2007；武前波和陈前虎，2015）的居多，但缺乏中观——各县市之间、不同等级城镇之间人口分布特征及其演变的细致刻画与对比分析，因而无法深入准确地把握城市化后期人口区际流动的规律与趋势。

有鉴于此，本章以浙江省63个市县为分析单元，从多层面、多视角深入系统地刻画浙江省改革开放以来人口数量变化及其内部空间格局变迁，以期在城市化水平趋稳的背景下，精准把握不同区域、不同类型小城镇人口的变迁趋势与规律，为人口的空间调控与资源的合理配置提供决策参考。

7.2 数据来源与研究方法

7.2.1 数据来源

本章以浙江省县级行政单位为分析单元,对市辖区数据进行合并,以1990年、2000年、2010年、2017年四个年份为研究时间截面,以浙江省第四、五、六次人口普查及《2018年浙江省统计年鉴》为数据源,运用Arcgis10.2软件,将4期人口数据统一到2017年浙江省分县行政区划图上,建立浙江省1990–2017年人口空间数据库。研究采用的统计口径为常住人口,由于浙江省1990–2017年间不断进行行政区划调整,存在跨县并乡、撤地建市以及跨江并县等现象,为便于纵向对比研究,拟统一采用2017年浙江省行政区划,并对其他年份行政区划进行相应调整。

7.2.2 研究方法

采用一元线性回归模型、人口分布指数法、偏移—增长法、人口增减变化率等四种方法对浙江省人口空间格局及其变化特征进行分析。其中,一元线性回归模型可用于拟合时间与人口的相关性,以期得到人口增长的速度特征。人口分布指数可表征浙江省人口的集中或分散趋势。偏移—增长法用于分析研究区内三大都市区不同时段的人口空间演化及内部差异,以获知三大都市区的人口分布情况与集聚水平。人口增减变化率可分析各市县单元不同时间段的人口增减变化情况,以探析浙江省内部人口增长类型特征及规律。

人口分布指数包括人口分布不均衡指数和集中指数,计算公式为:

$$U = \sqrt{\frac{\sum_{i=1}^{n}\left[\frac{\sqrt{2}}{2}(x_i - y_i)\right]^2}{n}} \quad (1)$$

$$C = \frac{1}{2}\sum_{i=1}^{n}|x_i - y_i| \quad (2)$$

式中:U为不均衡指数;C为集中指数;n为研究单元个数;x_i为i地区人口占研究区总人口的比重;y_i为i地区土地面积占研究区土地总面积的比重。U、C的值越小,人口分布越均衡,反之,人口分布越集中。

偏移—增长法指一定时期内,某地的人口增长可分为"分享"和"偏移"两部分。分享增长指该地区以整个区域人口增长时所获得的增长量;偏移增长指该地区的人口增长对分享增长量的偏差数额。如其值为正,说明该地区人口增长速度较快,相对平均水平人口向该地区集聚;其值为负,则说明该地区人口增长速度较慢,相对平均水平人口从该地区向外扩散。具体模型如下:

$$SHIFT_i = ABSGR_i - SHARE_i = POP_{it_1} - \frac{\sum_{i=1}^{n}POP_{it_1}}{\sum_{i=1}^{n}POP_{it_0}} \cdot POP_{it_0} \quad (3)$$

$$VOLSHIFT_{intra} = \sum_{j=1}^{r} VOLSHIFT_{intra_j} \quad (4)$$

式中：$ABSGR_i$、$SHARE_i$和$SHIFT_i$分别为i地区在（t_0，t_1）时段中的绝对增长量、分享增长量和偏移增长量，$VOLSHIFT_{intra i}$为子区域内部不同地区之间的总偏移量，r为子区域包含地区的数目。

人口增长变化率计算公式如下：

$$F = \frac{(p_{i+1} - p_i)}{p_i} \times 100\% \quad (5)$$

式中：F表示人口增幅变化率；p_i表示第i期常住人口数量；p_{i+1}表示第$i+1$期常住人口数量。

7.3 省域人口时空变迁的总体特征

7.3.1 速度变迁特征

1990-2017年浙江省常住人口由4238万人增至5657万人，27年间增长了1419万人，年均增长率约为1.08%。通过建立人口分段线性模拟趋势线及线性回归方程（表7-1），揭示浙江省人口增长的速度变迁特征。

1990-2017年浙江省人口变化情况　　　　　　　　　　　　　表7-1

阶段	区间（年）	增量（万人）	年增长率（%）	回归方程	回归方程斜率
人口稳增	1990-2000	442	0.99	y=44.2x-83720	44.2
人口剧增	2000-2010	767	1.53	y=76.7x-148720	76.7
人口滞涨	2010-2017	210	0.54	y=30x-54853	30

注：表中常住人口数据来自浙江省第四、五、六次人口普查及《2018年浙江省统计年鉴》。

人口稳增阶段：1990-2000年，浙江省人口保持稳定增长，10年间人口增长442万人，年均增长率0.99%，略高于研究期年均增速，其人口增长的回归方程斜率为44.2。

人口剧增阶段：2000-2010年，浙江省人口规模急剧扩张，10年间人口增长767万人，增量占研究期总增量的58.9%，年均增长率1.53%。其人口增长的回归方程斜率高达76.7。

人口滞涨阶段：2010-2017年，浙江省人口增长放缓，7年间人口仅增长210万人，年均增长率0.54%，仅为上一时段的1/3左右，其人口增长的回归方程斜率仅为30。

7.3.2 密度变迁特征

省域人口密度由1990年的401人/km²提高到2017年470/km²。与此同时，不均衡指数和集中指数均持续提高（表7-2），表明省域人口分布密度的地区差异性不断增强。根据各县市人口密度的相对高低关系，将浙江省内部分为5类地区：人口集聚中心；人口集聚次中心；人口集聚地区；人口弱集聚地区和人口非集聚地区。

浙江省人口分布指数　　　　　　　表7-2

年份	1990	2000	2010	2017
U	0.740	0.762	0.805	0.845
C	25.064	25.499	26.110	26.638

1990年浙江省人口集聚中心为温岭市（1289人/km²），人口密度达到浙江省平均水平3倍左右；人口集聚地区多以嘉兴、温台地区（750人/km²～1100人/km²）及杭甬金地区（400人/km²～750人/km²）为主；人口弱集聚地区人口密度200人/km²～400人/km²，低于浙江省平均水平；人口非集聚地区多位于浙江省西部和南部，低于200人/km²（图7-1-a）。

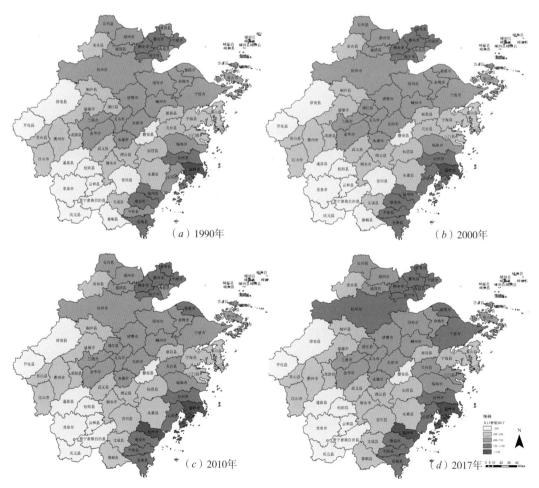

图7-1　1990-2017年浙江省人口密度分布

2000年，浙江省人口集聚中心仍为温岭市（1361人/km²）；人口集聚地区基本格局没有变化，变化的是人口密度增加的幅度差异，即处于杭嘉温台地区的嘉善县、平阳县、乐清市人口密度均上提一段至750人/km²～1150人/km²，杭甬金地区人口集聚水平较上一时段变化不大；人口弱集聚地区与非集聚地区与1990年相似（图7-1-b）。

2010年，浙江省人口集聚中心与2000年相比增加温州市、玉环市，人口密度提高至1150人/km²以上。人口集聚地区中尤以慈溪市增长为甚，但其仍未达到集聚中心水平。人口弱集聚地区与非集聚地区均与上一时段相似（图7-1-c）。

2017年，人口集聚中心较上一时期并无变化。人口集聚次中心新增杭州市区、宁波市区及海盐县，达到750人/km²～1100人/km²。甬金地区大多数县市仍为人口集聚地区。人口非集聚地区与弱集聚地区基本格局与上一时段一致（图7-1-d）。

综上所述，27年来人口集聚次中心的区位变化最为显著，由工业化早中期的中小城镇密集区位（温台地区）逐步向工业化后期的大城市区位（杭甬地区）转移。

7.4 省域人口时空变迁的结构类型特征

7.4.1 宏观城镇体系结构特征

选取浙江省域中心城市、地区中心城市、县域城市[①]，并选取同处于长江三角洲且城市化水平相似的江苏省[②]作为参考，研究浙江省城镇体系人口变化特征（表7-3）。

1990-2017年两省城镇体系人口结构　　　　表7-3

人口结构	浙江省				江苏省			
	1990	2000	2010	2017	1990	2000	2010	2017
省域中心城市（%）	18.67	19.18	20.71	21.69	22.58	25.11	30.24	32.82
地区中心城市（%）	18.00	17.99	17.76	17.76	21.17	19.41	20.60	34.66
县域城市（%）	63.33	62.82	61.53	60.55	56.25	55.48	49.16	32.52

注：表中两省人口数据来自浙江省和江苏省第四、五、六次人口普查、《2018年浙江省统计年鉴》及《2018年江苏省统计年鉴》。

从省内看，浙江省域中心城市人口比重稳步上升，1990-2017年增幅3.02%；地区中心城市人口比重基本稳定，年际占比以18%为基线小幅波动，2010年与2017年占比基本不变；县域

---

① 浙江省域中心城市指杭州市区、宁波市区、温州市区；地区中心城市指丽水市区、绍兴市区、台州市区、嘉兴市区、衢州市区、金华市区、湖州市区、舟山市区。其余为县域城市。
② 江苏省域中心城市指南京市区、苏州市区、无锡市区、常州市区、徐州市区；地区中心城市指南通市区、连云港市区、淮安市区、盐城市区、扬州市区、镇江市区、泰州市区、宿迁市区。其余为县域城市。

城市人口比重持续减少，1990年（63.33%）至2017年（60.55%）降幅为2.78%。

与江苏对比知，浙江省域中心城市人口占比和增速明显低于江苏省。浙江省地区中心人口比重稳定，江苏省则呈现先降后升的显著变化，且各阶段江苏省该等级人口占比均显著高于浙江省。浙江省2017年县域城市人口占比（60.55%），经过27年仍占全省人口总数的3/5，变化很小，占比近乎江苏省（32.52%）的两倍。

7.4.2 中观都市圈结构类型特征

1. 都市圈成长阶段及模式分析

根据2015年《浙江三大都市圈规划纲要》[①]，三大都市圈成长阶段及模式如下（图7-2）：

杭州都市圈：集中城市化与郊区化并行阶段。核心圈层杭州市区27年来人口总增长率（38.5%）最快，嘉兴市（22.9%）为人口增长小高值区。次圈层城市为绍兴市、桐乡市、海宁市、德清县，人口总增长率为10%～20%，此类城市大多位于杭州市区周边，受核心圈层溢出作用强。外围圈层城市湖州市、长兴县、安吉县、桐庐县、浦江县、诸暨市受核心

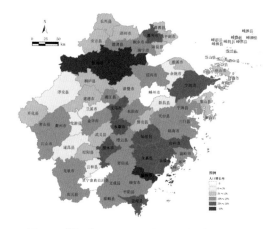

图7-2　浙江省1990-2017年人口增长率空间分布

辐射相对较弱，但人口总增长率也普遍达5%～10%。全区人口增长的空间分布呈现明显的由杭州市区向外围"圈层式"递减特征。

宁波都市圈：显著的集中城市化阶段。核心城市宁波市区的人口总增长率为28.55%，毗邻的余姚市、奉化市受宁波市区极化作用显著，27年来人口总增长率仅为0～5%。慈溪市海陆运输均较发达，利于开展对外贸易，自身经济优势促使人口中速增长（9.55%）。象山县、舟山市与核心城市距离较远，人口总增长率为5%～10%。全区人口增长由外围向核心单极集中。

温州都市圈：均衡扁平的城市化模式。各地区人口总增长率均为10%以上。温州市区（40.71%）最高，苍南县、乐清市的人口总增长率也达26%，瑞安市（11.74%）、平阳县（17.78%）、永嘉县（20.92%）保持中高速增长。区域间人口增速差异性不大。

2. 都市圈人口偏移—增长定量分析

由公式（3）（4）计算三大都市区人口增长偏移（表7-4，图7-3）。

---

① 根据2015年《浙江三大都市圈规划纲要》，界定杭州都市圈包括杭州市区、绍兴市区、绍兴县、嘉兴市区、湖州市区、富阳市、德清县、临安市、安吉县、海宁市、诸暨市、桐乡市、长兴县、浦江县、桐庐县、淳安县；宁波都市圈包括宁波市区、舟山市区、奉化市、天台县、三门县、新昌县、宁海县、慈溪市、象山县、余姚市；温州都市圈包括温州市区、瑞安市、乐清市、苍南县、永嘉县、平阳县；本章分析中根据2017年行政区划对此做出相应调整。

浙江省三大都市圈人口偏移增长情况　　　　　　表7-4

	1990—2000		2000—2010		2010—2017	
浙江省人口增长总量（万人）	438.98		769.53		210.49	
占起始年总量比重（%）	10.35		16.45		3.8	
县市	分享增长	偏移增长	分享增长	偏移增长	分享增长	偏移增长
杭州市	27.63	13.94	26.62	40.01	24.75	38.05
绍兴市	12.20	−1.94	11.31	−6.86	9.45	1.15
桐庐县	2.37	−0.88	2.17	−1.18	1.82	−0.88
淳安县	2.75	−2.09	2.46	−1.95	2.04	−1.39
浦江县	2.26	−0.64	2.08	−0.91	1.75	−0.75
德清县	2.48	0.07	2.32	−1.72	1.93	−0.79
安吉县	2.71	−1.48	2.45	−1.43	2.05	−0.97
海宁市	3.86	−1.89	3.51	−1.51	2.96	0.04
诸暨市	6.33	−1.99	5.82	−5.04	4.79	−3.20
桐乡市	3.88	−0.63	3.59	−1.76	3.02	−0.66
嘉兴市	4.58	0.62	4.32	0.62	3.75	2.96
湖州市	6.36	−1.84	5.85	−3.75	4.88	−2.08
长兴县	3.71	−1.50	3.39	−2.92	2.79	−1.65
杭州都市圈	/	−0.23	/	11.61	/	29.84
宁波市	14.01	5.97	13.44	12.97	12.17	5.76
舟山市	4.14	−1.88	3.77	−2.86	3.12	−1.51
天台县	3.22	0.51	3.04	−0.32	2.61	−0.57
三门县	2.4	−1.03	2.19	−0.29	1.88	0.86
新昌县	2.66	−1.94	2.38	−2.2	1.96	−2.02
宁海县	3.5	−1.45	3.2	−0.47	2.74	−0.58
慈溪市	5.98	−0.99	5.54	−2.75	4.65	−3.26
象山县	3.23	−1.92	2.92	−2.13	2.42	−1.41
余姚市	5	−2.49	4.55	−4.13	3.74	−3.38
宁波都市圈	/	−5.22	/	−2.17	/	−6.1
温州市	7.53	3.17	7.22	19.53	7.1	4.75
瑞安市	6.94	1.58	6.58	−7.59	5.33	0.25
乐清市	6.39	6.38	6.33	2.23	5.56	0.71
苍南县	6.64	8.84	6.7	0.87	5.81	−0.76
永嘉县	5.03	4.31	4.94	−0.57	4.24	−1.02
平阳县	4.68	4.1	4.6	−1.9	3.89	−1.99
温州都市圈	/	28.38	/	12.57	/	1.95
总偏移增长	/	22.93	/	22.01	/	25.69

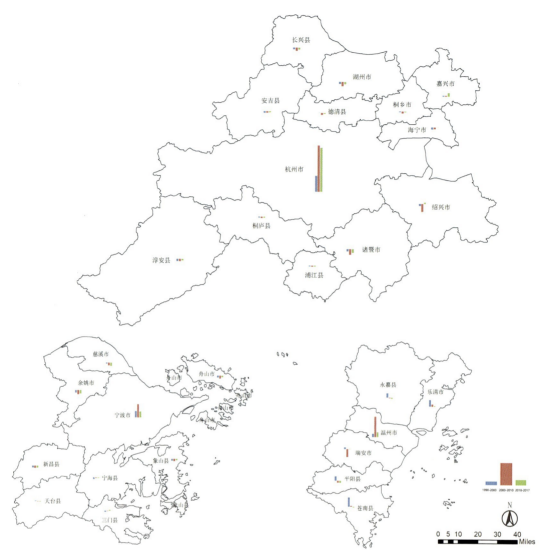

图7-3 杭州、宁波、温州三大都市区偏移增长空间分布

从区域层面分析，三大都市圈总分享增长呈下降趋势，总偏移增长呈现先降低后回升之势。杭州都市圈偏移增长逐年增加且始终为正值，尤其是第三阶段增幅显著，表明其人口集聚能力一直处于省域高水平状态；宁波都市圈始终为负偏移增长，且程度有所加深；温州都市圈正偏移增长逐年快速递减，反映出其吸纳人口能力持续趋于衰退。

从城市层面分析，各城市偏移增长的时空差异显著，表明人口分布动态变化剧烈。杭州市区2000—2010年偏移增长达到同时期的杭州都市圈偏移增长的3.4倍左右，但2010—2017差距缩小至1.2倍左右，再次印证了杭州市区的扩散效应；除宁波市区外，宁波都市圈内各城市多为负偏移增长，尤以余姚、慈溪突出，反映出圈内各城市受宁波市区极化效应影响较大；温州都市圈内除平阳、永嘉、苍南呈明显负偏移增长外，各城市偏移增长多为1～10，表明人口集聚能力差异较小。

7.4.3 微观分县市类型特征

由公式（5）得各市县单元不同时段人口增长率，以此将研究区分为六大人口增长区域，并呈现出9种增长变化趋势（表7-5）：

浙江省各县市人口增长类型　　　　　　　　　表7-5

类型	增速形态	总增长率(%)	单元数量	城市	区位特征
超高速/高速	∩形	20~45	6	温州市区、杭州市区、义乌市、宁波市区、台州市区、永康市	经济最具活力，承载能力较强的省域中心城市及县级市
	U形	22.9	1	嘉兴市区	地处沪杭之间，为两大都市圈重要城市
	降速	20~30	5	乐清市、苍南县、丽水市区、仙居县、永嘉县	县域工业发达或由特殊地理因素造成的地区中心城市
中高速/中速	U形	5~20	13	金华市区、玉环市、绍兴市区、桐乡市、瑞安市、德清县、海盐县、湖州市区、嘉善县、舟山市区、诸暨市、平湖市、长兴县	邻近省域中心城市，现阶段受其扩散作用影响大
	平缓增长	5~20	17	三门县、青田县、宁海县、常山县、文成县、东阳市、缙云县、海宁市、浦江县、慈溪市、桐庐县、开化县、安吉县、松阳县、武义县、磐安县、象山县	区域经济有活力，与省域中心城市有一定距离
	降速	5~20	10	平阳县、天台县、临海市、衢州市区、泰顺县、江山市、温岭市、龙泉市、庆元县、建德市	大多县市地处相对偏远，工业化后继乏力
低速/负速	U形	0~5	2	龙游县、淳安县	受附近中心城市极化效应明显，后续人口增长有潜力
	趋负增长/平稳增长	-5~5	7	云和县、余姚市、遂昌县、兰溪市、新昌县、嵊州市、景宁畲族自治县	偏远山区，远离省域中心城市，经济活力弱或受附近中心城市极化效应影响
	持续负速	<-5	2	岱山县、嵊泗县	封闭的海岛城市

1. 超高速和高速增长区域

共包含杭宁温3个省域中心城市在内的12个县市。近27年来人口持续增长，增长率为20%~45%，人口增长特征为（图7-4）：

第一类：人口增速呈∩形。以杭州市区为例，1990-2000年人口年均增长率为0.9%。进入21世纪后的前十年，省域"中心城市战略"效应显现，人口年均增长率达1.29%，是27年来人口增长最快的阶段。近7年来城市扩散效应明显，但人口年均增速（1.08%）仍保持高位。

第二类：人口增速呈∪形。嘉兴市区1990-2000年人口年均增长率为0.68%，之后十年增

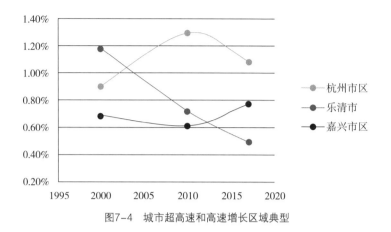

图7-4 城市超高速和高速增长区域典型

长率略有下降,为27年来人口增速的低值时段。近7年增长速率(0.77%)明显回升。

第三类:人口增速持续放缓。以乐清市为例,各时段增长速率呈逐级放缓态势。1990—2000年人口年均增速达1.18%,2000—2010年增速明显下降,近7年增速进一步放缓(0.49%)。乐清作为浙江县域经济的发源地,在蓬勃发展的都市区经济阴影下,人口优势趋于衰减。

2. 中高速和中速增长区域

该区域合计涵盖40个县市。近27年人口波动增长,总增长率为5%~20%,人口增长特征为(图7-5):

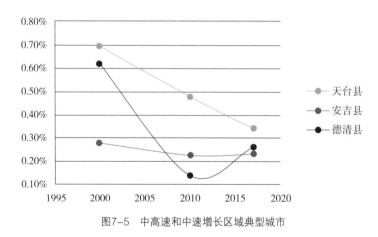

图7-5 中高速和中速增长区域典型城市

第一类:人口增速呈U形。以德清县为例,3个时段的年均增长率分别为0.62%、0.14%、0.26%,2000—2010年德清人口增长最慢,与之紧邻的杭州市区却在此期间实现了快速城市化进程,表明这一时期德清受杭州市区虹吸效应显著。近5年来,随着杭州市扩散效应显现,德清人口增速回升。

第二类:人口平缓增长。以安吉县为例,三个时段年均增长率分别为0.28%、0.23%、0.23%,人口增速一直呈低位徘徊特征。

第三类:人口降速增长。以天台县为例,近27年来人口增长持续趋缓。

3. 低速和负速增长区域

合计11个县市。近27年来人口增长缓慢或已出现负增长，总增长率低于5%。人口增长特征为（图7-6）：

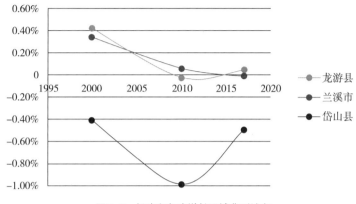

图7-6 低速和负速增长区域典型城市

第一类：人口增速呈U形。以龙游县为例，其3个时段年均增速为0.42%、-0.02%、0.05%，人口集聚力较弱。

第二类：人口增速趋负。以兰溪为例，1990-2010年总人口仅增长2.22万人，2010-2017年人口从66.34万降至66.29万，年均增长率为-0.06%。

第三类：持续负速增长。以岱山县为例，作为偏远封闭的海岛县，27年间人口持续外流。

7.5 小城镇人口变迁与分布态势

为进一步深入探究省域小城镇人口的变化规律，以浙江省906个小城镇[1]为研究样本，通过对2013-2017年小城镇常住人口数量的变化分析，探索省域小城镇人口变迁的时空特征与趋势，从而更加精准地把握未来全省小城镇人口分布态势。

从2013-2017年，省域常住人口从5498万人增加到5657万人，增长了3.3%，城镇化率从64%提升到68%，年均提高0.8个百分点。从省域小城镇常住人口来看，2017年浙江省小城镇常住人口为3332万人，与2013年基本持平。可见，小城镇总体上仍是城市化的重要载体和外来人口定居的理想场所。

---

[1] 至2017年底，浙江省域范围包括11个地级市、37个市辖区、19个县级市、33个县（其中1个自治县）、274个乡、641个镇以及463个街道。根据最终一致性原则，对有行政区域变化的乡镇人口数据进行调整，同时为保证数据完整性剔除基础数据缺失的乡、镇，最终确定本次研究城镇总数为906个。

7.5.1 省域宏观层面

从2013年到2017年，浙江省总人口增加了159万人，但这些增加的人口主要集中在城市中，致使城市市区人口密度增加，小城镇人口总数并没有太大变化，人口郊区化现象在浙江省域范围内并不明显。整体上，浙江城镇人口逐渐向开发程度高、交通区位好、具有发展潜力的浙东北区域小城镇集聚，浙西南大范围的人口流失也说明小城镇人口正在由西南地区向东北地区缓慢迁移。小城镇人口的区际迁移体现了小城镇人口与经济的空间变动趋势：一方面，浙东北的杭州、嘉兴、宁波等城市周边的小城镇依靠便捷的交通区位与利好政策优势，吸引了各类资本与要素，带动了小城镇经济的快速发展；另一方面，省内区域经济水平的差异也促使人口向经济发达地区流动，导致浙东北和浙东南沿海区域经济发达小城镇人口的进一步集聚，一定程度上加剧了区域间城镇人口规模的差异。与2013年相比，2017年省域小城镇人口与经济的重心有所接近，说明省域内人口与经济发展协调性提高。但人口重心与地理中心始终存在较大程度的偏离，意味着浙东北区域与浙西南区域的人口两极分化过程始终没有停止。

从增长规模上看（图7-7-a），有369个城镇属于人口增长型城镇，占研究城镇总数的40.7%。超过一半的人口增长型城镇位于都市圈范围内，其中，增长规模大于1万的小城镇有48个，主要集中在浙东南沿海区域和环杭州湾区域。增长规模处于1000～1万范围内的小城镇有190个，沿主要交通廊道呈条带状发展，在这些交通廊带上，人口增长规模明显高于周边地区。有537个乡镇属于人口流失型城镇，其中，有2/3的小城镇处于非都市区范围内。除去个别乡镇，整体上浙西南区域的所有乡镇都处于人口流失状态，人口流失规模均在1万以内。

从增长速度来看（图7-7-b），省域小城镇人口增长速度整体上呈现出"东北高，西南低"的线性特征。人口增长处于高速发展（人口增长率>50%）的小城镇仅有15个，这些小城镇主

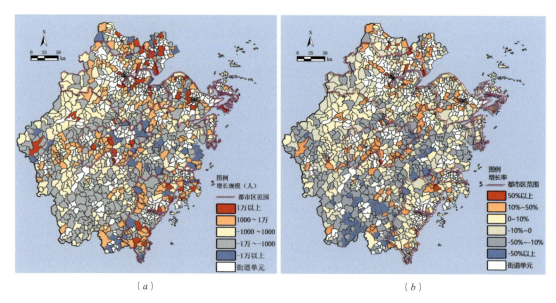

(a) (b)

图7-7 2013-2017年浙江省小城镇人口变迁情况

注：数据来自《中国县域统计年鉴（乡镇卷）-2014》《中国县域统计年鉴（乡镇卷）-2018》。

要分布在浙东北环杭州湾区域。人口中高速增长（人口增长率在10%～50%的范围内）的小城镇主要位于省域四大都市圈范围内，主要环绕在中心城市周边。人口高速流失（人口增长率<-50%）的小城镇主要集中在丽水、衢州的浙西南山区丘陵地带，这类城镇多数以农业生产为主导产业，人口城镇化率不高，公共服务能力不强，加上该区域二三产业不发达，没有足够的就业机会留住这些城镇人口，故而该区域城镇人口流失情况较为严重。

7.5.2 都市圈中观层面

人口迁移的主要目的是追求就业机会与经济收入，因此省域大量人口流入经济发展水平较高的四大都市圈内的小城镇。杭州市、宁波市和温州市一直是浙江省的三个巨型经济核心，经济与社会发展水平位于全省乃至全国前列，其所在的都市圈层范围随中心城市功能与产业外溢而不断扩大，圈内的小城镇受到中心城市越来越强的辐射作用，基础设施与公共服务的财政投入持续增加，为吸引外来人口创造了极大的优势（表7-6）。

浙江省四大都市圈小城镇人口变化情况　　　　表7-6

区域名称	2017年城镇常住人口规模（万人）	2013年城镇常住人口规模（万人）	增长规模（万人）	增长率
杭州都市圈	607.7	567.4	40.3	7.1%
杭州市	220.0	195.5	24.6	12.6%
绍兴市	120.3	120.6	-0.3	-0.2%
诸暨市	87.8	88.1	-0.3	-0.3%
桐乡市	55.1	50.3	4.9	9.6%
海宁市	61.1	48.9	12.2	24.9%
德清县	34.6	35.6	-1.0	-2.7%
安吉县	28.7	28.4	0.3	1.0%
宁波都市圈	426.7	400.5	26.2	6.5%
宁波市	148.5	127.3	21.2	16.6%
余姚市	55.4	56.4	-1.0	-1.7%
象山县	39.7	40.4	-0.7	-1.7%
慈溪市	108.7	103.4	5.3	5.1%
舟山市	22.5	19.6	2.9	14.8%
台州市	51.9	53.4	-1.6	-2.9%
温州都市圈	784.3	763.0	21.3	2.8%
苍南县	192.3	193.6	-1.3	-0.7%

续表

区域名称	2017年城镇常住人口规模（万人）	2013年城镇常住人口规模（万人）	增长规模（万人）	增长率
乐清市	211.7	189.0	22.7	12.0%
温州市	21.1	19.8	1.3	6.5%
平阳县	168.6	165.0	3.6	2.2%
瑞安市	121.8	126.9	−5.2	−4.1%
永嘉县	68.9	68.8	0.1	0.2%
金义都市圈	315.5	327.1	−11.6	−3.5%
金华市	70.7	63.9	6.8	10.7%
兰溪市	29.5	32.0	−2.5	−7.7%
东阳市	55.0	64.0	−9.0	−14.0%
义乌市	44.1	53.1	−9.0	−16.9%
永康市	49.6	46.2	3.4	7.3%
浦江县	22.9	25.4	−2.5	−9.84%
武义县	24.8	22.2	2.6	11.71%
磐安县	19.0	20.3	−0.7	−3.45%
总计	2134.2	2058.0	76.2	3.7%

注：数据来自《中国县域统计年鉴（乡镇卷）-2014》《中国县域统计年鉴（乡镇卷）-2018》。

杭州都市圈：从整体上来看，2013年到2017年杭州都市圈内小城镇人口增加了40.3万人，增长率为7.1%，这意味着杭州都市圈内人口发展模式已进入集中城市化与郊区化并行阶段，小城镇人口增长呈现出圈层化空间结构特征。其中，人口增长高值区主要集中在杭州市域的小城镇，共增加24.6万人，年均增长达5万人。但增长速度最快的是海宁市域小城镇，增长速度高达24.9%。其次为杭州市（12.6%）。受杭州都市区和上海都市圈的双重辐射，桐乡市域小城镇的人口增速也比较大（9.6%）。而绍兴市、诸暨市和德清县范围的小城镇人口整体还出现负增长现象，这与其区域范围较大或有部分山区地貌等因素有关，但总体来看其人口流失规模相较于其他都市圈的人口流失型小城镇而言并不显著。

宁波都市圈：宁波都市圈内小城镇的人口增长速度（6.5%）略低于杭州都市圈，但就省域范围内来说，其发展水平仍在前列。宁波都市圈内小城镇的人口增长高值区主要集中在宁波市域，同时它也是增长速度最快的区域。其次为舟山市，其增长规模虽不及慈溪市，但其增长速度远高于慈溪市。随着消费时代的到来，舟山市凭借着独特的地理位置和丰富的旅游资源，吸引了大批国内外游客，带动当地的经济迅猛发展。余姚市、台州市和象山县是浙江省传统的工业强市（县），随着"低散乱"整治，小城镇传统工业或关闭或转型升级，导致该区域小城镇对人口的吸引能力降低，故而出现市（县）域小城镇人口流失现象。

温州都市圈：温州都市圈的郊区化发展现象并不明显。除去乐清市（人口增长22.7万人，增长速度为12.0%）之外，其他区域小城镇人口增长并不显著。从2013年到2017年，温州市域小城镇的人口增长规模仅为1.3万人，远小于杭州市域小城镇和宁波市域小城镇。温州是浙江省民营经济的发源地，个体私营企业在温州地区发展迅猛。近年来，受传统产业落后淘汰和新兴产业快速发展的综合影响，省域小城镇的传统产业进入了结构调整阵痛期，企业用工明显减少，以外来人口为主的普通低技能岗位的减少更为突出，加上中西部经济的迅速发展，许多外省打工人员回流原籍打工或创业。因此，以民营经济为特色的温州都市区域内的小城镇人口增加并不明显，甚至多数处于人口流失状态。

金义都市圈：从整体上看，金义都市圈是省域四大都市圈中唯一一个人口流失的都市圈。金义都市圈范围内的小城镇制造业发达，其结构调整阵痛期更为显著，尤其是以工业为主导产业的东阳市、义乌市和兰溪市等，大量外来人口回流以及本地城镇人口外出打工创业，使得金义都市圈范围内的小城镇人口城镇总量呈减少趋势。

7.5.3　城镇个体微观层面

从小城镇个体微观层面来看，人口增加的小城镇多数为省级中心镇。受历史形成的发展基础影响，这类小城镇社会经济发展水平较高，且多数位于中心城市周边，受中心城镇的辐射带动作用，对人口的吸引和承受能力比较强。而对于人口收缩的小城镇，其类型可以总结为以下4种：

第一种是结构性危机收缩城镇，主要指因陷入资源危机而不得不调整产业结构的资源型小城镇。现阶段省域资源型小城镇大多处于"成熟—衰败"的过渡阶段，同时也面临着产业结构单一、生态环境恶化等困境。为减少小城镇经济发展对资源的依赖程度，改变单一的产业结构，降低资源危机对经济发展产生的影响，小城镇产业务必进行结构性转型，城镇经济陷入结构调整阵痛期，从而导致城镇人口流失。例如，被称为"世界矾都"的矾山镇（近4年人口增长率为-10%），明矾储量占全世界的60%，全镇产业主要靠矾矿企业支撑，而当前明矾产业面临经济效益差、产品附加值低、资源浪费严重、环境污染大、治理费用高等现实问题，为尽快摆脱矿产品贸易需求减少对经济发展产生的影响，矾山镇被迫做出发展旅游产业的转型决策。又如，一些海洋渔业资源型小城镇，随着海洋自然资源的枯竭和资源型产品市场供求关系的变化，小城镇支柱产业逐渐衰退，从而导致这类小城镇下岗失业人员增加，城镇经济增长缓慢甚至倒退。

第二种是大都市周边收缩城镇，这类城镇由于距离中心城市比较近，城镇人口大多数会选择去中心城镇工作居住，导致该类型城镇人口收缩。比如，平阳县顺溪镇人口流失速度高达71%。人口高速流失的还有东阳市佐村镇（51%）、余姚市鹿亭乡（45.6%）、婺城区塔石乡（44%）、富阳区湖源乡（40.3%）、柯桥区马鞍镇、义乌市义亭镇、东阳市巍山镇等，人口流失规模均超过2万人，义乌市佛堂镇人口流失将近4万人。

第三种是比较常见的欠发达城镇，这类城镇因无法提供足够的工作岗位，城镇基础设施和公共服务配套设施均比不上发达地区,故而是城镇人口流失最为严重的地区。如仙居县蟠滩乡,2017年GDP仅2.53亿元,该乡5年时间内人口流失规模达7600余人,人口流失率达49.4%。类似的小城镇还有莲都区峰源乡(人口流失率63.0%)、龙泉市龙南乡(人口流失率59.3%)、天台县龙溪乡(人口流失率53.9%)等。

第四种是边远地区城镇,这类城镇多数没有良好的资源优势,又因远离中心城市,交通设施不便利,难以接受中心城市的辐射带动作用。最为典型的是庆元县贤良镇,该镇位于省域西南角,地理位置偏远,区位条件差。2013年城镇常住人口为4993人,到2017年城镇常住人口仅剩433人,人口流失率高达91.3%。据统计,该镇户籍人口有5104人,其中有90%的人口在外务工。全镇仅有一所小学,体育设施、养老设施等基础设施缺失。又比如景宁畲族自治县渤海镇,镇区范围没有企业,城镇主导产业为农业种植,5年内全乡人口流失率高达76.8%,目前城镇常住人口仅有1200多人。景宁畲族自治县雁溪乡2017年全乡仅有6家企业,工业产值仅有5468万元,基础设施差,教育设施、养老设施缺失,导致5年内全乡人口流失率高达75.9%,目前全乡常住人口不到500人。

7.6 小结和讨论

综上研究,可得出以下结论:

在工业化和城市化的推动下,27年来浙江省总人口快速增长,并呈现出稳增、剧增、滞涨的时序差异。

伴随着密度的提高,省域人口分布密度的地区差异性同步提高,人口集聚中心逐渐由工业化早中期的中小城镇密集区位逐步向工业化后期的大城市区位转移。

省域中心城市人口占比持续上升,地区中心城市人口占比基本平稳,县域人口占比持续下降但仍占大部分比重。

杭甬温三大都市区发展阶段与成长模式的差异性显著。杭州都市区处于明显的外溢扩散阶段,作为省域人口集聚中心的地位进一步加强。宁波都市区尚处于"强集中、弱扩散"时期,作为未来省域人口集聚中心的地位与作用可期。而温州都市区呈现出均衡扁平的城市化模式特征,从人口增速变化轨迹与趋势看,不容乐观。

全省形成了超高速、高速、中高速、中速、低速、负速六大人口增长区域,根据人口年均增长率变化特征可以细分为9种增长模式。

小城镇总体上仍是省域人口城市化的重要载体和外来人口定居的理想场所,但区际差距呈持续拉大趋势,"浙西南流出、浙东北流入"的态势格局加剧。

省域四大都市圈内小城镇人口增长呈现不同的阶段性发展特征:杭州都市圈郊区化与逆城市化特征最为显著,圈内小城镇人口总体呈现快速增长态势;宁波都市圈仍然呈现快速城市化特征,中心城市圈层内小城镇人口增长明显,外围圈层流失严重;温州都市圈没有呈现明显的郊区化现象,城镇体系结构扁平化特征明显,圈内小城镇人口总体保持平稳;金义都市圈是省域四大都市圈中唯一一个小城镇人口流失的都市圈。

除省级中心镇外，有4类城镇呈现人口萎缩状态，分别为结构性危机收缩城镇、大都市周边收缩城镇、欠发达城镇和边远地区城镇。

作为对上述结论的延伸思考，以下进一步的讨论是必要的：

第一，在省际人口迁移趋缓、省内总人口数逐渐趋稳的态势下，省内人口的区际迁移加速——尤其近5年来，全省正在加速形成"持续增长的都市化地区、缓慢增长的都市边缘区以及负增长的人口萎缩地区"三大人口增长地带。未来各类小城镇的发展定位首先应该基于这样一种区域发展现实。

第二，都市区的增长势头锐不可当，这不仅由自身发展态势决定，也是国际经验与规律使然。如何围绕都市区有序组织都市圈和都市带建设，是浙江经济社会再上新台阶、实现新超越的根本性战略举措。对于都市化地区的小城镇来说，它将面临中心城区人口与制造业扩散，以及对养老、度假、休闲等康养产业发展需求的巨大机会。

第三，对于那些已经和即将负增长的人口萎缩地区，在鼓励人口外迁的同时，一方面要创新地方发展模式，如面向生态与地方文化的传承保护、现代农业与旅游开发等，以服务于快速增长的都市化地区生活方式转型需求，实现省域差异协同发展；另一方面，尽快制定差别化的政策与制度供给体系是至关重要的，包括与人事相关的地方考核制度、与人口资源空间配置效率相关的土地制度以及与社会公平和谐发展相关的财政转移制度等。这对于地处人口萎缩地区的小城镇发展转型来说，是十分迫切和要紧的。

第 8 章 把握未来格局
——浙江省小城镇未来发展的区域需求与职能导向

作为城市化进程中的一种聚落形态，小城镇的发展不是孤立的，而是根植于城乡区域发展整体的时空间网络之中。历史经验也告诉我们，每一次推动小城镇成功转型的战略供给都是基于特定时期背景下的区域需求分析。小城镇所处区域的发展环境、机制与趋势等都将直接并深刻地影响小城镇的发展态势和未来路径选择。本章基于浙江省都市经济、县域经济和乡村经济的发展态势，从小城镇更好地融入区域经济发展的视角，借鉴国际经验，分析典型案例，总结各类区域小城镇的发展特征与现实问题，明确不同小城镇的现实基础与未来导向，为不同区域类型小城镇的政策设计提供认知基础与决策依据。

8.1 新型城镇化与都市经济的广域扩散

8.1.1 都市经济的健康增长需求

城市化发展的"S"形规律及国际经验表明，大都市区是各国城市化进入快速发展阶段后（城市化水平处于35%~75%）空间经济的主要组织形式。1920年以来美国都市区规模及结构的变化反映出这样一种趋势，即越来越多的人生活在都市区，尤其是百万人口以上的大都市区（表8-1）。自2000年以来，中国的城市化发展也进入了以50万人口以上的大城市为主导的快速都市化阶段（图8-1），呈现出城镇密集地区人口快速集聚的发展特征（图8-2），表现出中国城市化发展与国际经验的趋同性。图8-3为浙江省与日韩两国城市化进程比对情况，表明2000年以来浙江已开始进入城市化中后期的加速发展阶段，即都市经济的快速增长阶段。

都市区化是区域经济向更高级和更成熟阶段演进的一种必然趋势，其内在驱动机制在于既能实现都市中心要素大规模集聚下的专业化分工效益，又能缓解由此带来的外部不经济，即大城市病——交通拥堵、用地紧缺、空间蔓延、高房价、高消费等。从某种意义上说，大都市区的健康成长有利于省域经济整体竞争力的提升，都市经济是浙江新型城市化发展的客观要求，是破解县域经济发展深层次矛盾、突破县域发展小格局、提升经济发展水平的战略所需，是实

1920-2015年间美国大都市区规模结构变化趋势　　　　表8-1

年份	所有都市区			百万人口以上的大都市区			
	数量	人口数（万）	占美国人口%	数量	人口数（万）	占美国人口%	占所有都市区人口%
1920	58	3593.6	33.9	6	1763.9	16.6	49.0
1930	96	5475.8	44.4	10	3057.3	24.8	55.9
1940	140	6296.6	47.6	11	3369.1	25.5	53.6
1950	168	8450.0	55.8	14	4443.7	29.4	52.7
1960	212	11959.5	66.7	24	6262.7	34.9	52.3
1970	243	13940.0	68.6	34	8326.9	41.0	59.8
1980	318	16940.0	74.8	38	9286.6	41.1	54.9
1990	268	19772.5	79.5	40	13290.0	53.4	67.2
2000	317	22598.1	80.3	47	16151.8	57.5	71.6
2010	377	26100.0	83.2	55	19954.2	63.1	75.5
2015	401	27157.2	84.5	59	21627.5	67.2	79.6

资料来源：U.S. Bureau of the Census，Population and Housing Unit Counts，United States（2015 CPH 2-1，http://www.census.com）

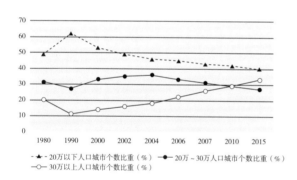

图8-1　改革开放以来中国城市体系变化

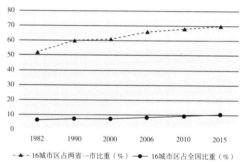

图8-2　长三角16城市人口变化

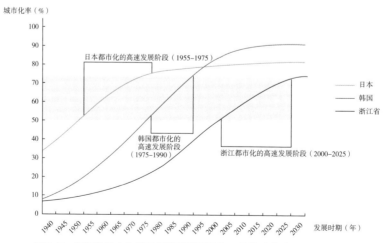

图8-3　浙江省城市化发展的阶段预测及与日韩的比较（经拟合简化）

施创新驱动发展战略、加快产业转型升级的必然趋势。促进高端要素向省域中心城市集聚，加快发展大都市区经济，形成与新型城市化相适应的经济布局和发展方式，是浙江经济发展进入新阶段的必然要求，也是积极适应新旧动能转换、实现可持续高质量发展能力的战略举措。为此，如何保证都市经济的健康增长是浙江省未来一段时期区域经济深度发展的战略性议题，也是未来全省城乡融合发展的重中之重。

2019年浙江省常住人口约5850万人，其中，城镇人口为4095万人，城镇化水平突破70%，人均GDP达10.7624万元。目前，浙江的城市化和工业化发展与20世纪70年代初的日本和20世纪80年代后期的韩国（城市化水平65%左右）较为类似，即进入了城市化加速发展的后期。当时日本区域经济的发展主题是，一方面要实现产业要素的知识化、技术化和重工化提升；另一方面又要推动城市经济的都市化发展，即城乡经济的互动融合和广域一体化。值得注意的是，国际经验表明该过程一般都是由几个大型城市地区先行带动完成，如美国的纽约、洛杉矶、芝加哥、休斯敦等，日本的东京、大阪、横滨、名古屋等。

从浙江省城市化发展的区域状况看，"杭甬温"三大中心城市是最早出现都市化倾向的地区。近10年来，三大中心城市人口与经济在全省的扩张优势持续提升，并开始由城市的近郊区向中远郊地区大规模扩散。 2010年以来，三大中心城市市域的城镇化率陆续突破70%，城市要素的增长由内部集聚逐步转向外部扩张为主，如中心城区的工业大幅外迁、房地产市场全面进军周边城镇、副中心（如杭州的滨江、下沙和临平）建设加快等。而在区域交通系统网络化建设的影响下，中心城市与周边城镇的空间阻力大为缩减，两者的功能互动、资源共享成为现实。

与此同时，近年来浙江省各大城市开始关注和探索都市区的形成与发展，其总体规划都包含了都市区的空间概念。比较典型的有《杭州都市区规划纲要（2015–2030）》《宁波都市区规划纲要（2015–2030）》《温州都市区规划纲要（2015–2030）》《金-义都市区规划纲要（2015-2030）》等。都市区的空间范围已经突破了原来市域城镇体系规划，体现了都市中心与周边县市统筹发展的区域理念。如宁波将余姚、慈溪、奉化和舟山纳入都市区的空间范围，初步拉开了宁波大都市发展的空间框架（图8-4）。而杭州大都市区的协调范围已经突破行政区划扩展至安吉、德清、桐乡、海宁、绍兴、诸暨等外围县市，并沿主要交通走廊呈指状、圈层化的纵深拓展趋势（图8-5），区域一体化发展的步伐正全面提速。

随着区域经济进入深度转型的关键阶段，未来浙江省的城镇化格局和都市经济发展还将出现多极、多点联动的局面。根据浙江省城镇体系规划，全省将形成"三大城市群、四大都市区"，共9个特大城市（或称大都市）。 除三大中心城市外，全省还将出现6个100万~200万人口的特大城市，分别为绍兴、嘉兴、湖州、金华、义乌和台州，这些城市（地区）都是未来10年浙江省都市经济提升发展的重点潜力区。尽管在增长路径和动力机制上可能会存有一定的差异，但其面临的问题将具有极大的相似性，即如何形成良好的区域城镇空间格局，以支撑都市经济的快速增长。保守估计，受这9个特大城市直接辐射带动的小城镇数量至少在200个以上。

事实上，近年来浙江省中心城市都市化发展的趋势越发明显，但由于土地稀缺而产生的高迁移成本，三大中心城市的人口集聚潜力还有较大空间。与此同时，中心城市还存在创新驱动

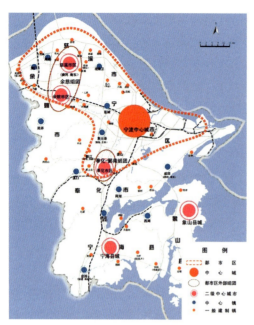
图8-4　宁波都市区的空间结构

图8-5　杭州都市区的空间结构

能力与产业层次有待提升、都市区内产业体系不合理、中心城市与其周围腹地之间缺乏紧密的协作分工体系等问题。面对大都市中心的全新挑战,未来加快推动"大区域集中,小区域分散"的都市区化进程(即市县融合发展)是一种战略需求和必然趋势,这使得围绕大都市周边的县域中心城市和各类小城镇成为都市经济快速发展的重要外部支撑力量,一些位于交通走廊、产业基础扎实、历史人文深厚的小城镇,正在成为都市经济的重要组成部分。

8.1.2　都市化发展的国际经验借鉴

通过对英国英格兰地区、日本和韩国(冯兴元,2002;金钟范,2004;谢让志,2004;金钟范,2005;王卫华和陈家芹,2007;李林杰和中波,2007;叶齐茂,2008;王乾和朱喜钢,2009;陈白磊和齐同军,2009)的战后都市化发展的全面回顾,总结大都市区成长的一般规律和经验借鉴。

1. 圈层化的空间结构

几乎所有人口较为密集、城市经济高度发展的国家(以英国、韩国和日本为例),其大都市的广域发展都形成了圈层化的空间格局。都市核心区的空间地域一般在方圆10km~15km的范围内。中圈层(15km~50km)多为城市边缘区,既有城市的某些特征,又保留着乡村的某些景观,呈半城市、半农村状态,该圈层是大都市区化发展的积极地带,也是大都市区化过程中最有活力和增长潜力的战略性地区,拥有独一无二的市场资源和区位优势,承担着极为重要的区域职能;外圈层即城市影响区,土地利用以农业为主,但在交通走廊上存在一些与中心城市功能联系密切的节点城镇,农业活动在经济中占绝对优势,与城市景观有明显差别。外圈层的扩散距离取决于都市中心的经济规模和地区职能而有所不同，但一般在50km~100km。

总体上看，在大都市区的发展演变过程中，周边郊县受都市圈层化的持续影响，人口和产业发展将经历一个长期的复合增长过程。都市郊县地区的产业发展最终将走向高级化、生态化和集约化，如科技型工业和教育、商务办公、休闲会展、航空物流等第三产业的外溢发展等；在都市化发展的中后期，人口（中产阶级、富人和养老人群）将继续向远郊的广大农村小城镇转移（50km以外地区），尤其是那些交通便利、环境品质高、规模中等的小城镇（日本一般为2万~5万人，英国一般为1万~2万人）。

因此，位于都市外围的各类规模相对较小的城镇，同样是都市经济增长和结构优化的重要组成部分。由于都市需求的广泛存在，这些城镇几乎不存在经济衰败和增长乏力的可能性。相反，这些城镇在发展的过程中功能将趋专业化和复合性，以满足都市消费群体的不同需求。通过实施点—轴—群的城市空间发展模式，与周围大城市形成职能明确、功能互补、布局合理、网络均衡和新型现代的城市群。根据与都市中心的关系强弱大致可分为三大类，即工业主导型城镇（以生产功能为主）、综合发展型城镇（新城、卧城或都市卫星城）和消费主导型城镇（远郊、特色主导）。第三类小城镇的重要功能主要体现在维持城乡、工农之间的结构性平衡，为都市区提供优质廉价的居住用地、休闲场所和农业消费品等。

2. 广域集中与分散的人口布局

从都市人口的集聚模式看，许多国家都经历了由绝对集中到相对分散再到广域分散的过程，**最终形成了全国范围的"大区域集中、小区域分散"的都市化人口布局结构，并通过新城建设，在大都市外围不断形成新的城市增长点，以平衡区域发展。**如英国英格兰大都市带（伦敦–伯明翰–利物浦）的国土面积只占全国的18.4%，却集聚了全国60%的人口，80%的经济总量。"二战"后由于人口和产业过度集中在首都地区，英国开始向周边地区建设新城来达到疏散目的。纽约随着人口郊区化的出现，都市圈的空间范围持续扩大，沿着以纽约、费城两个超级城市为核心的城市发展轴线扩散，逐渐形成以纽约为核心的都市圈。同样，日本和韩国在很大程度上也都经历了类似的这一过程。

大都市地区人口的广域集中与扩散是发达国家城市化进程中的普遍现象与客观规律，这一过程更多的是需要积极引导、合理疏散，而不是消极的控制。在这一点上，英国和韩国的都市规划实践都曾实行了严格的管控手段，但最后都以失败告终。如英国伦敦大都市区的绿带控制政策被证明是失效的。韩国在1964年出台了大城市政策，明确提出要控制首尔城市的增长，限制乡村人口进入首尔，但实际的情况是迁入首尔都市区的人口反而加快了。日本在1956–1960年对人口实行严格控制，但实施效果并不好，人口增长远远超过预期，规划中设定的1975年的人口目标在1965年时就已达到。随后，日本先后颁布实施的5次首都圈整备规划，在疏散东京核心区人口、促进东京都外围地区成长、形成富有国际竞争力的东京都市圈等方面发挥着关键性作用。通过区域空间发展格局的优化，使得东京地区既能保持持续吸引力和竞争力，又规避了特大城市的过度集聚等负面问题。

各国经验表明，大都市地区的人口增长都要经历一个"大爆炸"的时期，在此过程中政府的主动作为是非常必要的，但同时也是有限的。新城或副中心的建设不可能完全解决人口和产业的广域集中和中心疏散问题，大都市圈人口发展有其内在的调节机制。从政策的影响来看，真正影响东京圈格局的只有两次，第一次是20世纪60年代的均衡发展策略，使人口逐渐向地方圈聚集；第二次是21世纪的极化策略，使人口逐渐回归东京。前者疏而不堵，后者顺势而为。除这两次之外，东京圈人口的迁移主要受外部环境的冲击，而非政策本身。因此，特大城市人口调控要遵循市场规律，调控重点也应从控总量向优结构转变。与此同时，重视特大城市的引擎带动作用显得至关重要，**应通过良好的市场机制鼓励都市周边现有的各类小城镇及早融入都市一体化进程，避免封闭割裂与短期盲目的市场化开发，防止大规模的都市蔓延，从而保证都市郊县（区）土地的合理利用，满足都市化发展的长远需求**。

8.1.3 都市区小镇发展概况

1. 省域概况

在整个都市圈内，除核心都市和郊区（县）中心城市外，还包含有大量的中小城镇，总体类似于一个"星系"结构。这些城镇由于受区域经济大环境的快速变化而不得不面临转型，这既是机遇，更是挑战。若转型不成功，则对大都市区的发展造成不良影响，如大量郊区卧城或是花园小城镇的形成，对都市中心来说是一种"增压"而不是"解压"。反之，由于这类城镇数量众多，一旦形成一个富有效率而分工合理的网络体系，对于大都市的发展就成了一种良好的外部支撑，在很大程度上能提高大都市区化发展的整体空间结构绩效。

都市型小城镇的概念较为类似于"大城市郊区小城镇、大城市周边小城镇"，这类城镇的基本特点是靠近都市中心。但距离本身只是必要条件，更深层次的意义在于它们往往成了都市职能扩散和转移的目的地，或满足了某种都市需求。结合发达国家的经验，可以将都市型小城镇定义为受大都市（人口百万以上的城市）经济直接辐射影响且与都市中心存在日常通勤联系的各类乡镇，其发展的目标是融入都市一体化进程，帮助解决大都市由于经济要素的规模膨胀而引发的一系列大城市病问题。与此同时，这类城镇需要建设高品质的人居环境，以不断吸引智力型人才入驻，依靠科技创新带动产业链向研发、营销和品牌等高端价值链环节拓展。

从浙江省城市化发展的区域状况看，目前都市型小城镇主要分布在杭、甬、温三大中心城市市区半径25km范围内的核心影响圈，约占全省乡镇总数的15%（近100个），大部分是一些都市近郊的小城镇，如杭州主城区周边的闲林、余杭、良渚、瓶窑（均在15km左右）等。由于面临都市大发展的各种机遇，未来这类小城镇的数量和规模将迅速扩大化，成为相对独立并具有独特区域职能的一类小城镇。这些城镇内部构成较为丰富，既有一些区域性的中心镇，也有一些发展较为落后的小城镇。受到都市经济扩张发展的影响，一部分城镇由于靠近都市中心而逐步融入建成区范围，已经转变为街道建制（如杭州西湖区的留下、转塘等），成为混合型的城市综合社区；另一部分城镇（占大多数）仍保持相对独立的地区管理职能，但已经开始承接都市区人口、产业的功能外溢，或者是积极提供高品质的都市消费品，成为工业发展或旅游发展为导向的城镇。

2. 杭州近郊区小城镇的发展特征与概况

以杭州主城区及其周边50km范围内的小城镇（共约90个）为例，分析总结近郊区小城镇发展的特征与问题。其中，中心城市辖区内的小城镇（建制镇）数共45个，主要分布于余杭、萧山和富阳三个区；2000年至今已经有23个被主城区兼并，根据相关规划未来10年还将减少15~20个。根据国际发展经验，在杭州主城区50km的范围内可进一步分为3个圈层地带。

1）内圈地区（0~15km）

基本在绕城高速环以内，与城市中心的距离在8~15km，共10个小城镇，主要位于西湖、拱墅和江干等主城六区，如西北面的三墩、康桥，东北面的九堡、半山等。近年来，受到都市中心的剧烈影响已经成为主城蔓延扩展的一部分。**由于杭州中心城区的规划建设审批权高度集中于市级管理部门，这些城镇的建设受到城市整体规划的控制引导，城镇的基础设施、建筑品质等基本与主城接轨，城镇的空间增长还是沿老镇区往周边地区拓展。因此，该圈层地区以团块状发展为主，土地利用相对紧凑、高效**（图8-6）。

目前，这些城镇的主要发展模式是"科技工业+房地产业"，而住区建设、第三产业（物流运输、贸易市场等）的发展动力也越来越强劲。尽管动力和机遇无限，但"混杂"仍是这一

西湖区的三墩镇，城西主要的居住组团之一，位于杭州市中心的西北面，直线距离9.5km；开发建设相对有序，东南面与建成区连成一片

江干区的九堡镇，位于杭州市中心的东北面，直线距离11.5km；与三墩镇一样，有清晰的路网格局，城镇建设相对紧凑，但老镇区的用地混杂

拱墅区的半山镇，位于杭州市区的北面，直线距离9.5km，是杭州城北主要的工业基地

拱墅区的康桥镇，位于杭州市区的北面，直线距离10.5km，为杭州城北的工业基地

图8-6 内圈层典型城镇的建设状况

注：图片来自Google地图

地区的典型风貌，面临的最大问题是如何提高存量土地（农居、工业厂房等）的利用效率和城镇的生活品质。**但这些小城镇在未来的一段时间内几乎将全部转化为街道建制，脱离建制镇系统，也很难与市区独立开来，且已经实行相对统一而有序的建设机制，因此并不是本研究关注的重点。**

2）中圈带地区（15km~30km）

近30个小城镇，主要位于萧山、余杭和富阳，包含原杭州城市总体规划确定的六大城镇组团，即余杭、良渚、塘栖、义蓬、瓜沥和临浦。显然，该圈层带的城镇发展对杭州大都市区框架结构的形成具有重要的战略意义，如新城的建设、生态敏感区的保护、城市蔓延控制等。因此，可以认为是未来10年调整优化和规划管控的主要区域，也是都市型小城镇研究的重点对象区域（图8-7）。

现场的调查结果表明，近10年来这一地区的城镇建设还处于无统一调控的"个体"发展阶段。各城镇之间缺少区域层面的定位协调和职能分工，城镇自身的建设质量也并不理想，较注重短期收益，尤其是土地利用状况堪忧，受市场主导的分散化开发严重，缺少统筹规划与顶层设计。如杭州西郊的闲林（17.5km）、北面的良渚（16km）等，空间增长呈现跳跃式发展。那些靠近主城区或环境资源较好的土地，基本上已用于独立的住区开发，成为中高收入群体的第二居所。但这部分群体对当地城镇自身发展的实际作用相当有限，因为绝大多数人（主要是中高收入群体）很难在本地获得很好的就业与消费机会，这些城镇并没有真正成为相对独立平衡的"新城"。

实践证明，以住房市场为主导、中低密度分散化的城镇开发模式，将造成都市周边战略性空间的缺失，无助于良好的大都市区空间结构的形成，这对杭州未来整个都市化发展进程是一种掣肘，区域和城市发展必将为这种缺乏长远谋划的短期行为付出代价。为此，对这一区域的小城镇发展，大区域规划引导和空间管制是必须的，也刻不容缓。而事实上，目前也还没有到那种"不可收拾"的地步。

3）外圈带地区（30km~50km）

共约50个小城镇，主要分布于杭州周边的7个邻接县市，其类型多样，对大都市区的发展主要起功能辅助的作用。目前这一地区比较成型的都市小城镇有两类：一种是承接都市中心转移的工业，数量较多，如德清的武康镇等；另一种是依托优越的山水资源成为都市的"后花园"，如临安的横畈等。除此之外，大部分仍是依附于县域经济的本地小城镇，未转变原有的发展路径。

由于受到都市经济和本地经济，以及交通条件、行政阻隔和发展理念的多重影响，关于这部分小城镇未来发展的目标定位仍相对复杂，需要根据自身条件、发展阶段、区域状况和都市需求做出合理选择。这种情况主要发生在县域经济实力较强的地区，如绍兴市柯桥区和诸暨市。如诸暨的店口镇（距离杭州市中心40km）由于产业优势极为显著且在本县域经济中占有重要地位，功能相对独立完整。但类似于店口这样的强镇，毕竟是少数，大部分外圈带的小城镇将不可避免地受到杭州都市中心的经济辐射影响。

3. 问题与思考

从调研来看，面对大都市的外溢扩散，无论大都市还是郊县政府对这一类城镇的发展和管

"余-闲"组团的大面积高档住区开发超过了原有镇区的建成面积。因为受市场影响大,这些区域的开发没有受到城市规划的约束(原本都是非建设用地),这与伦敦大都市郊区的早期发展极为相似

闲林的老镇区,除了部分道路和零星用地的开发外,城镇格局基本没什么大变化

在闲林镇的东面,大批农田已经转变成新建住区,由于缺少完善的公共服务,实际的居住人口非常有限

与闲林相类似,良渚的老镇区也基本没什么变化,大部分为原有的建成区

在良渚镇西面2.5~4km的区域内,同样进行着高档住区开发,宅与镇区基本处于分离状态

图8-7 中圈带地区典型城镇的建设状况
注:图片来自Google地图

理仍然采取了相对被动的模式,并没有从区域整体上加以很好地把握和应对。在实际的发展中,由于镇级政府不具备大一统的开发实力,往往偏向于近期能带来较高收益或较快改变城镇面貌的产业。因此,大部分近郊都市小城镇或者盲目将房地产作为优先发展的重点,或者难以摆脱都市工业产业的扩散——那些"山里"的都市型小城镇也依然在找寻合适的工业项目,却很少考虑现实发展与城镇以及区域未来长远发展目标之间的关系。

在扁平碎片化的管理机制下,那些快速开发中的都市小城镇,其空间增长缺乏长远考虑,基本上没有明确的分工发展目标。这种空间增长的无序和混乱,直接体现为居住用地的盲目低效开发。但这种分散、中低密度和跳跃式的住区建设,总体上对解决大都市的住房短缺和交通问题并不会产生多大的积极意义,甚至适得其反。对于城镇自身来说,留下的是一种畸形化的空间与功能结构,给未来发展造成障碍:一方面,政府很难高效、低成本地配备基础设施与公共服务设施,人居环境改善困难;另一方面,由于缺少用地留白,错失一波又一波的都市创新型产业的发展机会。

以上种种问题的产生,更多是由于现有城镇的建设管理体制远远落后于实际的区域需求和发展形势。这种发展形势表现为,都市区经济的急剧膨胀,市场需求规模的快速扩大并且日趋多样化。这些对于城镇体系末端的小城镇来说是一种巨大的市场机遇,但由于话语权的不对等又往往导致其较多地依赖或受制于市场力量。缺乏统筹协调的市场决策往往是分散低效的,其结果必然导致城镇空间开发和功能体系建设的破碎化,与都市区及城镇自身的可持续发展相背离。

因此,如何破解这一难题,已经成为当前亟待解决的一个重大课题。与国外的实践经验相类似,在都市经济大发展时期,下级城镇不仅要承担重要的区域职能,而且还面临着城镇空间资源有限和市场机会过剩之间的矛盾。而缺少宏观控制的地方建设往往表现出整体的不经济。这表明,**以分权为导向的简单的地方行政体制改革越来越不适应整个都市地区的发展需要,也不利于这种矛盾的解决。对大都市地区而言,在适当的领域、适度强化集权已成为基层体制改革迫在眉睫的基本方向。**

8.1.4 都市区小镇的优化模式

为了更好地推动都市经济的广域发展,形成富有效率的都市区空间架构和城镇分工体系,未来可重点优化发展三种类型的都市区小城镇,以不断满足大都市区人口和产业集聚扩散的发展需要,以及规模庞大的各类都市消费需求。

1. 综合经济发展型

即中心城市一体化发展型,为承接大都市功能扩散、外溢的空间主体。以大都市郊区化和中心城跨越式建设为契机,将区位优势明显的都市近郊镇、经济强镇和区域重镇打造成综合发展型的高品质新城,从而具备持续地吸纳人口、集聚要素及自我完善的发展能力,并与都市中心一起形成联系高效、分工合理、结构有序、适度紧凑的多功能联合发展体,共同参与广泛的区域合作与竞争。远期,这类都市区城镇的人口规模应在10万~20万,具备相对平衡的功能体系，在大力吸收都市新型产业的同时，不断优化第三产业的发展环境，提高城镇的宜居性，从而缩小与都市中心在人居环境上的品质差距。

2. 先进工业主导型

这部分小城镇农业比较优势不明显，但具有较好的工业基础，提升发展的目标是充分利用大都市的技术、人力资源优势和产业扩散转移机会，整合各镇现有工业资源，实现集约集聚发展，避免恶性竞争，积极发展成为整个都市区的重要生产基地和专业化的工业功能组团。但并不需要具备非常完善的城镇功能，主要承担的是就业中心的职能，人口规模3万~10万，与都市中心的交通联系极为便利。这里发展的"先进工业"可以是经技术改造提升后的传统产业，也可以是高效益、集约化的都市科技工业以及现代农产品深加工产业等，强调的是产品的质量和品质，而不是简单的规模集中。

3. 都市消费导向型

面向农业乡镇转型需要，以都市高品质农业和乡村生态休闲需求为导向，利用都市中心的农业科技力量，大力改造传统农村经济，形成一批高效益、高品质的农产品生产和度假休闲基地。尤其是要充分利用本地资源优势，推动农业优势乡镇抱团发展，形成若干个产供销、农工商一体化的农业产业集群。这部分小城镇的人口规模一般为1万~3万，以一产和三产为主，严格限制各类工业发展。注重小巧精致、自然生态的环境品质，以及城镇功能的独特性与地方风貌的吸引力，满足都市消费者对高品质、多样化农产品及休闲度假的需求。

8.2 新型工业化与县域经济的转型升级

8.2.1 县域经济的转型升级需求

县域经济，是以县级行政区划为地理空间，以县级政权为调控主体，以市场为导向，以县城为中心、乡镇为纽带、农村为腹地，优化配置资源，具有地域特色和功能完备的区域经济。改革开放以来，浙江省政府以扩大县级政府的经济审批权并实行省直管县财政体制等"强县"政策为抓手，推动地方各级政府在加强县域经济体制改革、培育以专业化市场为主体的市场体系、培育和规范市场经济主体、改革财政体制和经济管理权限、发展搞活乡镇企业、扩大对外开放、调整产业结构、加快城市化进程、坚持农业的基础地位等方面采取了许多与浙江实际相契合的措施，极大地调动了浙江人民的积极性与创造性，充分发挥浙江人自强不息、坚韧不拔的品质精神，把握了改革开放与社会主义市场经济发展的契机，使县域经济得到了快速的发展，在全国处于持续领先地位，强县经济也成为浙江的一张金名片，在工信部发布的"百强县"名单中，浙江的全国"百强县"数量连续多年冠居全国。与此同时，县域经济在整个浙江省的社会经济发展过程中也扮演了重要的角色，各项比重长期以来是"三分天下有其二"。

然而，经过多年高速成长之后，以往促进县域经济发展的各项制度要素活力释放殆尽，在进入速度变化、结构优化、动力转换的经济新常态时期，县域经济发展面临新的挑战，尤其是在资源整合、产业层次、发展质量、创新驱动等方面的局限性逐渐显露，加快转型升级成为迫切需求。

1. 近年来县域经济的发展后劲明显不足，在全省的地位开始下降

从省区比较看，近年来浙江县域群体的发展后劲明显不足，与江苏省的差距进一步扩大，更不及上升势头迅猛的山东，同时还面临中西部省份发达县市的挤压和追赶。 由中国社会科学院财经战略研究院县域经济课题组完成的《中国县域经济发展报告（2019）》，对26个省份的400强样本县（市）的综合竞争力和投资潜力指数进行的最新排名显示，入选数量最多的为山东省（53个），其次是江苏省（41个），浙江共有38个县市入选，位居第3位，跟安徽（32）、河南（27）、湖北（26）的差距也逐步缩小。与21世纪初的前十年相比，浙江县域经济在全国的地位明显下滑。

从省内比较看，近年来县域经济的总体实力在全省的地位相对下降。由于近年来省域中心城市以第三产业为主导的都市经济的蓬勃发展，使县市的区域经济比重呈明显下降趋势。 统计表明，2019年浙江52个县（市）的GDP总量约占全省的39.2%，相比2015年（45.8%）和2010年（52.3%），呈持续下降态势。而25个百强县（市）的GDP总量占全省的比重较2015年和2010年也分别减少1.1和2.1个百分点。相对应的，省域中心城市的地位在显著上升，2019年全省36个市辖区的财政总收入约占68%，占据绝对优势。

从县域群体内部看，缺少中间层级的"后起之秀"，两极分化依旧，在一定程度上阻碍了县域经济的持续推进。 尽管内陆欠发达县市的发展环境大有好转，但县域群体内部的差距仍未有实质性的缩小。统计显示，2019年浙江18个全国百强县（市）GDP总量约为36个非百强县（市）的3.41倍，较2015年（3.12倍）2010年（2.93倍）明显上升。

2. 发达县市近年来的城镇化进程加速，但面临诸多新的挑战

浙江25个发达县市主要分布在沿海三大都市经济区和浙中城市群地区，是全省城市化加速发展的重点潜力区。 2005年以来，这些县域的中心城市受大都市规模扩张的整体带动和辐射影响，其建设步伐明显加快，城镇用地和人口规模增长迅速。城镇化率接近或超过70%，助推了全省的城市化进程，并逐步融入大都市区域一体化的空间格局。但要素向县域中心城市快速集聚的同时，也引发一系列潜在的结构性矛盾，面临诸多新的挑战。具体表现为以下几个方面：

一是房价的快速上涨，阻碍县域城镇化的进一步有序推进。 目前，受大城市的房价带动影响，发达县（市）域中心城市的新建住房均价达到2万元/m^2，部分县（市）中心的商品房价格已突破3万元/m^2（如慈溪、义乌等），其增长的幅度并不亚于省域中心城市。如此高的房价水平，对外来和本地居民的城市化转型是一种巨大挑战。而房价的上涨也加重地方政府对土地财政的依赖，在一定程度上弱化了对县域城市化可持续发展的把控能力。

二是大部分发达县域中心城市是由原有的县城转变而来的，城市基础设施和生活设施的配套能力远不能满足人口快速集聚和城市快速扩张的需求。这种供需矛盾不仅在数量上，也体现在质量上。 如大部分县域中心城市也出现了交通拥挤、环境污染、内城品质下降、城市管理混乱（尤其是道路交通设施）、运行成本增加等"大城市病"。另外，城市居民对高品质生活的追求，也凸显了本地教育医疗、文化娱乐、体育健身、社区服务等公共设施供给的匮乏。

三是大部分发达县域缺少强有力的次中心，存在城镇体系的结构性缺陷，即缺少中间层级的城镇化主体，导致人口集聚的单极化倾向严重。尽管各发达县（市）都有若干个区域中心镇，但目前这部分城镇仍没有彻底摆脱工业型小城镇的建设格局，城镇的规模效应和宜居性远不如县域中心城市，存在较大差距。这进一步加重了普通乡镇的人口向县域中心城市集聚的压力。例如，余姚市区常住人口已接近40万人，但作为余姚副中心的泗门镇镇区常住人口不到5万人，仍是一个以工业为主导的区域重镇。

3. 欠发达县市中心城的发展动力大为提升，但地区发展的要素瓶颈依旧

全省的25个经济欠发达县市主要分布在浙西南、西北的内陆山区（有3个为海岛县），一直是省政府扶持发展的重点。例如，从2002年开始推行的"山海协作"工程，沿海发达地市的制造产业向内陆欠发达县市大批转移。另外，省政府层面的财政转移支付，也为欠发达地区注入持久的活力。经过近20年的培育发展，近年来这些欠发达县市的发展能力大为提升，其经济增速明显高于全省平均水平。尤其是中心城镇的外部支撑和发展环境大为好转。**但与发达县市相比，欠发达县市经济发展的内生动力略显不足，人口规模和经济总量也十分有限。但目前这些地区的交通区位条件有了明显改善，与发达地区的主要差距体现在对优质人力资源的吸引力上明显不足。而这种优质人力资源的吸引力又取决于产业和城镇的发育程度与建设水平。**

4. 小结

各种因素和环境表明，未来浙江的县域经济亟须转型升级，以应对外部的竞争压力和区域发展的新趋势。这种转型升级必将深入县域经济的基层主体——小城镇，以求从区域整体的角度解决现实困境。而无论是发达县市还是欠发达县市的地方经济强镇都比以往肩负了更为艰巨的"历史使命"。县域经济强镇应该成为地方工业化和城镇化的中坚力量，发挥更为积极的地区作用，尤其是要通过推动城镇职能的转型升级、传统产业的改造提升和面向人居品质的大市镇建设，来全面提升县域经济发展的城镇化质量。

8.2.2 县域经济转型的国际经验借鉴

基于上文对于县域经济的概述以及对于强镇的定义，针对该类城镇面临的现状困境，如何为其可持续发展开辟新的路径成为当下亟待解决的一个重要问题。为了让县域经济强镇能够在城镇化、工业化发展中担负起中流砥柱的角色，本节收集整理了国际上关于中心镇以及重要工业特色小城镇的若干做法与案例，为县域经济强镇的转型路径设计提供思路。

1. 国际做法及典型案例

在世界城镇化进程中，发达国家基本完成了城镇化历程，进入城镇化稳定阶段，对于小城镇的建设也已经积累了丰富的经验。通过分析美国、德国及日本等国家培育和发展中心镇的宏观经验及典型城镇的微观案例，为国内县域经济强镇的职能提升提供一定的参考。

（1）中心镇建设的宏观经验（瞿理铜，2016）

美国在中心镇建设过程中，十分重视规划对建设的控制作用。美国的中心镇建设不是随意而为，而是需要编制详细规划，规划坚持四个原则：第一，注重中心镇的功能设计，根据经济发展水平尽可能丰富中心镇的功能，尤其是要提升中心镇的居住服务功能；第二，汲取中心镇传统文化元素，尊重中心镇传统文化，发扬中心镇的生活传统；第三，绿化和美化中心镇环境，提高居住舒适度，改善中心镇生活品质；第四，注重塑造中心镇个性，根据中心镇不同的特点，培育有特色的城镇文化。同时，美国还构建了中心镇建设资金的多方共担机制。美国中心镇建设资金来源主要有联邦政府预算、地方政府预算和开发商投资，这其中联邦政府主要负责中心镇之间高速公路建设的资金来源，中心镇内部的基础设施和公共服务设施主要由州政府和中心镇所在地政府筹措资金，开发商主要负责中心镇社区内部的基础设施和公共服务设施的配套建设。除此之外，美国也非常注重中心镇的日常管理。运用先进的信息技术，实现中心镇公共交通设施智能化，制定较为完善的中心镇管理规章制度，对中心镇交通、环境、建设活动等进行严格管理，做到严格依法办事，违法必究。

德国中心镇建设的主要做法可归纳为以下3点：一是注重中心镇功能定位。在中心镇建设过程中，征集中心镇辖区内市民的意见，每个市民都可以对中心镇发展定位提出自身的意见和建议；二是政府建立中心镇建设补贴机制。为改造中心镇居住环境，提高中心镇居民生活的舒适度，联邦政府负责中心镇交通、供水、电力、燃气等基础设施，中心镇的税收主要用于中心镇公共服务体系建设；三是注重中心镇建筑单体设计与自然整体景观协调。注重分析中心镇自然景观特征，通过中心镇改造规划和设计的调控作用，实现中心镇建筑单体设计与自然巧妙地融合在一起。

日本在开展中心镇建设中有以下三大特点：一是科学选择中心镇发展模式。这包括依托大城市、进入大都市圈，与中小城市组成联盟、共同发展，运用地方特色资源建设特色中心镇等。每个中心镇都根据自身区位、资源等条件选择自身的发展模式；二是注重保护中心镇范围内农民的利益。对中心镇范围内农产品开展限产和价格保护行动；保护中心镇农产品价格，缩小行业差别，促进一、二、三产业协调发展；三是政府注重利用宏观调控手段。日本政府十分重视制定中心镇发展规划，开展中心镇建设立法，加大政府在中心镇的公共投资，为中心镇的发展提供良好的外部条件。

（2）中心镇建设的微观案例：瑞士朗根塔尔（海克·梅尔和甘霖，2013）

朗根塔尔是瑞士北部伯尔尼州下属的一个小城镇（图8-8），拥有人口1.54万人，占地

图8-8　朗根塔尔小镇风貌
图片来源：网络。

17.26km², 其中23.8%是农业用地，41.6%是森林，只有34.4%是建筑或道路，还有0.3%是河流或湖泊。然而，正是这样一个小规模的城镇，却承担起了地区经济及工业中心的重要职能。

纵观朗根塔尔成长历程，可以说是一部强大的工业发展史。15-16世纪，朗根塔尔已经是重要的集镇，在发展贸易的同时，也在亚麻生产领域非常活跃，为其后期培育专业技术熟练的劳动力和生产经营能力打下了良好基础。1640年，朗根塔尔和朗瑙成为亚麻帆布的生产中心，产品出口至法国、意大利、西班牙等地。1704年，朗根塔尔成为当地帆布经销商协会所在地，织布工、零售商、贸易商开始联合起来保护自身的利益。也正是在18世纪，瑞士东部亚麻工业的衰退将朗根塔尔推向了一个新的高度，亚麻行业的成功进一步成就了小镇的繁荣壮大。加之小镇作为往来伯尔尼与苏黎世的必经之地，且地处瑞士中央铁路线的区位优势，这些都促进了朗根塔尔以纺织和机械制造为主导的工业发展。19世纪初，朗根塔尔约1/3的就业者都在从事亚麻制造业。

19世纪早期，一些创业精英通过成功游说，使得贸易和制造业从伯尔尼资产阶级的统治中独立，这为朗根塔尔提供了便利。1857年，这些企业领导人建立了良好的铁路连接系统，成功地将伯尔尼和奥尔滕（Olten）连接起来，从而使得朗根塔尔与附近的城市中心也连接在一起。交通的便利促使工业化浪潮席卷而来，众多木材加工、机械工业、交通运输设备、纺织业等企业得以创办，特别是在靠近火车站的地区。

也是在这一时期，城市的商业环境在本地商人的积极参与下，得到显著改善。例如，19世纪五六十年代，一大批行业协会纷纷成立。1854年，为培训工人建立了工艺学校。1867年，地方银行建立。1894年，市政供水系统被引进。1895年，发电厂建立，次年电气设备开始运行。这些机构为企业家提供帮助支持的同时，也显著提高了城镇作为工业中心的吸引力。自1898年后，周边地区的市民不断涌入，当地人口获得持续增长。

20世纪初，朗根塔尔已经逐步成长为一座高度专业化的产业城镇。直到第二次世界大战前夕，朗根塔尔始终保持着作为重要工业中心的地位。一些新公司相继成立，如某瓷器厂在其高峰期雇用了大约200名员工。又如一家运输设备公司，从当地的铁匠铺起步，到后来发展成为汽车和卡车制造公司。许多纺织企业也纷纷出现，其中的蓝拓纺织品公司（Lantal Textiles）至今仍是交通纺织品顶级供应商，专为波音、空客等航空公司供货。另一家全球性公司阿曼集团（Ammann Group），1896年由毗邻的曼彻努镇（Melchnau）搬到朗根塔尔，专业从事沥青、混凝土制造、矿产加工以及为建筑业生产压实机和摊铺机。除此之外，镇上还集聚了生产高质量室内地毯——为诺华制药、爱马仕等国际知名公司提供产品的Ruckstuhl公司，著名纺织企业CrémentBaumann，食品生产企业KADI AG，机械制造企业布赫集团等。

进入20世纪60年代，朗根塔尔经历了产业结构调整。大多数公司不得不削减产量，而将重点放在市场和产品创新上，正是得益于持续的创新力，瑞士的纺织服装业在2008年全球经济危机之时仍取得了成功。今天，朗根塔尔已成为许多全球企业如蓝拓纺织品公司和阿曼集团的总部，它们拥有全球化的分支机构和供应商网络。尽管这些全球性的公司距离苏黎世、日内瓦等瑞士最大的城市群尚有一定距离，但它们仍受益于驻扎在朗根塔尔这样的小城镇。这个小城镇为它们提供了充足可用的劳动力，他们技术熟练并且忠诚。另外，朗根塔尔长期形成的支持本地产业发展的传统也让这些公司受益匪浅。这些对中小城镇发展而言至关重要的经验,已经被与瑞士情况类似的国家所采纳。此外,朗根塔尔融入瑞士发达的交通系统,与瑞士和全球市场有效地连接了起来。

朗根塔尔小镇持续发展的背后同样离不开伯尔尼州政府的大力支持与正确决策。在综合该镇各项条件的基础上,州政府对小镇进行了合理的职能定位,即依托原有的亚麻纺织产业基础,对其产业链进行丰富、延伸。为此,小镇成立了集设计、制造、交易商以及市场、教育、培训为一体"朗根塔尔设计中心",以此提升纺织业的竞争力。此外,小镇还承办了两年一度的云集设计界高手的"Designers' Saturday"国际聚会,设置瑞士设计奖(Design Prize Switzerland)以鼓励"勇于创新的想法";州旅游局更是赞助了欧洲顶级设计活动"朗根塔尔设计之旅"(图8-9)。这些自上而下的政府规划与资金支持成为小镇产业链不断延伸的坚实后盾,朗根塔尔作为高端纺织小镇也将继续在历史中书写辉煌篇章。

(3)中心镇建设的微观案例:法国维特雷(何芳,2017)

维特雷是一个人口仅1.6万人的内陆小镇(图8-10),地处法国内陆地区布列塔尼大区东部,交通优势突出,良好的交通网络为其发展提供了优势。因其距离省会雷恩较近,受其辐射带动作用明显,两者间贸易往来十分方便。1950-1960年间,伴随着标志汽车从法国首都巴黎迁入雷恩,汽车工业催生了周边地区的机械生产工业与分包加工工业,带动了周边小城镇的发展。维特雷凭借地理交通优势与较低的土地房价优势,吸引了来自巴黎和雷恩的工程师,通过他们激发的科技活力使维特雷的经济彻底活跃起来,这也使得维特雷能够在全球经济危机时依旧活力四射。

维特雷小镇自欧洲工业革命时逐渐发展壮大,小规模的城镇土地上承载着深厚的传统工业,凭借工业发展所带来的经济收益为小镇后来的发展集聚了强大的势能。20世纪60年代,在周边发展中国家以其丰富且廉价的劳动力资源迅速抢占发达国家劳动密集型传统工业市场之时,不同于许多因承受不住冲击而彻底垮掉的传统工业主导地区,维特雷凭借经营高端奢侈品鞋业的家族企业和古老精湛的纺织技艺继续维系着运作,当然这离不开小镇历史传承下来的先天优势的重要加持。在竞争中,维特雷选择精细的高端战略路线走出了存活的困境,但是由此

图8-9 朗根塔尔设计之旅
图片来源:网络。

图8-10 维特雷小镇风貌
图片来源:网络。

也付出了削减就业机会的代价，更导致当地支柱性产业遭受重创。在意识到自身的发展局限后，维特雷小镇迅速开启了旅游开发的转型之路，致力于拓展发展的新路径。

维特雷历史悠久，在积淀深厚的工业基础的同时，也保留了15世纪城市的许多风貌特点，为后期向旅游经济转型奠定了扎实的基础。在产业定位上，维特雷走上了以传统特色加工业带动旅游业开发的发展路径，以产业带动旅游开发，以旅游人流推动产业发展，两者之间形成良好的互动与交流，二三产业联动发展的模式进一步提升了城镇活力。伴随着现代化的发展，维特雷的旅游业蓬勃兴起，然而却引发了例如交通拥堵、停车难等问题。为了高

图8-11 维特雷城堡
图片来源：网络。

效利用土地，降低城镇的建筑密度，维特雷独具匠心地设计了集约型的立体停车场，同时通过阶梯状绿地设计，灵活地将设施用地打造成了城镇的绿化空间。停车场顶部的人行天桥在自然连接旧停车场、火车站站台、新停车场以及位于附近的维多利亚公园等原先被铁路分隔开的空间的同时，为游人观赏地标性建筑——建于公元1000年的维特雷城堡（图8-11）提供了绝佳的平台。这一公共设施的设计融合了城镇的古老气息，注入了当地的古典建筑元素，通过自然风貌与人文景象的交相辉映，为外来游客提供美妙的心灵感受，也使得建筑迅速融入城镇氛围之中。

由此可见，依据城镇的发展定位进行相关配套设施的个性化供给，对于城镇活力提升和经济发展均有着不容小觑的作用。维特雷的这一细节做法充分体现了该小镇在加强公共设施的建设中，对高质量、复合型的公共服务设施和基础设施的规划建设的重视，这一提升小镇整体服务水平的方式表现出了宜景、宜业、宜居的三融合理念。

（4）中心镇建设的微观案例：德国Herdecke（张洁、郭小锋，2016）

Herdecke位于德国莱茵-鲁尔大都市区域的边缘地带（图8-12），2014年末人口为22541人，行政上属于北莱茵—威斯特法伦州下的Ennepe-Ruhr-Kreis郡，与该郡内的其他8个城市构成人口从1万到10万不等的小城镇群，人口规模相对比较均衡，小城镇群外围也没有特大城市，与中型城市（例如Bochum、Hagen、Dortmund等）形成中小城市集群。

由于Herdecke的地理区位与行政所属，该

图8-12 Herdecke位置以及附近中心地分布
来源：参考文献［10］（曹小琳，马小均，2010）。

城镇既需要与Ennepe-Ruhr郡内部的城市共同发展，同时还需要跨越行政边界和外围的中型城市开展经济合作。1960年至今，Herdecke逐渐从制造业为主向服务业转型升级，1960年制造业比例达69%，到1997年这一比例降至35%，至2010年制造业比例进一步降低至21.6%，同期服务业占比高达78.3%，农林畜牧业占比仅为0.1%。城镇内最大的雇主Herdecke医院有1100名员工，其他重要企业有Doerken染色公司、Idealspaten园艺工具制造商、Dr.Poelmann制药公司等。

尽管该镇的产业结构在逐步转型升级，但其整体经济水平仍不够突出，陷入了老龄化加剧等发展困境。但Herdecke作为小城镇，可以在行政管理上发挥易于组织公众参与的优势。在可持续发展策略的实施指导下，Herdecke广集民意，对城镇重点区域进行更新改造，最终实施了以下几项专项规划：火车站附近更新改建规划；用以增强该镇作为区域次级中心的商品服务供给作用的零售业专项规划；以提升公共交通、步行及自行车使用率和服务质量为目标，以环境友好型为交通策略的可持续交通规划；致力于减少噪声污染，提升人居环境质量的交通噪声评估。

Herdecke虽然人口规模较小，且周边没有可依托的大城市，但因为处于多中心鲁尔城市群的边缘，便于同周围其他小城镇形成网络集群，从而利于在发展过程中发挥其网络集群特色，同时还可突破行政界线和周边城市开展联动合作，促进经济协同发展。小镇始终坚持在可持续发展的策略下通过公众参与形式制定各项专项规划，改善市民生活质量，充分发挥自身在鲁尔城市群网络中的居住职能及优势，从而吸引其他莱茵—鲁尔核心区的居民在此居住。

2. 经验借鉴

通过对美国、德国、日本在中心镇建设方面做法的梳理及国外特色化小城镇发展案例的分析，可以得到对县域经济强镇这一类小城镇未来成长具有借鉴意义的一些启示。

对于县域经济强镇（中心镇）的提质转型发展，首先，**必须高度重视城镇规划的统筹引领作用**。在每个环节建立起有效的公众参与机制，鼓励城镇中的各类人群积极建言献策，使规划更具有针对性与现实意义。除此之外，规划的编制应该树立起权威性与严肃性，同时保留一定的前瞻性，处理好城镇建设与环境保护、现代化建设与历史遗迹保护等各方面的关系，立足当前，面向未来，统筹兼顾。

其次，提升县域经济强镇，**需要高度重视城镇产业发展的特色定位**。国际经验告诉我们，许多依靠传统产业的小城镇发展至后期会出现衰败的趋势，而那些始终追求"精、专、特"主导产业的小城镇则表现出持续发展的良好态势。省内一些县域经济强镇近年来的发展逐渐走下坡路，与其长期固守传统发展模式，未能及时进行转型升级密切相关。为此，应充分发挥自然与人文资源优势，依靠科技创新促进产业转型升级，持续引导城镇产业特色可持续发展。

再者，**必须进一步加强县域经济强镇的配套设施，不断提升城镇人居环境**。从朗根塔尔的发展史中不难发现，小镇工业的持续辉煌，离不开各项设施的配备，例如交通设施、水电基础设施、金融设施、教育设施等都为打造良好的商业环境提供了重要的基础支撑。同时，高品质的城镇人居环境会对人才产生更大的吸引力，从而作用于当地产业经济的发展，形成良性循环。近年来，通过环境综合整治和美丽城镇建设，浙江小城镇的人居环境有了重大改善，但与发达国家相比，仍有相当大的差距。

8.2.3 县域经济强镇发展概况

1. 发展概况

县域经济根据其区位条件的不同，发展模式大致可分为两种类型。第一类是位于大都市周边的发达县市，一方面，凭借优越的区位条件，在区域交通网络体系（城际高铁、地铁和高速公路）的支撑下将逐步成为大都市区的有机组成部分；另一方面，伴随着都市区的集聚效应与扩散效应，这些县（市）既是外来要素聚向大都市的"栖息地"或中转站，又是中心城市外溢产业与城市功能的承接地，城镇的人口增长、产业提升和城镇结构优化已然成为一种区域需求，即为整个大都市区化发展提供外部支撑力量。因此，这类地区的整体建设品质和发展要求必须与大都市全面接轨，以有效承担相应的区域职能。第二类是那些远离大都市区的欠发达县市，缺乏承接要素聚集和外溢的机会，因而要素聚集密度小、产业层次低、活力和财富创造力弱，与发达地区的发展差距越来越大，未来需要加快转型步伐，推进新旧动能转换，走出一条资源环境保护与新兴产业发展相得益彰的可持续道路，以应对被边缘化的"危机"。

从行政区划的角度，除去地市辖区的140多个建制小城镇（大部分将被市区兼并或转变为都市型小城镇），其余约440个小城镇位于全省52个地方县市。在这440个小城镇中，约有200个是工业较为发达的县域经济强镇，或称块状经济中心镇（以下简称中心镇）。这类城镇人口规模较大、交通区位良好，拥有相对扎实的城镇建设基础和完善的产业系统。由于在地方发展过程中占有重要的经济地位和区域职能，一直以来都是各级政府和政策关注的重点。从数量上看，目前这200个县域经济强镇中已经有110多个被确定为省级中心镇（即浙江省强镇扩权的首批对象）；从空间分布上看，200个县域经济强镇的地域分布存在不均衡特征，如经济发达的绍兴诸暨市，县域经济强镇的数量有7个；而经济欠发达的龙游县为3个。

为了政策分析的连贯性和数据研究的便捷性，以2007年浙江全面实行"强镇扩权"改革确定的141个省级中心镇作为全省县域经济强镇的主要研究样本。需要指出的是，研究剔除地市辖区内的27个省级中心镇，因为这部分城镇大多为发达市辖区的经济强镇（24个），未来将逐步融入中心城市的一体化进程，即发展成为都市型小城镇（或是郊区新城）。**剩余的114个地方县市的省级中心镇中县城镇总共有25个，主要为欠发达县的城关镇（共20个）**，是推动欠发达县域经济加快转型的重要力量，但从整体发展水平上看，这类城镇目前大大落后于发达县市的中心城镇。**其余89个为县（市）域的副中心城镇或工业重镇，大多拥有"一镇一品"的特色块状产业，是县域经济提质转型的中坚力量，在整个工业经济中占有举足轻重的地位。**

如果按镇区常住人口划分，这114个中心镇还可分为3个等级（图8-13），即20个较大规模的中心镇，镇区常住人口10万以上；33个中等规模的中心镇，镇区常住人口5万～10万；61个一般规模的中心镇，镇区常住人口2万～5万。目前，整个省级中心镇群体的规模结构有很大的提升潜力，这些中心镇作为优化城镇体系规模结构的主要对象，对于支持产业优化布局和公共服务资源配置，促进城镇提质扩容具有重要作用。尤其是中等规模（5万～10万）的中心镇均有望发展成为10万人口以上的综合性城镇，包括11个欠发达县的城关镇及店口、钱清等发达县市域的副中心城镇。另一方面，**从浙江省900多个乡镇的总量看，目前具备带动力强、规模效**

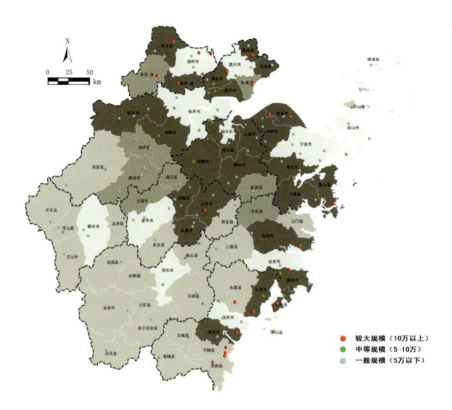

图8-13 不同规模等级的省级中心镇的空间分布

应大的中心镇仍相对较少,由此引发了城乡联系和服务农村重要枢纽缺位、乡村难以受到有效经济辐射等问题。

出于区域平衡发展的需要,目前全省所有县市都分布有省级中心镇(图8-13),且数量差距并不大。其中25个发达县市的中心镇总数为60个,8个较发达县市的中心镇总数为14个,25个欠发达县市的中心镇总数为40个。与县(市)域的经济发展水平相对应,发达县市一般有2~3个省级中心镇,以非县城城关镇为主;80%的较发达和欠发达县市的人口规模在40万以下,一般有1~2个省级中心镇,且以县城城关镇为主。事实上,**中心镇作为"经济特色鲜明、社会事业进步、生态环境优良、功能设施完善"的县域经济重要战略支(节)点,是未来培育小城市的主要对象**。因此,**许多发达县域的省级中心镇数量远远没有满足地方发展的需要**,如绍兴市早于2008年就在12个省级中心镇的基础上又确定了16个市级中心镇;金华市2015年优化了中心镇布局,编制完成中心镇发展规划,对中心镇的总体数量、空间联系和功能定位也相应进行了扩容、调整和优化,至此全市中心镇总数达到34个,其中省级中心镇19个。

总体上看,经过20多年的体制改革和培育发展,浙江省地方中心镇的产业基础扎实,已经成为县域经济发展的重要增长点。一方面,地方中心镇为城市的各行业提供配套和服务;另一方面,中心镇与农村的结合更紧密,成为农村社会政治、经济生活的核心,对于辐射带动乡村发展起到重要作用。从中心镇自身发展情况看,近年来三产联动发展的势头良好,内生动力显著,即便是欠发达地区中心镇的发展动力也大为改观。目前,单个省级中心镇的各项经济指标在县市域的比重一般为4%~15%（表8-2、表8-3），且近年来中心镇的现代农业发展也走在其他乡镇前列，工农联动的发展势头良好；在二产带动下的三产也出现较快的增长势头，许多发达地区的中心镇的普通商品房价格已经逼近或超过10000元/m^2。

诸暨市7个中心镇的生产总值占全市的比重情况（2015）　　　表8-2

	省级中心镇		市级中心镇				
	店口	大唐	枫桥	牌头	次坞	璜山	五泄
生产总值（万元）	1246700	747300	350100	411400	397300	171233	77400
占比（%）	12.72	7.62	3.57	4.2	4.05	1.74	0.79

富阳经济重镇的工业总产值占全市的比重情况（2015）　　　表8-3

	新登	高桥	受降	大源	灵桥	环山	场口
工业总产值（万元）	754583	1089033	770553	917781	743845	466735	122088
占比（%）	6.6	9.6	6.8	8.1	6.5	4.1	1.1

2. 典型案例：富阳区新登镇

新登镇位于富阳区西部，是富阳的老县城、副中心城镇，素有"千年古镇、罗隐故里"之称，其历史积淀深厚，现存有古城墙、古城河、联魁塔、古牌坊、罗隐碑林等珍贵历史文化遗产。镇域面积180km^2，辖31个行政村，常住人口近12万人（其中非农业人口20773人）。2019年实现全镇财政收入8.17亿元，较上年增长11.9%。尽管新登镇的经济实力和城镇建设水平均不及同区域的高桥镇和受降镇，但其人口规模较大，是富阳西部的经济增长中心，区域地位极为重要。

按照富阳区规划要求与总体部署，目前新登是作为富阳区里六大新城之一进行建设的（图8-14），与一般意义上的"中心镇"建设还存有差异。原则上可以这样认为，新登镇的建设与富阳市区的建设几乎同等重要，即作为中心城市的重要功能组成部分，实行的是统一标准和建设要求。因此，新登镇相比于其他县市的中心镇，在扩权的强度和广度上，目前还稍有不及，但城镇建设的整体性和长远性较为明确，与整个富阳城市的发展步伐一致，在建设机制上要明显优于其他县市地区的中心镇。

这得益于富阳区整个行政管理系统以"大部制"为导向的改革。富阳区明确提出要将整个区域作为一个大系统来建设，以全面融入杭州大都市圈（图8-15）。所有未来发展的重点区域都以"新城"标准建设，与主城区协调一致，提高建设要求，一步到位，避免重复建设。为此，富阳创新了各种机制，探索实行了职能有机统一的"专委会"大部门体制，打破了部门分割的局面，并进一步理顺了乡镇与区的职能分工，实现了优势互动。

3. 问题与思考

如果要笼统地描述全省各县市的块状经济中心镇发展过程中存在的问题，显然是忽视了其

图8-14 富阳市域的总体空间结构　　　　图8-15 富阳接轨大杭州的"六大新城、十大综合建设"
图片来源：富阳区规划局　　　　　　　　　图片来源：富阳区规划局

内部的复杂性、多样性和地区差异。但由于大部分中心镇都位于发达和较发达县市域（占70%以上），总体的发展背景和区域条件仍存在较大的相似性，并且未来这些城镇的发展定位主要是立足于县域经济质量的整体提升。为此，如果跳出就"中心镇论中心镇"的思维局限，从县域经济整体发展的角度仍可看出下一阶段中心镇发展存在的一些共性问题。

（1）城镇发展的约束条件由"硬件"转向"软件"

随着扩权改革的不断深入和城镇规模的不断壮大，浙江省中心镇发展的主要约束已开始由土地、资金等硬件要素转向政府的城镇管理和经营能力等软件要素。即下一阶段，中心镇发展的实际绩效更多地取决于政府动员、组织和管理社会资源的能力，但目前的中心镇政府还普遍缺乏经营城市的理念和能力。面对扩权后全新的运行机制、工作方法和工作节奏，迫切需要建立与小城市建设相适应的干部队伍和管理机制。

（2）部分中心镇的区域辐射能力未被充分挖掘

目前，有近50%的省级中心镇镇区常住人口规模超过5万人，已经显示出较强的辐射影响力。但由于行政区划的限制，以及缺少从县域整体发展的角度来考虑块状经济中心镇的区域职能和定位，使其服务片区的效能大打折扣。如桐乡濮院镇、温岭泽国镇的区划面积均在40km²以下，而即便是镇区人口规模10万以上的20个省级中心镇，仍有9个城镇的区划面积在100km²以下。这种空间上的行政阻隔仍在很大程度上阻碍了地方县市城乡经济的一体化发展进程，束缚了中心镇自身的发展能力。

（3）城镇化发展远落后于工业化进程，已经成为最大的制约瓶颈

当前，中心镇发展的主要矛盾仍在于实际的城镇化水平大大落后于工业化，城镇的生活消费和居住品质与居民的需求不相匹配。由于常住人口中外来务工人员占有很大比重（大部分在50%以上），现有的城镇化水平存在较大的"水分"。因为流动性常住人口的平均消费支出较低，降低了城镇化对中心镇发展的实际绩效。如2019年店口镇镇区的常住人口为14.5万人，但户籍常住人口只有6.5万人，另外8万人为常住的外来务工人员，这导致整个城镇的消费市场大为缩水，商贸业的人气不旺。同时，一旦产业出现滑坡，城镇的人口规模将急剧下降，存在很大的不稳定性。

总体而言，未来地方县市中心镇进一步发展的核心任务是实现由工业化推动向城镇化带动转型，提高城镇人口的规模集聚效应，加快加强市镇建设，打造可持续、带动力强的规模型城市经济。这不仅是自身转型发展的需要，更是县域经济质量提升的整体性要求，即中心镇的发展必须承担更为积极的区域职能。

8.2.4 县域经济强镇的提升模式

1. 规模化的综合功能新城

以县域为空间单元，要选择1~2个区域辐射力强的经济重镇，发展成为仅次于中心城的副中心城镇。镇区人口规模一般要达到10万左右，实际的服务人口一般为镇区人口的2~3倍，是整个县域经济的重要组成部分。它拥有完善的生活服务设施，城镇的建设品质和公共服务设施几乎与中心城没有差别。因此，更类似于中心城的一个"新区"概念。整个城镇的经济发展转向服务业和工业双轮驱动，形成高度混合、富有生命力的产业系统，并逐步实现以第三产业为主的转型目标。因此，这一类县域经济强镇的重要职能是创造规模化的城市经济，大力推进地方城镇化发展进程，分担中心城的集聚压力，从而提升县域城镇体系的结构绩效。在一些发达县市，可以培育形成两个这种职能的综合性新城；而在欠发达县市可以培育1个，以承担区域职能和带动落后地区发展。

2. 特色化的专业功能市镇

剩余的一些县域经济强镇，一般还有2~4个，应培育成特色化的专业功能组团，在某一类工业产品的生产上有强大的市场竞争优势。镇区人口规模一般要达到5万左右，是县域内重要的工业次中心和制造业基地。这部分城镇的重要职能是改造传统块状经济或是培育发展新兴产业，实现价值链的不断升级，创造更多的本地经济福利。在转型发展的过程中，应不断提高城镇空间的宜居品质，持续提升地方吸引力。

8.3 农村现代化与乡村振兴发展

8.3.1 乡村经济的振兴发展需求

乡村是具有自然、社会、经济特征的地域综合体，兼具生产、生活、生态、文化等多重功能，与城镇互促互进、共生共存，共同构成人类活动的主要空间。乡村兴则国家兴，乡村衰则国家衰。我国人民日益增长的美好生活需要和不平衡不充分的发展之间的矛盾在乡村最为突出，我国仍处于并将长期处于社会主义初级阶段的特征很大程度上表现在乡村。全面建成小康社会和全面建设社会主义现代化强国，最艰巨最繁重的任务在农村，最广泛最深厚的基础在农村，最大的潜力和后劲也在农村。实施乡村振兴战略，是解决新时代我国社会主要矛盾、实现"两个一百年"奋斗目标和中华民族伟大复兴中国梦的必然要求，具有重大现实意义和深远历史意义。

2000年以来，我国城乡人口结构的巨大变迁使农业的市场需求结构（类型、规模、品质等）发生了根本性变化。例如，2007年以来CPI指数不断攀升，其主因是蔬菜、水果、肉类、家禽、水产等都市消费型农产品的供求失衡。与此同时，随着收入水平的不断提高，城市居民对粮食、蔬菜、水果及其他食品的品质要求不断提升，城市化的快速发展对农业结构的调整步伐和方向提出了更紧迫、更高质量的要求。

与此同时，随着人均收入水平的提高和国民生活方式的转变，人们的闲暇时间增加，对精神文化的消费持续增长从而带来休闲经济的快速发展。日益庞大的城市居民群体渴望回归自然，对充满乡土气息的乡村旅游消费需求日益旺盛，乡村旅游业因此蓬勃兴起。旅游业作为国民经济体系中重要的战略性支柱产业，在乡村振兴中已成为最重要的动力之一，发展乡村旅游成为乡村振兴的重要途径。

改革开放以来，浙江省乡村经济发展首先经历了一个低端工业化过程。2003年启动"千村示范、万村整治"工程之后，逐步走上农业与农村现代化的发展轨道。得益于农村工业化和农业现代化的先发优势，浙江农民的人均收入长期以来位于全国前列。进入新时代，浙江乡村经济未来的振兴发展，面临着新的基础环境与制约因素。

1. 资源条件与发展状况

（1）农业资源丰富，发展基础扎实

浙江全省土地总面积10.18万km^2，约占全国的1.06%。耕地总量为2400万亩，人均耕地面积约0.5亩。尽管农地资源较为匮乏，但浙江省的地理特征和自然风貌相当丰富，是典型的"七山一水二分田"地貌特征，非常适合多样化、高品质都市农业的培育发展。近年来，浙江的农业结构不断优化，农产品市场竞争力不断提升，农业经营体制不断完善，已经成为一个特色农业大省，是我国高产的综合性农业区。2018年，浙江产茶17.52万t，粮食599.14万t，蔬菜1888.37万t，水产品595.71万t；茶叶和水产品的人均产量为全国平均水平的两倍左右，占有很大的市场竞争优势，市场环境优越，发展前景广阔。

2018年，浙江的常住人口达5737万人，本地的农产品消费规模巨大，且近年来的增长趋势还在不断加快。浙江地处我国人口最为稠密、消费能力最为强劲的长江三角洲地区，农产品需求市场前景十分广阔。在海外市场方面，与浙江邻近的日本、韩国，都是农产品进口大国；东盟自由贸易区也为浙江农业的国际化发展提供了有利的外部条件。与荷兰着眼于整个欧洲市场一样，未来浙江农业发展的市场潜力无限，具有极大的发展空间。

（2）农业政策力度不断强化，设施建设逐步完善

2003年以来浙江省的公共政策和建设资金向农村地区大力倾斜，并于2013年形成了一个全面推进新农村发展的纲领性文件，对全省的农业发展做出了初步的战略性部署。在政策性投入的大力支撑下，全省已经全面完成乡村的硬件配套设施建设，水电、道路和通信设施基本全覆盖，为乡村资源的深度开发提供了基础条件。据2018年的全省农业普查显示，已经完成村庄电网改造的乡镇占99%，通公路的乡村比例已达97.6%，基本实现了村村通公路的目标。近年来农家乐、乡村旅游等产业的广泛兴起很大程度上得益于农村交通区位条件的大幅改善。

2. 主要问题与制约瓶颈

（1）农业专业化和区域化发展的要素支撑体系尚未形成

主要表现为，区域化、专业化的生产格局还只局限在部分地区和产业，农业结构调整存在较大的盲目性和反复性，后续加工产业发展缓慢，畜牧产品、水果蔬菜等与都市需求紧密相关的各类农产品总产量有余，但质量欠佳。而农产品物流体系[①]严重滞后，产品信息不对称、流通不畅等问题也广泛存在。从发展现状来看，目前尤为重要的是要建立高效的营销体系和运输网络，因为农产品价格的高涨很大一部分是源自较高的交易成本，以及低效物流体系下的产品损耗而导致的市场供给不足。

（2）农地资源的荒废现象严重，管理亟待加强

农地资源的荒废现象已是一个不争的事实，无论在发达县市，还是在欠发达县市都普遍存在。在调研中发现，地方乡镇政府对本地区农地利用情况的信息掌握是相对粗放的，并没有很好地建立起农地资源利用状况的信息库。而政府本身对农地的规模化整合也存在很大的畏难情绪。因此，对农地资源的荒废现象缺少常态化的监督管理。相比发达国家对农地资源的珍视态度，我们仍有很多值得改进的地方，尤其是如何建立有效的农地市场以降低农业资源开发的信息成本和交易成本。

（3）农村人力资源的兼业化和老龄化正成为农业发展的最大瓶颈

根据2016年浙江农业普查数据（表8-4），仅有30%的农业经营户的主要收入来自农业，且农业从业人员中51岁以上人群占比高达53%。至2016年末，55岁以上农业生产经营人员比例达54%，老龄化程度有所提高，同时高中及以上文化水平人员仅占7.8%，虽较10年前提升约4.8个百分点，但整体文化程度不高。以上表明：乡村人力资源贫瘠化的被动局面稍有缓解，但与日本、韩国在城市化和工业化快速发展过程中的情况极为类似，浙江省的农业正在面临劳动力兼业化和老龄化的巨大挑战，这是非常不利于农业现代化发展的。而目前及未来的一段时间仍是低成本广泛推进农业要素结构调整的一个关键时期，必须加快转型，避免陷入日本式的长期性的农业结构锁定。

农业生产经营人员数量及结构　　　　表8-4

指标	全省	其中：规模农业经营户	其中：农业经营单位
农业生产经营人员数量（万人）	527.8	35.0	268.548.0
农业生产经营人员年龄构成（%）			
35岁及以下	4.8	8.2	11.1
36~54岁	41.2	54.7	56.4
55岁以上	54.0	37.1	32.6

---

① 据浙江省第三次农业普查结果，2016年末全省有商品交易市场的乡镇占69.3%，但有以粮油、蔬菜、水果为主的专业市场的乡镇仅占34.1%，拥有以水产为主的专业市场的乡镇仅占2.1%，而拥有以禽畜为主的专业市场的乡镇比例则更低，仅为1.5%。

续表

指标	全省	其中：规模农业经营户	其中：农业经营单位
农业生产经营人员受教育程度构成（%）			
未上过学	8.2	5.0	5.7
小学	47.9	45.9	37.2
初中	36.1	41.2	40.6
高中或大专	6.6	6.7	11.4
大专及以上	1.2	1.1	5.2

资料来源：2016年浙江农业普查公报。

（4）农地经营的规模化整合仍未形成有效的机制，发展相当缓慢

据统计，全省种植和养殖大户约30万户，但种养大户所占比重仅为6%。2015年末，全省共有种植业农户427多万，而耕地总量仅为2964.9万亩，即农户承包经营的耕地规模平均7亩左右，大部分农户的经营面积在5亩以下；而世界平均水平是16亩，与荷兰、丹麦等欧洲国家的平均农场规模（20hm^2~25hm^2）相差甚远。尽管较10年前提高了2亩左右，但如果按这种状况发展的话，20年以后的浙江农地经营规模在国际农产品市场竞争中将无任何优势可言。农地的规模化提升不足将极大地制约农业结构的后期转型升级，并造成农业的技术过剩和产出低效。即大量的新技术由于缺少必要的土地经营规模支撑，很难创造可观的经济价值和产品竞争力。

如果说都市经济的健康增长和县域经济的转型升级的总体目标是提升全省城镇化和工业化的发展实力及整体竞争力，那么乡村经济发展的核心目标是创造城乡统筹发展的长效动力，即农业现代化发展是推动工业化和城镇化进一步转型发展的重要动力来源和基础保障，农业的繁荣和乡村的振兴不仅是解决城乡失衡的长久之计，同样也是城镇化和工业化低成本经营的重要保障，是整个城乡经济结构优化的重要方面。然而，从目前发展情况看，浙江省乡村产业结构调整依然缓慢，产业经营规模小、组织化程度低、社会化服务滞后等问题突出，导致了生产成本高、市场竞争力弱，这些问题已经成为全省城乡统筹、城镇化发展的瓶颈与短板。乡村振兴的核心任务是农业现代化，其目的在于彻底改变农产品的市场供给状况，以推动城乡、工农结构均衡协调发展。

为此，浙江省委省政府在"千万工程"的基础上正着力加快推进"乡村全面振兴"。以农业现代化为核心任务，加快建立新型农业经营体系，积极发展多种形式的适度规模经营，培育壮大农村新产业新业态，从而使乡村产业体系加快向城乡衔接、三产融合转变，美丽乡村建设加快向特色化、数字化提升转变，农民生活加快向高水平全面小康转变，乡村文化加快向城乡互融、古今互促转变，乡村治理加快向党领导的自治法治德治相结合转变。在此过程中，占全省总数近50%的县域经济弱镇成了乡村振兴的龙头与关键。

8.3.2 农业现代化的国际经验借鉴

本节整理总结了国际上关于特色农业发展和乡村振兴的若干案例与经验,以期为浙江省县域经济弱镇的转型发展提供可资借鉴的思路。

1. 三个典型案例

(1) 荷兰农业发展的世界奇迹(L·道欧和J·鲍雅朴,2003;厉为民,2003)

荷兰(图8-16)毗邻德国、比利时、法国,与英国隔海相望,是欧洲传统产业的发展重心,陆地面积约3.4万km^2(约为浙江省的1/3)。荷兰划分为12个省(浙江省是11个地市),下辖约500个市镇。2017年,共居住人口1600多万人(浙江约5200万人),人口密度与浙江省极为接近(约480人/km^2)。2005年荷兰人均耕地仅为0.84亩(约为0.056hm^2),低于我国人均耕地面积(1.4亩/人),高于浙江省人均耕地面积(0.54亩/人)。目前,荷兰有农地近2万km^2,7.5万个农场。从农业规模和技术水平上看,平均农场规模已经上升到25hm^2左右,农业综合体的劳动力规模总量为40万(包括加工贸易运输),占全国劳动力总量的10%左右。

荷兰作为一个典型的欧洲小国,其农业资源并不丰厚,但"二战"后荷兰的农业发展却取得了举世瞩目的成就,尤其在畜牧业、花卉业和农产品加工等领域的国际竞争力都位居世界前列(图8-17)。19世纪90年代以来,荷兰成为仅次于美国的世界第二大农产品和食品净出口国,是世界上农地生产率最高的国家,其大部分农产品都出口到经济实力强劲的欧洲邻国。因此,可以把荷兰比作"欧洲的都市农业基地"。**考虑到农业发展与国土面积的巨大反差,可以说荷兰农业的发展成就几乎是一个世界奇迹。这更证明了一个客观事实,即传统农业的竞争力提升并不完全受制于农业资源条件的优劣,而主要取决于区域对农业资源的市场化整合能力及**

图8-16 荷兰的乡村风光

图8-17 都市农业(温室园艺、畜牧业和花卉业)

克服本地资源劣势的技术创新能力。

从农业现代化的发展历程看,荷兰政府扮演了极为重要的角色,对农业始终报以积极乐观的态度,并不断改善农业的经营环境和支撑系统。其中尤为重要的一点是建立了一套完善的农地管理制度,这在很大程度上降低了农地资源匮乏的先天不足,保证了农业经营的基本条件。从1950年开始,荷兰的区域开发和城市扩张受到《城镇和乡村规划法》的严格约束。政府对农用地的市场交易进行价格管制,以避免城镇化对周边农地资源的大规模侵蚀,保持农地的足量供应和低租金,从而形成适度规模化的经营格局。

由于农用地转化为城市建设用地需要严格的审批过程,这促使城市用地的开发利用变得较为集约、紧凑和高效(很少有空置和废弃的土地),**且城市边界得到有效控制,反过来又帮助抑制了农地价格的上涨预期,并尽可能保证了农地边界的完整性**(图8-18、图8-19)。因此,在荷兰很少会看到有大都市蔓延的现象,因为政府很好地解决了城市化与农业现代化之间的土地矛盾。对荷兰农业的成功经验做一个总结,可以归为以下几点:

图8-18 鹿特丹市东面城乡用地边界

图8-19 阿尔梅勒市周边完整的农地边界

一是**发展具有比较优势的专业化农产品集群**[①]。荷兰的奶牛业和园艺业(土地集约型)在世界享有盛誉,这种专业化的收益不仅来自规模的空间集中、区域分工和产业化,还在于农业品交易的高效率(如拍卖市场的形成)及产品的品质和技术优势(信息化、自动化技术的应用)。

二是**政府政策的系统化供给**。这在很大程度上克服了土地规模相对较小(目前荷兰的平均农场规模为美国的1/10,属于中等规模水平)造成的**农业竞争劣势**。尤其是农民的再教育以及建立在地方需求基础上的农业技术研发推广系统(OVO三位一体)等,不仅保证了农业的高生产率和高附加值,还培养了一批高素质的农业经营者。政府的政策目标始终是为了提高农业的

[①] 2006年浙江省确定了全省农业现代化发展的十大主导产业,因此在这一方面的引导工作省政府层面已经基本完成,但更多的是需要一个地方化的适应、融合和分工过程。

市场竞争力,而不是专注于保护短期的农民利益。这保证了开放竞争的农业生产环境,使农业的生产效益在很大程度上与工商业相媲美。

三是得益于一个完善的农业产业化体系。本地加工和食品制造企业的农业贡献在50%以上,解决了许多国内农产品剩余,而且这些加工和食品企业在国际市场上有很强的竞争力。 荷兰农业之所以能保持国际领先地位和竞争优势,不仅在于本国农业劳动力和单位土地的高产出效率,还在于农业生产系统的高效率组织。在荷兰农业经济中,农业综合体在其他部门的生产和贸易的效率变得越来越重要,其产值占农业生产系统内部的70%以上。

四是有赖于严格的农地管理制度(土地整理法等)。这保证了城乡和工农用地的平衡,促使城市建设用地的高度集约化利用,并留下了大片完整的农业用地。 农用地的高效组织和足量供应(经过规划整理没有闲置和废弃)对农业的长期发展是一个基本保障。荷兰农地整理的特点是将土地整理、复垦与水资源管理等进行统一规划和整治,以提高农地利用效率。几乎所有的农村建设和农业开发项目都要依托土地整理而进行,即围绕农业发展而展开。为此,荷兰还设有专门的农地整理局,职能涉及农业教育、农业知识传播、水资源使用、土地整理、经济评估、制度建设、乡村发展规划、环境保护等各个方面,这对于农业型小城镇政府的职能优化具有很重要的借鉴意义。

(2)美国加州农业振兴之路(蒋长瑜和郑驰,1996;郑玉生等,2003)

加利福尼亚州位于美国西部,背山面海,面积约42.4万km²(为浙江省的4倍),下辖58个县,地形地貌、自然景观和地方物产极为丰富,是美国经济最发达、人口最多的州。与浙江有许多类似之处,如地理特征、人口分布、地貌的多样性、物产的丰富度、在全国的经济地位等。2015年加州国民生产总值22870亿美元(占全美的21%),人口3925万人(占全美的12%),城市化率高达95%。人口主要集中在太平洋沿岸地区,其中60%聚居在以洛杉矶、旧金山和圣迭戈为首的三大都市区(表8-5、图8-20、图8-21)。

加州三大都市区概况　　　　表8-5

三大都市区	洛杉矶	旧金山	圣迭戈
中心城市人口(万人)	410	85	137
都市区总人口(万人)	1600	900	295
城镇构成	周边5县200个中小城市	周边9县16个中心城市	周边18个中小城市

资料来源:根据百度网站的数据整理。

加州是美国农业最发达、效益最高的一个州,以不到全国5%的土地面积供应了全美50%的农产品需求。全美十大农业县中,加州占有9个。加州农场总面积为1028万hm²,农场总数8.1万个,平均每个农场的规模在127hm²左右。农牧产品多达几百种,其中渔业、牛奶、鸡蛋、甘蔗、蔬菜、水果等都市农产品的产量居全美前列。与荷兰一样,加州就是"美国的都市农业基地"。**与传统农业州相比,加州的农业类型、区域特点和发展路径具有鲜明的都市化特征,是美国现代都市农业发展的成功典范。除了优越的农业资源条件、强大的本地科技力量和**

图8-20　加州地形地貌特征和都市区分布

图8-21　加州按县统计的人口密度分布（2000年）

农业政策支撑外，仍有许多地方经验和发展规律值得我们学习总结。

一是战后大规模的农业水利设施建设，保证了农业资源开发的高效益和低成本，为农业的长期发展打下坚实的基础。加州的农业主要是灌溉农业，但水资源分布极不平衡，北部比较丰富，中部和南部地区农业条件良好但严重缺水，水资源不足使许多可以用于农业开发的土地得不到发展。为了适应农业大发展的需求，加州政府实施了两项规模巨大的跨流域引水工程（北水南调工程），在1973年基本完成。由于农业用水条件的改善，中、南部干旱半干旱地区的农业生产潜力得以开发，受益人口达2000多万人。而西部农场的规模本来就大，新开发的农用地应用新技术的成本较低，加之战后全国高速公路网的形成使农产品的快速高效运输成为可能，市场半径大为拓展，加州的农业优势逐步显现，成为全美农业最发达的一个州。

二是大力发展多样化、高品质的都市农业，是加州农业长期繁荣的重要原因，它极大地拓展了市场空间，甚至辐射全世界。战后加州农业结构的适时调整，不仅满足了城市化快速发展和农业消费大增长的多样化市场需求，也从根本上改变了农业部门的低效益格局。加州的农产品产量和种类不仅满足了本州的需求，还远销美国其他各州和世界各地。其生产的250种农产品中，有将近40种产品的产量占全美的90%以上，其中大部分为高效益的面向城市消费的蔬菜、水果和农畜产品。1990年，加州各种蔬菜的总产量占全美的57.8%；而水果总产量占全美的25%（最大的水果生产基地），其中葡萄的产量占全美的90%以上。

三是在城市化发展的不利影响下（地价、水价、劳动力成本上涨等），加州通过农业空间布局和产业结构的适时调整使农业的区域专业化水平不断提高，从而保持了农业经营的高利润率。农业空间结构的变化表明，都市区外围经济相对落后、但农业资源丰富的内陆县，将成为农业大发展的优势地区。战后沿海地区城市化的广域发展，使城市人口急剧增长，都市中心边缘的农地价格高涨，促使农业生产的重心由沿海地区转向生产条件更为优越、成本更低的内陆地区，如中央谷地、南加州的帝国谷地等。

四是根据本地的农业资源条件和国内外市场需求，加州实现了多样化和专业化并举的农业经营格局，这在美国几乎是一个另类，但却是现代农业发展成功的宝贵经验。在将大规模专业化生产发挥到极致的同时，加州利用本地丰富的农业资源避免了传统农业州大区域单一化种植所造成的农业生态系统的脆弱性、病虫害的危险以及自然环境的破坏等。从长远看，这是一种可持续和生态化的农业经营模式。这表明，为了降低农业生产对自然环境和生态系统的不利影响，非常有必要适度保持农业经营类型的多样化格局，从而在农业的专业化分工之间取得一种综合效益的平衡。

（3）日本农业现代化的成败得失（朱艳丽，2009；张尧智，2004；胡霞，2009）

日本是世界第三大经济体，国土总面积约37.78万km^2，耕地总量为4.5万km^2，但人均仅有耕地0.035hm^2（约为我国的1/3，与浙江省较接近），是世界上农业资源极为匮乏的国家之一。为实现农业现代化、缩小城乡差距、改善农村人力资源条件和保持地方经济活力，战后至今日本已经实行了多轮乡村开发计划，而每一轮乡村建设都涉及农业的提升发展问题。

1950—1960年，基本的乡村物质环境改造阶段：主要目标是改善农业的生产环境，提高农民的生产积极性。政府在指定的区域成立农业振兴协会，制定振兴规划并使其付诸实施，同时加大对农村建设的资金扶持力度。1961年日本制订了《农业基本法》，进一步通过财政预算为农业提供大量投资、贷款和补贴。在政府的大力支持下，农户的平均年纯收入也增长了47%。但与城市居民相比，城乡差距还在拉大，农村人口大量迁移到城市就业。

1961—1975年，传统农业的现代化改造和提升发展阶段：主要工作是调整农业的生产结构和产品结构，满足城市农产品的大量需求。这一阶段的日本农业基本实现了机械化、化肥化、水利化和良种化。农民人均收入水平也逐步赶上城市居民，但乡村的居住品质和生活环境相对下降，农村的吸引力仍在大幅下降。事实上，当时城乡差距的缩小主要依托政府大量的财政转移支付，农业的国际竞争力和经营效益由于规模化提升不足并没有很好地支撑乡村经济的可持续发展。

为此，20世纪70年代末日本开始推行了久负盛名的"造村（町）运动"，强调对乡村资源的综合化、多目标和高效益开发，以创造乡镇的独特魅力和地方优势。与前两次过于注重农业结构调整所不同的是，这次运动的主要着力点是培植农业乡镇的产业特色、人文魅力和内生动力，对后工业化时期日本农业和乡村的振兴发展产生深远影响，也彻底改变了日本乡村的产业结构、市场竞争力和地方吸引力。其中，最具代表性的是大分县知事平松守彦于1979年提出的"一村一品"[①]运动，这是一种面向都市高品质、休闲化和多样性需求、自下而上的乡村资源综合开发实践。目的在于形成乡村的独特竞争优势，使每个村庄至少开发出一种具有地方特色的拳头产品，并力图形成产业基地，打入国内外市场。

---

① 即一个地方根据自身的条件和优势，发展一种或几种有特色的、在一定的销售半径内名列前茅的拳头产品，也包括特色旅游及文化休闲项目，如地方庆典活动等。

图8-22　整洁道路

图8-23　清澈小溪

图8-24　古朴民宅

图8-25　村庄概貌

图8-26　历史建筑

图8-27　庭院景观

图8-28　乡野风情

图8-29　五彩花卉

图8-30　秋意晚霞

这项活动使发起地大分县抢占了市场契机[①]，受益匪浅，也给后来的效仿者带来了良好的示范效果。如今，日本农民的生活品质赶上甚至超过了城市居民；乡村居住环境极大改善，农村经济保持了良好的增长势头，成为地方发展的重要力量；传统乡村景观、自然环境和文化资源得到有效保护，促进了乡村居住、休闲旅游、度假产业的多样化发展（图8-22~图8-30）。

日本近30年的"造村运动"确实取得了诸多成就，但回顾前30年的农村改革过程，日本农业中前期改革的结果值得反思。让人疑惑的是，20世纪80年代以来日本成为世界上最大的农产

[①] "一村一品"运动开展之后，大分县的农特产品开发获得了长足发展。1980年大分县有4项特产，而今全县共培育出特色产品300余种，总产值高达10多亿美元，其中产值达100万美元以上的就有126种，1000万美元以上的有15种，由于其产品很多是朴素但充满亲切感的手制产品，在对天然食品需求量猛增的今天，其产品格外受欢迎。

品进口国①，目前国内农产品的自给率越来越低，这与荷兰形成了强烈的反差。作为工业和科技力量高度发达但农业资源同样相对匮乏的两个国家，农业现代化发展路径与结果为何迥然不同？从战后日本农业转型发展的整个过程看（1950-1980年）②，日本从来不缺少农业技术革新和结构转型发展的机会，之所以造成今天的局面，更多的是制度缺漏和政府决策上的失误导致的结果，有几个重要的方面值得我们警惕。

一是与荷兰不同，20世纪60年代后日本实行了相对宽松的农地政策（鼓励农地流转），但并未形成稳定和独立的农地市场和供给保障，在工业化和城市化快速发展时期，造成农地的价格飞涨和高租金③**，从而错失了农场规模化提升的黄金时期。** 在日本战后经济高速增长的30年，由于城市工商业和居住对耕地需求量大增，导致土地增值预期大幅上涨，农民不愿低价出让土地用于农业的大规模组织，反而逐步走上兼业化农业的道路，以致家庭农场经营规模没有得到迅速扩大④。

二是在农场规模提升乏力的情况下，高补贴的农业扶持政策（过分的价格干预），又进一步降低了农业经营者扩大规模、调整农业结构以提高农业竞争力的积极性。 由于1961年《农业基本法》的实施并没有破除农业资源的小规模经营格局，大规模土地流转的速度仍极为缓慢，导致农业经营效益和农民收入并没有大幅度提升。为了缩小城乡差距，日本政府转而依托高速增长的工商业经济增加农业预算和扩大农产品价格补助，从而直接提高农民收入。这使农民在农业生产中即使不增进生产效率同样能够获得足够稳定可观的收入，造成了农业经营环境的恶化，导致更多的人不愿轻易放弃小块农用地，成为兼业农户或者是拥有土地资本的城市劳工。

三是不完善的农地政策及政府对农业的高额补贴，加速了农业人力资源的兼业化和老龄化⑤**，导致农场的经营缺乏竞争活力，比较收益长期低下——相比于工商业，形成恶性循环，最终导致目前农业的经营困境——结构锁定和技术过剩。** 多年来，日本政府一直在积极调整农业政策，力图扩大农场经营规模，增强本国的农业竞争力，但因错失了农业结构调整的黄金时期，收效甚微⑥。在经济增速放缓的今天，低效的农业经济对日本整个国民经济的发展都是一种沉重负担，并造成农业的基础地位十分薄弱，严重依赖国外农产品市场，除蔬菜和大米还保持较高的自给率外，其他农产品的自给率大多在50%以下。

---

① 在1995-1999的5年里，人口不到世界总人口2.2%的日本，农产品的进口额总计超过了2690亿美元，占世界的10.6%。贸易逆差年平均达到516亿美元（厉为民，2003）。
② 也是日本城市经济和工业化高速发展、深度转型，并逐渐走向繁荣稳定的时期，城市人口比例由1955年的56%上升为1975年的76%。目前浙江省的城镇化率约58%，相当于日本20世纪50年代末的水平，在许多方面有类似之处。
③ 1960-1973年，转为非农业用地的原稻田价格上涨了13～14倍，而高地田上涨了17倍。土地价格上涨的趋势也影响到农用地的价格，同期农用稻田上涨了10倍，高地田上涨了14倍（张尧智，2004）。
④ 20世纪60年代农户总数只下降了1.2%，并没有出现农户之间土地大量转让的现象（郭红东，2010）；20世纪70年代经营面积在2hm²以上的农户占的比例由1970年的5.9%提高到1980年的7.3%，10年仅增加了1.4个百分点（张尧智，2004）。
⑤ 据统计，2008年日本兼业农户的比例高达76%，60岁以上的农业劳动力占68.7%（朱艳丽，2009）。而浙江省2006年的农业普查显示，51岁以上的农业从业人员已经占到53%，近70%的农业人员不以农业为主要收入来源，如果不加以调整，在不久的将来我们也将面对"日本的困境"。
⑥ 目前，日本的农户总数约200万，农场的平均规模不到2hm²，仍远远落后于欧美国家（约为荷兰的1/15，美国的1/150），超过60%的农场规模在1hm²以内。

2. 总结与启示

荷兰的经验告诉我们，对于人地关系较为紧张的地区，现代农业的发展效益取决于农业劳动力的实际经营能力（对市场的把握、知识和技能等）和家庭小规模分散生产的组织化效率（如合作社、拍卖行等），并不一定受制于土地的经营面积大小[①]——当然不能太小。因此，更多的时候应该考虑如何充分发动基层主体，如政府、农民、社会组织、农业经营者等的积极性和创造力。

农业的繁荣和振兴是解决城乡失衡的最终归宿和必然要求。从日、荷两国的对比看，日本的农业现代化和城乡统筹发展是建立在高额财政补助和低效农业竞争力的基础上，是一种高成本、畸形化和不可持续的发展模式。而现在我们也同样面临日本当年（1960-1980年）全面改造传统农业时的困境——农业人力资源的兼业化和老龄化等。因此，应处理好城市化和农业现代化的关系，尤其是要加大对农地市场的管理，防止规模化提升受阻。从政策实施的角度来说，这一工作的推行，更多地依赖于地方基层政府的实践。

广义的现代农业是一个农工商一体化的混合产业系统（农业综合体），这一系统的产值一般占到国民经济总产值的10%左右，而农业初级生产部门的产值一般只占到3%左右。因此，现代农业的发展重点在于产业结构的功能拓展和区域分工的市场化改造，其中尤为关键的是如何降低农业交易的流通成本和提高单位农产品的市场附加值，即农业物流和加工业的发展。

几乎所有农业强国的一贯经验是，在农业现代化进程中，政府的政策机制和主动意识极为重要，但目标指向应是如何提高农业的市场竞争力和农业生产者的经营能力。**而良好的制度环境和基层执行主体——乡镇政府，是人地关系紧张型国家（地区）农业现代化建设的重要力量和稀缺资源。**

事实上，我们的农业现代化才刚刚拉开"序幕"，仍有极大的提升空间和发展潜力。但未来的一段时间，随着全省城市化的深度推进和城市消费结构的剧烈变化，**农业规模化发展的阻力将越来越大**（主要是土地和劳动力矛盾），目前必须加快调整步伐，尤其是要建立动员基层政府广泛参与农业现代化发展的长效机制，避免重蹈日本的覆辙，走荷兰式的农业振兴之路，让农业变得富有活力、效率和效益。

8.3.3 县域经济弱镇发展概况

1. 基本情况

全省有457个经济较为弱后的建制乡、镇（工业生产总值为0～10亿元），约占全省建制乡、镇总数的50%。其中位于52个地方县市的有370个左右，基本上可以笼统地归为一大类，即县域经济弱镇或称农业型小城镇。县域经济弱镇是相对于县域经济强镇而言的，即以一个县市为整体，除了那些对整个县域城镇化和工业化具有重要地区职能的城镇以外，剩余的部分就可统称为县域经济弱镇。之所以将地市辖区的农业型小城镇剔除在外（约100个），是因为它

[①] 应该抛弃大规模经营等于大面积经营的传统观念。

们有别于一般意义上的县域经济弱镇。具体来说，近年来这些城镇受中心城市的经济影响和辐射带动明显，未来这些城镇将逐步走上发达都市产业带动乡镇经济转型的道路。因此，这些城镇原则上应该归入都市型小城镇一类。

从发展本底看，这370个地方县市的经济弱镇生态环境相对优越，资源禀赋情况较好，但由于工业化进程较为缓慢，总体上经济基础较为薄弱、发展水平相对滞后，经济总量占所在县市的比例一般在0.5%~1%，甚至更低。 尤其是在发达县市，与工业强镇的经济增量相比，这部分城镇的经济增长几乎是微不足道的。与此同时，城镇的人口规模也较小，人口外流现象严重。从统计数据上看，这类城镇的户籍人口大多在1万~3万。从实际抽样调查情况看，实际居住人口一般为镇域户籍人口的50%~60%，甚至更少。可以说，这类城镇的大多数人口已经成为隐性化的城镇人口或半城市化居民，他们就业、生活和消费均在其他城镇或市区，与本地已经很少有直接的社会经济联系。在日本，这样的地区往往被定义为人口过疏化地区。

从内部构成看，县域经济弱镇按县域经济的发展水平还可分为两大类。 一是位于33个发达和较发达县市的农业型小城镇（近200个），这些城镇由于受到地区性工业的扩散影响，其中相当一部分正面临发展的两难抉择——是否还要走原有传统型的工业化带动之路。实际上，转移到这些城镇的工业大多为污染型的低效产业；二是25个欠发达县市的农业型小城镇（近300个），可以说是全省最为落后的一些小城镇了。由于这些城镇的市场活力和社会资源相对贫瘠，受工业扩散影响的机会极小，目前的发展也没有完全转向农业现代化，而是仍在盼望着外来工业的植入，因此这部分城镇基本上还处于比较初级的发展阶段。

2. 典型案例

（1）诸暨同山镇

同山镇地处诸暨市西南山区，距诸暨市中心35km，是目前为数不多的由地方自主推动"农业强镇"战略的发达县域经济弱镇。全镇区域面积55km^2，总人口2.2万人（实际居住人口1.3万人），共16个村，耕地面积约6km^2。2019年全镇财政总收入7817.3万元，实现国内生产总值7.72亿元（仅为诸暨全市的0.58%），居民人均纯收入26695元。近年来同山镇确立了"农业强镇、生态兴镇、和谐稳镇"的发展战略，立足现有的农业生态和自然景观资源，通过科学布局和合理开发，同山镇已经形成了一定的特色农业优势和品牌效应。

首先，同山镇素有"水果之乡"的美誉（图8-31~图8-33），全镇果林面积6000亩，产量2000t左右。水果品种在10种以上，但以樱桃（3500亩）、枇杷（2000亩）、柿子为主。其中，

图8-31 樱桃节

图8-32 成熟的樱桃果子

图8-33 琵琶节

以樱桃采摘、农家游为主题的诸暨"樱桃节",每年吸引旅游人次20万,带动的三产收入在3000万元以上,为当地农户带来可观的经济收入,平均1亩樱桃种植园的毛收入至少在1万元以上,一般种植大户的年收入在10万元以上。而樱桃的种植面积还在不断增加,极有可能形成一个樱桃生产、加工和集散基地。

其次,是一方特产——同山高粱酒,号称"江南茅台",以其传统工艺和独特的品位已经成为诸暨市的历史名酒。年产量在800t以上,直接经济效益为2000万元左右。目前已经形成三家100t以上的规模企业,应该说仍有很大的市场发展空间。此外,还有享有盛名的绿箭茶叶等也有一定的产量规模。

可以说,同山镇的发展策略已经转向现代农业和乡村休闲产业。但事实上,同山镇的"农业强镇"之路,仍有很长的路要走。在我们的现场访谈中,同山镇政府官员直言由于财力相对不足,仍有很多事情无法按照预期的设想进行,尤其是城镇的设施改造、环境建设、品位提升等方面。同时,由于现有小规模分散的水果经营同样能获得不错的经济效益和一笔不菲的农业政策资金。因此,大部分农户对产品的标准化、高品质生产意识相对较弱,荒废的农地也不愿意流转,从而极大地影响了本地优势农业的专业化、规模化和品牌化发展。

(2)富阳胥口镇

胥口镇位于富阳区西南部,紧邻富阳的副中心和工业重镇——新登,距富阳市区30km,杭州60km,05省道穿境而过,交通十分便捷。全镇地域面积67.98km², 其中森林面积46km²;辖13个行政村,总人口1.82万人。2019年胥口镇工业总产值约为23.4亿元,实现财政收入4亿元左右,农民人均纯收入约为20525元,低于全省平均水平(35537元,2019年)[①]。

胥口镇是一个典型的传统农业镇。境内自然风光秀丽,集山、水、湖、洞为一体(图8-34),拥有国家4A级景区富春桃源(图8-35)和通天飞瀑,建有富阳百亩粮食高产示范区、杭州千亩都市农业示范园等生产基地。农产品种类较多,其中"葛溪牌"高山西瓜与蜜梨、"碧云"牌和"胥口"牌土鸡蛋、"黄泥尖古茶"等远近闻名。国家一级保护植物"红豆杉""迷迭香"成功种植后,名贵中药种植已经成为该镇高效农业的主导产业。

总体上胥口镇农业发展的市场环境、资源条件和现实基础还是相当优越的,应该发展成为

图8-34 胥口镇风貌

图8-35 富春桃源

---

① 根据浙江省平均增长水平,以2015年胥口镇数据推演得到。

一个农业强镇，但现实的情况并非如此。在实际的访谈中，当地镇政府工作人员介绍，胥口镇近年来引进了制药和建材两家对环境有一定污染的大型民营企业。事实上，目前城镇的整体配套均与两大企业的需求格格不入，如水电通信设施等级较低、本地劳动力有限、没有污水设施、工业用地不足等，对当地农户的正常生产也带来极大干扰。而从区域协同发展的角度，这两家企业完全可以进驻周边新登镇的工业园区，实在是没有必要落户胥口镇。

胥口镇的发展困境反映了目前发达县域很多农业小城镇的一般境况。正如前文所言，这些城镇正在接受大城市工业转移的"诱惑"。而实际上转移到这些城镇的工业大多为污染型的低效产业和过剩产能，对本地的长远发展和整个县域的统筹发展并不会产生多大正面效益，反而破坏了本地最具优势的市场资源，但地方政府似乎并不想放弃这种机会。

3. 问题与思考

可以把县域经济弱镇的特征总结为：**量大规模小，在县域经济的地位逐年下降；本地资源利用不足，工业导向的发展思路依旧；人口持续外流，地方活力不足，正在被边缘化；农业资源产出效益低，有很大的提升空间；作为典型的"弱势群体"，需要政府的发展引导和政策支持**。

从某种意义上说，县域经济弱镇的发展问题仍是相对简单的。因为其经济总量和人口规模均较少，调整发展的技术难度不大。关键的一点是如何转变地方政府对县域经济弱镇的发展态度，即要区别于县域经济强镇的工业化发展模式。而弱镇之所以延续传统工业化的发展路径在很大程度上是没有找到合适而可行的发展路径（发展权的丧失），以及受制于地方政府考核机制和评价体系的不科学和不完善。现有的基层管理机制在很大程度上已经不利于县域经济弱镇的健康发展，不能适应区域发展新的形势与要求。

基于空间经济的分工原理和发达国家的建设经验，可以做出这样的预判，即浙江省城镇化和工业化的进一步发展主要由大城市地区、县域中心城市（镇）和工业强镇来承担，未来农业的现代化和农村发展动能的转换将主要依托于县域经济弱镇。不管是从区域协调、城乡融合、乡村振兴、市场需求还是从农业自身优化发展的角度，都表明县域经济弱镇应转向发展现代农业以及与农业相关的各种二、三产业，包括正在蓬勃兴起的乡村旅游业，且刻不容缓。因此，县域经济弱镇的转型方向是明确的，这并不是一种被动的无奈选择，而是符合自身发展优势和区域需求的明智抉择。

8.3.4 县域经济弱镇的转型模式

为了快速改变地方农业发展的落后面貌，破解目前农业发展中的一系列瓶颈，避免陷入农业结构调整的被动局面，**未来应努力发展一批农业经济专业镇，以转变县域经济弱镇的发展路径和地方基层政府的主体职能导向，建构完善的基层农业服务网络，如基础设施、交通运输、信息服务、科技支撑等**。对于这部分城镇发展的实际扶持和绩效评价大不同于一般的工业型城镇。如镇域总人口的适度减少和城市化转移是应大力鼓励的，这有利于大规模的农地整理，应该成为政府的工作绩效之一。在这些城镇，如何围绕农业的产业化发展来组织相关产业和开展人口的相对集中，将成为下一阶段的重要议题与关键任务。

总而言之，政府的工作重心应立足于思考如何更好地服务本地农业的现代化进程，如挖掘本地的农业资源，创造地区产品优势，以及包括一系列提升农业竞争力的公共品供给等，即政府应该成为农民创业致富的坚强后盾，就像服务工业企业那样为农户排忧解难。一旦形成这样的合作氛围，那么离本地农业的全面振兴也就不远了。基于城镇的规模大小和经济实力，从长远看，基本上可以培育发展3种职能导向的现代农业小城镇。

1. 综合性的农业经济重镇

镇域常住人口规模一般在1.5万~3万，是县域内重要的农产品集散地和加工配送中心，一般为2~3个。拥有服务周边农业乡镇（县域片区）的较为完善的产业支撑能力和城镇配套功能，如农产加工、销售贸易、物流运输、技术服务、教育培训、生产中介等。城镇的产业功能定位以农业三产和农业加工为主，农业生产为辅。

2. 专业化的农业经济强镇

镇域常住人口规模一般在0.8万~1.5万，是县域内重要的特色农业经济区，一般为5个左右，也是现有农业小城镇转型发展的主体。在某一种或某几种农产品的生产、加工、贸易以及产量上具有相对的地方或区域竞争优势，拥有服务本镇区的较为完善的产业支撑能力和城镇配套功能。整个城镇的产业功能导向以本地的特色农业生产为主，以农业加工和生产服务为辅。

3. 规模化的农产品基地镇

镇域常住人口规模一般在0.8万以下，集镇中心仅配备基本的社区生活服务设施，大部分居民是专业化的农场经营者。而本集镇区主要专注于农产品的规模化生产，并利用本地独特的资源条件提高农产品的生产效益和消费品质，基本上不承担农业加工职能。

8.4 浙江省小城镇未来发展的基本判断

8.4.1 小城镇发展面临重要机遇和关键时期

在新的区域化格局下，作为全省城镇体系末梢的小城镇将迎来难得的战略机遇期。未来将是各类小城镇全方位接轨区域发展需求、全面提升城镇竞争力的关键时期。随着国家乡村振兴战略的实施及浙江省城乡经济现代化发展的深度推进，城镇之间的经济联系将进一步强化并呈现网络化的互动趋势。因此，小城镇的发展也将受到区域一体化的多层面影响，战略机会与市场潜力是巨大的。在新的历史起点上，一方面，必须重新审视小城镇发展的现实基础和区域关系，从整体上做好顶层设计和统筹规划；另一方面，需要从系统推进的角度，全方位调动各方力量，推动各级、各类城镇协同整合发展，引导各类城镇在区域一体化发展的横向和纵向分工中寻找到有利于自身发展的最佳位置。

8.4.2 适时引导小城镇发展由"分化"走向"分工"

小城镇系统内部的分化趋势，是市场自由竞争与区域经济深化的结果和表现。在工业化发展的早期，各个城镇之间的要素禀赋差异是相对较小的，那些在低端市场抢得先机的小城镇逐步发展壮大，在撤乡并镇、扩权强镇等政策的扶持下，逐渐获得地区竞争优势和城镇发展的内生动力，并通过循环累积的马太效应，与大量以传统农业为主导的经济弱镇之间形成了两极分化格局。但这种分化更多地体现在经济与人口规模上，而不是质量及城镇职能的有效分工。

从整个城乡经济发展的动力系统看，相比于小城镇发展的早期，目前的区域发展需求是多样化的，这为小城镇从初级的"分化"走向高级的"分工"提供了很好的市场机会。这种需求主要体现在3个层面：一是如何更加有效快速地推进大都市经济的区域扩张，以提高整个大区域的市场竞争力；二是如何提升地方县市工业经济发展的整体绩效，以保证地方经济的持续活力和联动效应；三是如何更有效地推动地方农业的现代化，以解决城乡统筹发展的深层次矛盾。为此，对于各类小城镇来说，最为关键的是找到适合城镇自身资源优势的区域发展需求，在精准把握和创造各种市场机会的过程中实现转型发展，从而形成合理高效的小城镇区域分工体系。

8.4.3 重点关注县域经济弱镇和都市型小城镇的发展

与县域经济强镇（中心镇）相比，对县域经济弱镇和都市型小城镇的发展探索才刚刚开始，尽管在发展目标上是相对明确的，但在具体的发展过程中仍面临着不同地区的差异化发展和自由竞争问题。与工业经济走过的区域化发展过程相类似，农业经济同样需要一个区域化的分工发展过程，以实现每个乡镇的精专特色及区域的协同融合发展。但目前尚处于一种无序的竞争状态，造成了巨大的地方资源内耗，亟须省级层面的统筹引导及差异化的政策支持。这样一种状况同样也会发生在大都市周边的小城镇，扁平碎片化的管理机制造成了都市区小镇的盲目发展及整个大都市地区空间增长的无序混乱。以分权为导向的简单的地方行政体制改革已经严重阻碍了大都市地区的空间管控，规划集权成为大都市地区国土空间管治及基层体制改革的基本方向。

中心镇在县域经济的转型升级过程中将扮演重要角色。转型的关键在于转变"低端工业化驱动浅度城镇化"的发展模式，走上一条"以高品质城镇化助推高质量工业化"的转型之路。

第 9 章　决胜未来方略
——小城镇特色发展的政策方针与策略建议

"十四五"时期是我国"两个一百年"奋斗目标的历史交会期，也是国家富强、民族复兴征程中重要的发展转型期。党的十九大作出了城乡融合发展的重大决策与战略部署，显然是考虑到了这个现实而深刻的时代背景，也必将对未来产生重大而深远的影响。2019年5月5日，中共中央、国务院进一步发布了《关于建立健全城乡融合发展体制机制和政策体系的意见》（以下简称《意见》），提出要"促进城乡要素自由流动、平等交换和公共资源合理配置，加快形成工农互促、城乡互补、全面融合、共同繁荣的新型工农城乡关系"，到2022年在经济发达地区、都市圈和城市郊区，率先取得体制机制改革中的突破，为其他地区提供示范和引领。

展望"十四五"时期，从历史经验来看，要走出一条城市和农村携手并进、互利共赢的城乡融合新路子，关键在于抓住小城镇这个城乡联系的"牛鼻子"。改革开放40多年的实践经验表明，浙江小城镇发展的"特色"之谜，**就在于"融入区域，精准定位；专业发展，精致建设"，其中的政策关键则在于"分类管理，差异供给，区域协同"**。当前，小城镇融入区域发展的格局正在发生着深刻的变化，全省小城镇在"规模分化"的基础上，"职能分异"的态势愈益明显。因此，站在"十四五"与"重要窗口"的时空方位上，政策目标供给的焦点如何从强调"规模和速度"转向"职能和质量"，以引导小城镇特色成长与城乡融合发展，将成为未来浙江小城镇发展战略的重要议题，也是本书最后的落脚点。

9.1　政策方针

未来小城镇政策供给的基本方针是：以差别化社会公共品供给为重要手段，通过分类管理，顺势引导各类小城镇全面接轨区域需求，促进区域高度专业化分工合作，提升小城镇发展的整体绩效，引导小城镇特色成长与城乡融合发展。

9.1.1 高度的区域专业化分工水平是小城镇特色成长与城乡融合发展的根本标志

历史上形成的城乡二元分割弊端是造成城乡要素流动不顺畅，人才、土地、资金、产业等配置不合理的主要障碍。此次出台《意见》的最大亮点，就是针对现存的这些体制机制障碍，提出了一揽子关于"人、地、钱"的改革措施，主要包括：放开放宽城市落户限制，加快推进农业转移人口市民化；进一步改革创新农村承包地、宅基地、集体经营性建设用地的产权制度，提高农村土地资源配置效率；加快推进提高要素配置效率的财政金融体系建设，为城乡融合发展提供资金、产业、技术等支持；鼓励各类人才返乡入乡创业，形成有效的城乡人才合作交流与乡村造血机制。

毫无疑问，这些改革举措在打通城乡要素自由流动的制度性通道的同时，将极大地促进各类生产要素的空间优化配置。在市场逐利驱动下，城市的高级要素（知识、技术、信息、人才、资本）和乡村的初级要素（土地、劳动力、自然资源）将围绕不同职能类型的小城镇发生空间聚合反应，从而持续扩大各类小城镇的专业化要素市场规模，产生规模和聚集经济效应，并不断催生新的市场需求，推动小城镇专业化程度和特色发展水平的全面提升。

人类的发展史，归根结底就是一部社会劳动的地域分工史。当前浙江省域小城镇发展呈现出的社会空间极化、职能类型分化等"区域分异"现象，本质上反映了浙江城乡区域分工水平的提升。"十四五"时期，城乡融合发展的体制机制建设将加速促进城乡要素的自由流动与优化配置，而分类管理将从根本上改善小城镇所处区域的发展环境，助推小城镇专业化分工水平再上台阶，从而使其持续地融入并根植于城乡区域发展整体的时空间网络之中。

9.1.2 分类管理是助推各类小城镇由区域分异走向区域分工的必由路径

小城镇的发展同任何事物的发展一样，将大致经历由初级到中级、再到高级的演化过程。在初级阶段，各种发展要素从整合到形成相对稳定的发展状态，这个过程已经完成——包括经历撤乡并镇、中心镇培育（强镇扩权、扩权强镇）、小城市培育等过程后，全省小城镇基本完成了"**规模上的两极分化**"，小城镇数量也基本趋于稳定。中级阶段往往是各要素功能发挥充分、协同良好的时期，这个过程正在加速完成——包括经历特色小镇、小城镇环境综合整治和美丽城镇建设（正在进行之中）过程之后，全省小城镇将呈现"**职能上的多样并存**"。随后，小城镇的发展将进入高级阶段（发达阶段），即各要素高度协同、稳健、快速的发展时期，全省小城镇将呈现"各司其职，各尽所能，通力合作"的高度区域专业化分工格局。

在事物发展演变的过程中，渐变发展的基本条件是平衡与稳定，而质变或部分质变的基本条件是相应的触发或控制机制。从浙江小城镇40年的发展经验来看，这个触发或控制机制就是分类管理——从过去引导小城镇"规模分化"到引导小城镇区域"职能分异"，莫不如此。因此，在当前浙江省域小城镇发展呈现出社会空间极化、职能类型分化等明显的"区域分异"态势的基础上，面向不同区域、不同需求和不同职能类型的小城镇，通过"分类管理"，顺势引导全省小城镇发展由"区域分异"走向科学合理的"区域分工"，从而顺利走进高度区域专业化分工的高级阶段，是"十四五"时期浙江小城镇发展面临的重要议题与关键任务。

9.1.3 差别化社会公共品供给是实现小城镇分类管理的重要手段

长期以来，城乡之间在基础设施建设和公共服务体系配套等方面极不均衡的二元结构是造成小城镇专业化分工水平低下、城乡差距持续拉大的根本原因。《意见》明确提出，要建立健全城乡基本公共服务普惠共享机制，推进城乡教育、医疗卫生、公共文化、社会保险、社会救助等标准统一、制度并轨；建立城乡基础设施一体化发展机制，推动乡村基础设施提档升级，实现城乡基础设施建设统一规划、统一建设、统一管护。《意见》还特别强调，要先建机制、后建工程，通过扎实有效的"一体化机制"，来促进城乡基础设施与公共服务体系真正走向一体化，实现均等化。

值得一提的是，这种"统一"和"一体化"并非强调公共资源配置的"一刀切"或"一个标准"。长期以来，小城镇公共品供需矛盾一直困扰着各级政府，在实践中突出表现为：罔顾城镇特色的规划思想与建设思路阻碍了城乡要素的自由流动，无益于区域经济的差别化协同发展；一刀切的供给模式造成公共品短缺与过量建设现象并存，配置不完善、不协调、不匹配等问题突出。因此，对于不同区域、不同类型的小城镇而言，基础设施和公共服务供给的差别化和针对性是非常必要的——在综合考虑经济社会发展水平、职能类型定位和人口规模等因素基础上，做到"因地制宜"且"与时俱进"。尤其是通过加强与主导产业相匹配的专业化生产设施的全生命周期供给，进一步激发城镇特色潜能，引导城镇特色化可持续发展，从而营造城镇间相互协作、分工明确、协同进步的良好局面。比如，综合服务型城镇强调设施类型的多样化和规模标准的高档化，而工业型、旅游型和农业型等城镇则急需配置与自身职能相匹配的专业化公共服务设施。通过这种"一体化、有差别"的公共资源配置，一方面可以避免公共设施的重复建设与低效浪费；另一方面可以从根本上改变小城镇的人居环境与生产条件，降低生产和生活成本，从而吸引相关专业人才回乡定居创业，带动其他专业化生产要素的聚集，引导小城镇走向更为科学合理的区域化分工协作格局。

9.2 策略建议

基于发展趋势、现状特征及城乡融合改革背景，浙江迫切需要针对不同区域（宏观层面）、不同需求（中观层面）、不同职能类型（微观层面）的小城镇进行整体引导，加强部门协同与资源整合力度，引导省域小城镇特色协同与持续健康发展。

9.2.1 分区域战略指引

从浙江的现实状况看，是否毗邻都市区已成为小城镇发展的重要因素。都市区小镇和非都市区小镇由于其所处区位的不同，面临的机遇和问题完全不同，战略目标与路径设计也理应差异。

（1）都市区小城镇

这类城镇地处四大都市区周边，与中心城市之间存在密集的要素流动需求，是都市职能（居住、生产）和要素（科技、人才）扩散转移的主要目的地，也是都市需求（都市农业、休闲旅游）的重要供给源。科技创新成为这类城镇的重要推动力，因此"人"的发展成为第一要务。但长期以来，都市区小镇的社会投入普遍存在着重生产轻生活、有品种无品质的建设倾向，从而使城镇发展陷入了"高品质人居环境建设不力（外因）—人才吸引力不强—科技创新乏力—产业转型升级受阻（内因）"的路径困局。为此，需要通过建设或就近与都市中心共享完善的公共服务和基础设施——包括那些门槛规模要求较高的专业化公共服务，如知识产权保护、科技平台建设、高端要素环境（金融、信息、商务）优化等，不断塑造低成本、高品质的生产和生活环境来吸引高层次人力资本聚集，并由此依靠科技创新衍生出以高端制造、创意文化、创业孵化为主的特色产业，实现以高品质的城镇化来提升工业化的发展动力和质量内涵。

（2）非都市区小城镇

这类城镇远离大都市地区，往往有较好的农业和旅游资源基础，但资金等要素的匮乏使本地资源难以有效转化为专业化特色优势与规模经济效应，经济增长获取的公共财政积累薄弱，社会用于改善生产与生活设施的资金投入短缺，从而进一步制约了专业化分工水平的提高，使城镇发展陷入了"专业化发展水平低下（内因）—经济增长不足—社会响应措施滞后（外因）—低水平锁定"的恶性循环。为此，应该面向生态与地方文化的传承保护、现代农业与乡村旅游开发等地方特色发展模式，通过乡镇撤并、抱团与共建共享，形成适度规模化的发展格局。基于当前乡村振兴背景，在前期农村人居环境改善的基础上，进一步加强农业、旅游等区域基础设施建设与公共服务供给，推动现代农业与旅游的专业化特色发展。与此同时，尽快制定和完善相关政策与制度配套体系是至关重要的，包括与特色经济发展相关的绩效考核制度、与资源空间配置效率相关的土地制度、有利于人口迁出的户籍制度以及与社会公平发展相关的财政转移支付制度等。

9.2.2 分需求策略引导

历史经验告诉我们，每一次推动小城镇成功转型的战略供给都是基于特定时期背景下的区域需求分析，当前浙江小城镇发展又面临着深刻的工业化与城市化转型以及农村现代化三大新的区域发展需求。相应地，政策供给应该面向和服务于这三大需求。

1. 面向都市经济的增长需求

都市区小城镇发展的核心目标是解困"大城市病"，以形成高效的都市空间结构和职能分工体系，从而缓解都市中心的集聚压力并防止蔓延式的城市扩张。换言之，对于都市区小城镇来说，关键在于如何寻找到自身在整个大都市区中的专业化分工位置及其相对独立自主的功能服务体系，避免成为大都市的"空间附属品"。为此，应尽可能多地提供本地化的就业岗位和完善的公共服务，以形成适度的反磁力功能和个性化的竞争优势。

在这一过程中，都市周边小城镇发展的核心任务是如何通过专业化分工协作来承接都市中心的要素外溢，实现有限土地的高效经营与合理开发。根据国际经验，这种良性循环机制的形成，关键在于适应大都市发展趋势的背景下，如何更好地建立起"集权和分权"协同作用的地方政府治理结构。围绕这个中心问题，对于未来都市型小城镇的发展，可以从3个政府层级角度，提出4个方面的策略建议：

（1）大都市（中心城市）政府：推行"大规划"机制，集中管理战略性的空间资源

在保证地方合理发展诉求的前提下，制定统一的城市或市域总体规划。重点在于，借助当前国土空间规划编制的时机，对规划确定的市辖区非建设用地实行市级统筹管理，或规划立法保障。目的在于防止城郊优质土地或生态敏感区的无序开发与不可持续建设，为都市区的长远发展留足战略性空间。

每3~5年修订城市总体规划。根据都市区发展的阶段性要求，对原有的都市空间架构和城镇功能体系进行微调，以适应新的发展态势与需求，保证规划指引的时效性与适度弹性。

建立都市结构优化的专项基金，支撑一些重要城镇地区，如杭州六大组团的联合发展与快速成长，引导都市住房开发和人口疏散向重点地区转移、集中，并通过激励机制（如行政奖励的形式）鼓励地方主体勇于尝试分工和合作。

（2）郊县（区）政府：建构"大管理"机制，强化规划引领和整体协调

这一点源于富阳实践的启发，可以成为未来各地建设都市型小城镇的有效借鉴，即在一个都市郊县（区）范围内，明确各个城镇在融入大都市过程中的长远发展目标，实行集中统一的政府管理、建设和资金投入机制。其中尤为重要的是，镇级财权上收由县（区）一级政府统一调配，地方政府的年度资金预算由所申报确立的项目决定，而所有的建设项目必须符合区域整体的规划定位和建设目标。镇级政府只负责建设管理和地方事务维护。

这种管理机制的创新之处在于，县（区）和镇政府的职能分工明确、权责清晰、事权简化，具有明确的都市区化目标。它把整个县（区）域作为一个"大系统"工程来建设，使每一个城镇成为协同而非孤立的个体，从而实现资源（包括行政资源）的效用最大化。"城镇规划—项目申报—资金投入"这一过程实行的是同一标准、同一口径，以最大化程度提高城镇建设品质。

（3）郊县（区）政府：建立分类考核机制，加强区域统筹和分工定位

在实行统一、集中化管理的基础上，要为各类城镇设计合理的发展路径，以避免陷入"计划"管理下的地方发展机会不均等现象，即强镇越强、弱镇越弱的"马太效应"。总体来看，都市区周边小城镇发展面临的机会是过剩的。因此，区域统筹下的分工定位显得尤为重要，以保证各个城镇都形成依托自身资源优势的地方竞争力。

这里的关键在于，形成一个面向基层实际和维护地方合理发展权的分类考核机制，以鼓励地方政府根据市场需求和自身优势选择最优化的长远发展模式。分类考核的重心是以差异化的发展目标、建设成就和考核权重来评价地方政府的工作成效，避免"唯GDP和财政收入"导向的僵化管理模式，即注重对城镇发展增量的质量考核以及个性化管理。如富阳在考虑经济实

力、资源配置、产业比重等因素的前提下,制定了新的城镇发展目标考核办法,把乡镇街道分为综合发展型、工业主导型、农业生态型,突出功能定位、区域特色和发展重点。如此,那些环境资源优越、乡村开发潜力较大的地区就不会再想着去争抢那些污染型的工业项目了。

(4)地方镇政府:立足"新城"标准,提高发展目标和建设要求

"新城"(new town)是大都市区发展到一定阶段的产物,也是郊区集中城市化的表征。基于大都市中心区功能提升以及人口疏散的需要,通过整体规划控制,在外围原有城镇和产业功能区基础上进一步优化完善居住、服务、就业等多种城市功能,打造优美宜人的人居环境,进而形成新的对中心城区具有一定"反磁力"功能的"新城"。从发达国家经验来看,"新城"往往具有区位可达、功能多样、结构均衡的典型特征。按照这样一个标准来引导地方镇政府转变发展观念,提高城镇建设要求。

对于那些规模较大、地位重要的城镇来说,尤其要以"新城"建设的原则和标准,整合城乡资源,实行大统一的建设方略,以实现对原有城镇发展路径的纠偏。借助大规划的宣传效应在更大的都市平台上争取支撑性的建设项目,比如地铁、轻轨等区域性大型公共交通设施的引入,从而尽快融入大都市系统。

2. 面向县域经济的转型需求

(1)鼓励根据地区发展需要,梯度推进中心镇培育工程

从绍兴的实践经验看,原定的12个省级中心镇数量远远没有满足地方发展的需要。这主要是由于发达县市的经济强镇众多,对扩权的需求非常强烈。为此,2008年绍兴市又追加了16个市级中心镇,其中乡镇工业发达的诸暨市就获得了5个市级中心镇指标。这可以认为是一种满足地方发展需要的合理的政策补充,以不断优化制度的整体设计。

同样的道理,对原有已经扩权的中心镇,也应当保持适度的警惕性。尤其是那些位于都市周边的中心镇,由于市场机会众多,过度的分权或放权并不一定是件好事——由于过分强调本地和短期利益,往往忽视了区域整体和长远发展的要求。因此,对于这部分中心镇,随着区域发展形势的变化,应逐步退出中心镇培育系统,升级纳入中心城市的统一规划建设范畴。一旦纳入中心城市的统一发展范畴,也就无所谓扩权了。

(2)进一步提高城镇定位,理顺中心镇的政府职能体系

从县(市)经济整体统筹、加快转型的角度,大部分中心镇(不包括县城)仍应进一步提升定位,发展成为县(市)域的副中心城镇或中心城区的核心功能组团。将中心镇作为县(市)域中心城市的重要组成部分,加强职能联系和产业互动,推动同城一体化,加强大型设施和产业布局的统一规划和协调建设。由独立的"中心镇"概念向联合发展区或重要功能片区转型,如诸暨店口镇的功能定位和建设目标已由原来的"诸北小城市"转向"诸北新区",富阳区已经将区域内重要的小城镇都升格为"新城"。

为了实现功能定位的转型升级,应进一步理顺中心镇政府的职能体系,进一步优化"强镇扩权"的广度、深度和体系,尤其是要处理好集权和分权的关系。如在规划建设上,为了严把质量关,避免低水平重复建设,提高城镇发展的环境品质,仍应加强控制、引导、监督和审批管理,而不是过分下放权力。但在交通管理、环境卫生、公共文化、义务教育、公共医疗等领

域的社会职能方面,应尽快、尽可能下放,并赋予其人员配备的相应权限,以加快形成城市型的社会服务能力。

(3)推行中心镇"规模提升"计划,服务于县(市)域城镇化新格局

浙江省县域经济发展的上半场主要依靠"低端工业化驱动浅度城镇化",未来的下半场必须走资源节约、环境友好、经济高效的新型城镇化和新型工业化互动发展的道路,更多地依靠"高品质城镇化助推高质量工业化"。随着县市城镇化进程的整体加速,未来必须加快推动中心镇的人口集聚和规模升级,以解决城镇人口过度集中在县(市)域中心城市,而中心镇自身规模不足所引发的一系列问题。

为此,各县市要尽快落实和优化中心镇人口落户的配套政策,鼓励推行中心镇"规模提升"计划,并列入其考核体系。第一,可鼓励有条件的中心镇推行大户籍政策,进一步放宽外来人员的准入条件和进城门槛,加快其本地化转型,尤其是要面向一般的外来人员为其提供廉价的公共住房、子女教育和社会保障等方面的配套优惠政策;第二,县市政府可合理划定中心镇的辐射影响区,鼓励其将针对本镇域农村人口的转移政策扩散至周边较为落后的乡镇,加快人口向中心镇集聚。

(4)适时调整和扩大行政范围,充分利用中心镇的区域影响力

行政区划调整是促进县域资源要素合理配置和统筹发展的重要手段。从目前来看,由于行政区划过小而导致的中心镇发展空间受限、资源浪费和重复建设等矛盾,依然较为突出。浙江141个中心镇的平均辖区面积为117.3km^2,约40%的中心镇面积在100km^{2}以下,尤其是在人口密集的沿海发达县市,中心镇的行政范围仍有很大的调整空间。未来应通过各种方式调整区划,以实现区域资源的共享和优势互补,进一步壮大中心镇的经济辐射和带动力。原则上,对于辖区面积在100km^{2}以下,而镇区常住人口规模超过5万人,城镇化率50%以上的省级中心镇均可考虑兼并周边较为落后的乡镇,或通过几个城镇拆并的形式扩大中心镇现有的管辖范围,也可通过县市政府协调建立多个优势小城镇的联合增长区等。

(5)注重土地经营的城市品质和综合效益,留足城镇发展的战略性用地

对土地的经营能力决定了未来中心镇的实际建设成效和发展品质。土地短缺将是一个永恒性的话题,要加强土地利用的规划引导和用途管制,防止粗放低效利用,为城镇的长远发展和品质提升留足空间。第一,要加快调整城镇的用地结构,适度降低工业用地的比重,实行工业企业的准入制度,提高工业用地的开发强度和单位产出效益;第二,要加快镇区的农居房改迁,解决历史遗留问题,利用时间差,降低存量土地征用的拆迁成本和协调成本;第三,严格控制农村的住房建设,并提供优惠政策鼓励其转移到中心镇集中居住,以提高各类公共服务设施的供给水平。

3. 面向乡村经济的振兴需求

(1)推进县(市)域管理体制创新,建立差别化的基层政府考核机制

针对目前整个地方农业建设的行政管理体制过于僵化这一制约性问题,必须加快县域管理体制创新和改革,转变原来单一化、一刀切的乡镇政府工作绩效考核和评价机制,尤其是要根据弱镇特点更多地采用"切一刀"的举措和方式。可以通过考核指标权重变化的形式,动员经

济弱镇的政府主体广泛参与农业现代化进程，即对于农业型小城镇要提高其农业发展绩效的得分比重，以此转变政府的职能导向和价值导向。这在技术上没有任何问题，关键在于地方政府的推行意愿程度。对于县（市）级管理主体而言，应严格管控与本地农业产业化发展无关的各类工业项目，并把县域经济弱镇作为本县农业现代化发展的空间主体和重要载体进行重点扶持。

（2）研究并推行立足农业现代化、面向农业优势镇的扩权改革

从理论上讲，所有有利于快速推动本地农业产业化发展的政府职能（包括利益分配），均可分阶段、大范围地下放给一些农业重点城镇，以便快速提高当地政府服务三农的积极性和自主创新能力，建构完善的服务网络。如对于经济发达县市而言，原则上来源于农业相关产业（包括农业加工和服务业）的财政收入均应返还给基层政府，由镇里统一支配用于三农建设，以解决资金不足的问题。建立农业结构调整的专项基金，鼓励农业强镇大力面向都市需求，开发优质农产品等。

（3）完善农地管理体制，加快农业资源整合和适度规模化经营

总结人口密集型农业强国的发展经验可以发现，严格而高效的农地管理在很大程度上提升了本地农业的产出效率。以战后德国为例，这一提升比例为40%，荷兰则更高。而目前浙江省地方农地资源的管理是混乱低效的，实际的管理主体是分散的村集体。为此，很有必要进一步完善基层的农地管理制度，建立常态化的农地整理、土地检测和信息收集机制，并作为农业型小城镇政府的重要工作内容。在可能的情况下，动态可持续地推动本地农业资源的整合和适度规模化发展。

（4）加快培育现代农业经营主体，防止农业人力资源的贫瘠化

在体制机制完善和政府职能导向明确的情况下，目前农业现代化发展最缺的是地方经营主体。对于这一问题，靠大规模引进显然是不现实的（整体的趋势是人口外流），应立足于本地原有农业人力资源的知识化提升和设施的技术化改造。目前而言，最为重要的是改变农户的经营理念，形成面向市场的现代农业经营意识。因此，要鼓励地方政府集中力量开展各种形式的学习活动，但要以提高本地的农业生产和农户经营效益为导向。

（5）鼓励地方实行大农业区建设，因地制宜推行镇乡区划合并

目前浙江省有将近269个乡[①]，大部分位于欠发达县市，并且许多农业型小城镇的辖区面积也较小（一般在50km^2~100km^2，有些还不足50km^2），这种情况不利于农业的区域化和专业化发展。为此，未来应因地制宜推行镇乡区划合并，提升乡镇层级的空间整合力度，鼓励县域主体实行大农业区建设，当然也可以开展多种形式的临近乡镇之间的农业项目合作。总之，需要弱化农业区域化发展的行政阻隔。

（6）扶持一批农业经济重镇，初步构建农业服务的基层支撑网络

从省级政府政策供给的层面，可以集中力量扶持发展一批农业经济重镇，在资金、技

---

① 至2018年底，浙江省域范围包括11个地级市、37个市辖区、19个县级市、33个县（其中1个自治县）、269个乡、639个镇以及467个街道。数据来源：浙江省人民政府网，http://www.zj.gov.cn/art/2019/3/14/art_1544770_31055765.html

术、人才等各方面优先考虑，以快速形成区域性的示范效应，推动其他类似城镇的转型发展。这有点类似于20多年前就开始的中心镇提升工程（解决"低、散、小"的问题），超前的战略意识带来可持续的长远发展。从调研来看，全省至少可以选出100个农业经济重镇，通过5年左右的培育发展，打造形成若干个具有高度市场竞争力的农业经济产业集群，从而初步建立整个浙江省农业服务的基层支撑网络，如农产品加工、销售贸易、运输、技术服务、生产中介等。

（7）大力发展一批农业经济专业镇，服务本地农业现代化进程

为了快速改变地方农业经营的落后面貌，破解目前农业发展中的一系列瓶颈，避免陷入农业结构调整的被动局面，未来应大力发展一批农业经济专业镇，建构完善的基层农业服务网络，如基础设施、交通运输、信息服务、科技支撑等，以转变县域经济弱镇的发展路径和地方基层政府的路径依赖。对于这部分城镇发展的实际扶持和绩效评价大不同于一般的工业型城镇，如镇域总人口的适度减少和城市化转移是应大力鼓励的，这有利于大规模的农地整理，应该成为政府的工作绩效之一。总而言之，政府的工作重心应立足于思考如何更好地服务本地农业的现代化进程，如挖掘本地的农业资源，创造地区产品优势，以及包括一系列提升农业竞争力的公共品供给等，即政府应该成为农民创业致富的坚强后盾，就像服务工业企业那样为农户排忧解难。

9.2.3 分类型政策设计

在宏观分区域战略指引与中观分需求策略引导之下，进一步从微观类型视角强化政策设计，引导各类要素合理自由流动，以促进小城镇专业化分工与特色发展。

（1）综合服务型

政策设计的导向是鼓励这类城镇做大做强，以承载更多的人口与经济要素。为此，延续和深化这类城镇的扩权改革是必要的，包括：①彻底下放行政许可权、执法权和审批权，结合"最多跑一次"改革[①]，使所有审批事项都能在镇审批中心"一站式"办理；②深化公共财政体制改革，按责、权、利对等原则赋予城镇完整自主的财权，促进城镇可持续建设与资源利用；③创新基层公共服务制度，真正实现城镇常住人口公平享受基本公共服务目标。

（2）工业生产型

政策设计的导向是充分发挥集聚与规模经济效应，做强做特制造小镇，包括：①加强土地、财政、税收、金融等领域政策创新，培育壮大新兴特色产业；②加大实验中心、职业技术学校、投融资平台、法律金融中介服务机构、物流仓储中心、成品交易市场等专业化公共服务设施建设力度，持续优化生产交易环境；③加快人才培养和引进力度，依靠科技创新助推城镇产业转型升级。

---

① 2017年浙江省政府工作报告中正式提出实施"最多跑一次"改革，旨在通过"一窗受理、集成服务、一次办结"的服务模式创新，让企业和群众到政府办事实现"最多跑一次"的行政目标。

（3）旅游服务型

政策设计的导向是盘活乡村地区资源要素，做精做美旅游小镇，包括：①建立健全政府与市场共同培育旅游产业、分工投入旅游专业化公共服务设施建设的合作机制，保障旅游产业持续健康发展；②完善旅游公共服务，搭建旅居共享服务体系；③创新旅游人才政策，制定更为灵活便利的引才措施，推动旅游人才兼职和柔性人才计划。

（4）农业发展型

政策设计的导向是推进农业规模化与现代化，做精做专农业小镇，包括：①建立有利于人口迁出的户籍制度，优化农村土地有偿退出机制，加快农业资源整合和规模化经营；②加强现代农业服务系统建设，完善新型农业经营主体（家庭农场、农民专业合作社、农业产业化龙头企业、农业社会化服务组织和农业产业化联合体等）与小农户的利益联结机制，促进传统小农户向现代小农户转变，让"小农户"对接"大市场"；③强化高层次农业人才培养与柔性引进机制，培育新型职业农民，为农村地区留住更多具备专业知识和生产技能的农业劳动力。

附录 A

团队已发表的系列相关学术论文（按时间序列）

1. 陈前虎，司梦祺，潘兵. 浙江省小城镇特色成长的机制、障碍与路径——可持续发展的扩展模型及应用［J］. 经济地理，2019，39（11）：69-75.

2. 陈前虎，潘兵，司梦祺. 城乡融合对小城镇区域专业化分工的影响——以浙江省为例［J］. 城市规划，2019，43（10）：22-28.

3. 周骏，王娟，陈前虎. 乡村振兴背景下乡村规划转型发展——以浙江省浦江县薛下庄村为例［J］. 现代城市研究. 2019（07）：2-7.

4. 司梦祺，潘兵，陈前虎. 供需协同视角下的小城镇经济成长内涵与机制探讨——理论解析和实证分析［A］. 中国城市规划学会、杭州市人民政府. 共享与品质——2018中国城市规划年会论文集（大会宣读论文）［C］. 中国城市规划学会、杭州市人民政府：中国城市规划学会，2018：10.

5. 陈前虎，司梦祺. 1990-2015年浙江省人口时空变迁特征与趋势分析［J］. 现代城市研究，2018（03）：8-14+38.

6. 王岱霞，施德浩，吴一洲，陈前虎. 区域小城镇发展的分类评估与空间格局特征研究：以浙江省为例［J］. 城市规划学刊，2018（02）：89-97.

7. 武前波，徐伟. 新时期传统小城镇向特色小镇转型的理论逻辑［J］. 经济地理，2018，38（02）：82-89.

8. 吴一洲，章天成，陈前虎. 基于特色风貌的小城镇环境综合整治评价体系研究——以浙江省小城镇环境综合整治行动为例［J］. 小城镇建设，2018（02）：16-23.

9. 戴晓玲，陈前虎，谢晓如. 特色小（城）镇社会融合状况评估——以杭州市为例［J］. 城市发展研究，2018，25（01）：110-118.

10. 陈前虎. 小城镇之路在何方?——新型城镇化背景下的小城镇发展学术笔谈会［J］. 城市规划学刊，2017（2）：7-8.

11. 武前波，俞霞颖，陈前虎. 新时期浙江省乡村建设的发展历程及其政策供给［J］. 城市规划学刊，2017（06）：76-86.

12. 武前波，龚圆圆，陈前虎. 消费空间生产视角下杭州市美丽乡村发展特征——以下满觉陇、龙井、龙坞为例［J］. 城市规划，2016，40（08）：105-112.

13. 吴一洲，陈前虎，郑晓虹. 特色小镇发展水平指标体系与评估方法［J］. 规划师，2016，32（07）：123-127.

14. 武前波, 陈前虎. 杭州边缘新市镇建设研究[J]. 小城镇建设, 2016(01): 46-53.
15. 陈前虎. 新型城镇化背景下欠发达乡镇发展路径选择及政策设计——以浙江省为例[J]. 小城镇建设, 2014(09): 36-40+46.
16. 陈前虎, 寿建伟, 潘聪林. 浙江省小城镇发展历程、态势及转型策略研究[J]. 规划师, 2012, 28(12): 86-90.
17. 陈前虎, 宋珍兰, 宋炳坚, 杨萍萍. 浙江省农业型小城镇转型发展思路[J]. 浙江工业大学学报(社会科学版), 2011, 10(03): 272-276+326.
18. 王士兰, 陈前虎. 浙江省中小城镇空间形态演化的研究[J]. 浙江大学学报(理学版), 2001(06): 704-708.
19. 陈前虎, 郦少宇, 马天峰. 浙江小城镇职能发展的系统考察及优化建议[J]. 小城镇建设, 2002(02): 42-43.
20. 陈前虎. 小城镇空间形态发展的理念和趋势[J]. 城乡建设, 2001(02): 18-20.
21. 陈前虎. 浙江小城镇工业用地形态结构演化研究[J]. 城市规划汇刊, 2000(06): 48-49+55-80.

附录 B

图片来源

图2-3 柯南小城镇部分动漫元素集合
来源：http://www.mafengwo.cn/travel-news/219114.html

图2-5 礼山资源
来源：http://www.yesan.go.kr/chn.do

图4-8 瓜沥七彩小镇
来源：http://www.xsnet.cn/2019_subject/2019wlmtxsx/wmjj/3159008.shtml

图4-9 纳斯科创园
来源：http://guali.xsnet.cn/html/2019/qyfc_0215/10953.html

图4-10 萧山国际机场
来源：https://baike.baidu.com/item/杭州萧山国际机场

图4-11 瓜沥镇鸟瞰
来源：《瓜沥镇美丽城镇行动方案》

图4-13 宝鑫时代购物中心
来源：《乐清市虹桥镇美丽城镇建设行动方案》

图4-14 华都天元广场
来源：《乐清市虹桥镇美丽城镇建设行动方案》

图4-15 红星美凯龙
来源：《乐清市虹桥镇美丽城镇建设行动方案》

图4-16 虹桥镇风貌
来源：《乐清市虹桥镇美丽城镇建设行动方案》

图4-18 店口镇航拍
来源：https://www.sohu.com/a/239308022_163701

图4-19 盾安集团
来源：http://www.vie.com.cn/a/about/chanyanjidi/2019/0910/74.html

图4-20 解放湖高新技术产业园区
图片来源：浙江省政府新闻办官方微信公众号

图4-21 店口镇风貌
来源：https://zjnews.zjol.com.cn/zjnews/sxnews/201611/t20161125_2107636.shtml

图4-28 芝英镇风貌
来源：芝英美丽城镇项目资料

图4-30 互联网会议中心
来源：http://www.wuzhen.com.cn/

图4-31 乌镇戏剧节
来源：https://xw.qq.com/cmsid/20200827A0GVPO00

图4-32 昭明书舍酒店
来源：http://www.wuzhen.com.cn/

图4-33 乌镇风貌
来源：http://www.wicnews.cn/system/2014/11/10/020351379_05.shtml

图4-35 国际瑜伽旅游文化节
来源：http://tz.zjol.com.cn/tzxw/201904/t20190428_10010939.shtml

图4-36 石屋建筑群
来源：https://www.sohu.com/a/199371296_679596

图4-37 石塘镇民宿
来源：石塘镇小城镇环境综合整治汇报稿（2018年11月）

图4-38 石塘镇风貌
来源：http://gotrip.zjol.com.cn/202003/t20200327_11823183.shtml

图4-40 开茶节
来源：https://ishare.ifeng.com/c/s/7jIY61E7rYi

图4-41 茶文化研学基地
来源：http://www.hzlwcz.cn/index.jhtml

图4-42 九街
来源：http://www.hzlwcz.cn/index.jhtml

图4-43 龙坞茶镇风貌
来源：http://www.hzlwcz.cn/index.jhtml

图4-45 源东桃花
来源：https://www.sohu.com/a/225195314_99973788

图4-46 源东桃
来源：https://www.sohu.com/a/142824160_578892

图4-47 源东红桃擂台赛
来源：https://baijiahao.baidu.com/s?id=1633767310770025661&wfr=spider&for=pc

图4-48 源东乡风貌
来源：https://new.qq.com/omn/20200317/20200317A0I3QA00.html?pc

图5-9 梦想小镇自然环境
来源：https://zj.zjol.com.cn/news/434696.html

图5-10《杭州市城市总体规划（2001-2020）》
来源：《杭州市城市总体规划（2001-2020）》

图5-11 梦想小镇规划总平面图
来源：《梦想小镇规划》

图5-12 梦想小镇建筑风貌
来源：http://hk.crntt.com/doc/1045/4/6/6/104546678.html?coluid=239&kindid=13431&docid=104546678&mdate=0117173252

图5-17 共享服务平台
来源：《梦想小镇规划》

图5-18 交流平台空间
来源：《梦想小镇规划》

图5-19 工作空间
来源：《梦想小镇规划》

图5-20 根缘小镇地理区位
来源：《开化根缘小镇概念规划》

图5-21 根缘小镇总平面图
来源：《开化根缘小镇概念规划》

图5-22 功能结构规划图
来源：《开化根缘小镇概念规划》

图5-23 醉根博物馆
来源：http://www.qzzg.com/meituxinshang/

图5-24 八百罗汉堂
来源：http://www.qzzg.com/meituxinshang/

图5-25 根宫佛国南门
来源：http://www.qzzg.com/meituxinshang/

图5-26 "醉根杯"根雕创作大赛
来源：http://www.kaihua.gov.cn/art/2017/11/29/art_1346200_13529492.html

图5-27 醉根广场
来源：http://www.qzzg.com/meituxinshang/

图5-28 "一带一路"国际木文化艺术展
来源：http://khnews.zjol.com.cn/khnews/system/2019/12/02/032051153.shtml

图6-3 楚门镇现代家具城
来源：http://yhnews.zjol.com.cn/yuhuan/system/2009/09/27/002772600.shtml

图6-4 楚洲人才梦工厂
来源：https://zj.zjol.com.cn/news/537249.html?ismobilephone=1&t=1490960605880

图6-5 76省道复线工程
来源：楚门镇小城镇环境综合整治工作汇报（2017年12月）
图6-6 地下管道改造
来源：楚门镇小城镇环境综合整治工作汇报（2017年12月）
图6-7 河流生态整治成效
来源：楚门镇小城镇环境综合整治工作汇报（2017年12月）
图6-8 城中村改造前后
来源：楚门镇小城镇环境综合整治工作汇报（2017年12月）
图6-9 社会公共服务中心
来源：楚门镇小城镇环境综合整治工作汇报（2017年12月）
图6-10 文玲书院
来源：楚门镇小城镇环境综合整治工作汇报（2017年12月）
图6-11 红照路入城口改造
来源：台州小城镇环境整治办
图6-12 湖滨路最美街区
来源：台州小城镇环境整治办
图6-13 分类垃圾桶分发
来源：楚门镇小城镇环境综合整治工作汇报（2017年12月）
图6-14 河道清淤
来源：楚门镇小城镇环境综合整治工作汇报（2017年12月）
图6-15 楚门镇公共自行车
来源：楚门镇小城镇环境综合整治工作汇报（2017年12月）
图6-16 铺埋电线管道
来源：楚门镇小城镇环境综合整治工作汇报（2017年12月）
图6-17 楚门镇"十个一"标志性工程
来源：《玉环市楚门镇美丽城镇行动方案》
图6-18 高品质生活小区
来源：《玉环市楚门镇美丽城镇行动方案》
图6-19 田岙村居家养老中心
来源：《玉环市楚门镇美丽城镇行动方案》
图6-20 楚门敬老院
来源：《玉环市楚门镇美丽城镇行动方案》
图6-21 文化创意中心建设
来源：《玉环市楚门镇美丽城镇行动方案》
图6-22 楚门城镇风貌
来源：http://web.chinamcloud.com/yhdst/sybtxw/60695094.shtml

图8-4 宁波都市区的空间结构

来源：宁波市城市总体规划

图8-6 内圈层典型城镇的建设状况

来源：Google地球

图8-7 中圈带地区典型城镇的建设状况

来源：Google地球

图8-8 朗根塔尔小镇风貌

来源：https://www.sohu.com/a/129497321_481716

　　　　https://www.sohu.com/a/203526241_100055713

图8-9 朗根塔尔设计之旅

来源：http://www.zqcn.com.cn/qiye/201706/19/c497467.html

图8-10 维特雷小镇风貌

来源：https://m.sohu.com/a/168912241_764974

图8-11 维特雷城堡

来源：http://scenery.nihaowang.com/scenery7634.html

图8-12 Herdecke位置以及附近中心地分布

来源：Google地球

图8-14 富阳市域的总体空间结构

来源：富阳市规划局

图8-15 富阳接轨大杭州的"六大新城、十大综合建设"

来源：富阳市规划局

图8-16 荷兰的乡村风光

来源：https://m.sohu.com/n/264903131/

　　　　http://guba.eastmoney.com/news,cjpl,390650304.html

　　　　http://news.gscn.com.cn/system/2021/01/26/012535353.shtml

图8-17 都市农业（温室园艺、畜牧业和花卉业）

来源：https://www.sohu.com/a/234544103_99893852

　　　　https://www.sohu.com/a/232252109_100112719

　　　　https://www.163.com/dy/article/F23B3NJ00530Q86N.html）

图8-18 鹿特丹市东面城乡用地边界

来源：Google地球

图8-19 阿尔梅勒市周边完整的农地边界

来源：Google地球

图8-22 整洁道路

来源：http://k.sina.com.cn/article_1621758010_60aa103a00100hnb3.html?from=news

图8-23 清澈小溪

来源：http://www.ycnews.cn/tupian/p/411661.html

图8-24 古朴民宅

来源：http://ex.cssn.cn/gj/gj_gwshkx/gj_zhyj/201511/t20151110_2571451.shtml

图8-25 村庄概貌

来源：https://k.sina.cn/article_3374492572_c922ab9c001008kwp.html?cre=newspagepc&mod=f&loc=5&r=9&doct=0&rfunc=100

图8-26 历史建筑

来源：https://www.sohu.com/a/74364957_327884

图8-27 庭院景观

来源：https://www.sohu.com/a/154882546_751938

图8-28 乡野风情

来源：https://www.sohu.com/a/322668055_100086201

图8-29 五彩花卉

来源：http://k.sina.com.cn/article_1686546714_6486a91a02000f7h0.html

图8-30 秋意晚霞

来源：https://www.sohu.com/a/228114100_100082811

图8-31 樱桃节

来源：https://zj.zjol.com.cn/news/899256.html?ismobilephone=1&t=1521691686865

图8-32 成熟的樱桃果子

来源：https://www.thepaper.cn/newsDetail_forward_7005194

图8-33 枇杷节

来源：https://zj.zjol.com.cn/news/632099.html?ismobilephone=1&t=1494000067906

图8-34 胥口镇风貌

来源：https://zj.zjol.com.cn/news.html?id=1533240

图8-35 富春桃源

图片来源：https://baike.baidu.com/item/富春桃源

参考文献

[1] Allyn Young. Increasing Returns and Economic Progress [J]. Economic Journal, 1928, vol.38: 527-542.

[2] Chkheidze N, Babyk I. Synchrotron emission model of gamma-ray pulsar PSR [J]. New Astronomy, 2015, 3 (35): 27-31.

[3] H·哈肯. 高等协同学 [M]. 北京：科学出版社，1989.

[4] Kojima K. International transmission of flying-geesepattern of economic development [J]. Surugadai Economic Studies, 2001, 11 (1): 19-45.

[5] L·道欧，J·鲍雅朴主编. 厉为民，檀学文，王永春，李刚译. 荷兰农业的勃兴——农业发展的背景和前景 [M]. 北京：中国农业科学技术出版社，2003.

[6] NELSON H J. A Service Classification of American Cities [J]. Economic Geography, 1955, 31 (3): 189-210.

[7] Teis H, Lars C. The geography of sustainability transitions: Review, synthesis and reflections on an emergent research field [J]. Environmental Innovation and Societal Transitions, 2015, 11 (8): 141-150.

[8] 阿尔弗雷德·马歇尔. 经济学原理 [M]. 北京：商务印书馆，1998.

[9] 白景坤，张双喜. 专业镇的内涵及中国专业镇的类型分析 [J]. 农业经济问题，2003，24 (12): 17-20.

[10] 白列湖. 协同论与管理协同理论 [J]. 甘肃社会科学，2007 (05): 228-230.

[11] 曹小琳，马小均. 小城镇建设的国际经验借鉴及启示 [J]. 重庆大学学报（社会科学版），2010，16 (02): 1-5.

[12] 查理德·W·特里西. 公共部门经济学 [M]. 北京：中国人民大学出版社，2014.

[13] 陈白磊，齐同军. 城乡统筹下大城市郊区小城镇发展研究——以杭州市为例 [J]. 城市规划，2009，257 (5): 84-87.

[14] 陈博文，彭震伟. 供给侧改革下小城镇特色化发展的内涵与路径再探——基于长三角地区第一批中国特色小镇的实证 [J]. 城市规划学刊，2018 (1): 73-82.

[15] 陈柳钦. 专业化分工理论与产业集群的演进 [J]. 北华大学学报（社会科学版），2007 (04): 23-30.

[16] 陈美球，吴次芳. 我国城镇可持续发展的体制性障碍分析 [J]. 杭州师范学院学报（人文社会科学版），2001 (03): 35-39.

[17] 陈前虎，郦少宇，马天峰. 浙江小城镇职能发展的系统考察及优化建议 [J]. 小城镇建设，2002 (2): 42-43.

［18］陈前虎，寿建伟，潘聪林．浙江省小城镇发展历程、态势及转型策略研究［J］．规划师，2012，28（12）：86-90．

［19］陈前虎，潘兵，司梦祺．城乡融合对小城镇区域专业化分工的影响——以浙江省为例［J］．城市规划，2019，43（10）：22-28．

［20］陈前虎．分工演进与制度变迁——一个城市化理论框架及其应用分析［D］．上海：同济大学，2005：26．

［21］陈前虎．小城镇空间形态发展的理念和趋势［J］．城乡建设，2001（2）：18-20．

［22］陈前虎．小镇之路在何方？——新型城镇化背景下的小城镇发展学术笔谈会［J］．城市规划学刊，2017（2）：7-8．

［23］陈前虎．浙江小城镇工业用地形态结构演化研究［J］．城市规划学刊，2000（6）：48-49．

［24］陈卫平，郭金丰．小城镇可持续发展的思考［J］．生态经济，1999（5）：46-47．

［25］陈晓浒，马万华．小城镇可持续发展指标体系初探［J］．现代城市研究，1998（2）：39-42．

［26］陈逸，黄贤金，张丽君．循环经济型小城镇建设规划与发展的可持续性评价研究——以江阴市新桥镇为例［J］．经济地理，2006，26（1）：74-77．

［27］陈玉兴，李晓东．德国、美国、澳大利亚与日本小城镇建设的经验与启示［J］．世界农业，2012（8）：80-84．

［28］陈忠暖，阎小培．中国东南六省区城市职能特点与分类［J］．经济地理，2001（06）：709-713．

［29］陈仲伯，沈道义．小城镇带动区域经济发展战略研究——以湖南省为例［J］．经济地理，1999（3）：24-30．

［30］程必定．区域经济学：关于理论和政策问题的探讨［M］．合肥：安徽人民出版社，1989．

［31］仇保兴．当前我国小城镇发展的困境及其对策［J］．小城镇建设，2003（11）：21-22．

［32］笪可宁，赵云龙，李向辉，等．基于压力—状态—响应概念框架的小城镇可持续发展指标体系研究［J］．生态经济，2004（12）：38-40．

［33］德怀特·H.波金斯、斯蒂芬·拉德勒，等．发展经济学［M］．北京：中国人民大学出版社，2018．

［34］丁焕峰．大城市边缘房地产兴镇发展模式研究——以广州市边缘南海市黄岐区为例［J］．现代城市研究，2001（4）：37-39．

［35］端木娴，唐晓岚．韩国民俗村发展研究及思考［J］．国际城市规划，2016（3）：138-142．

［36］费孝通．学术自述与反思：费孝通学术文集［M］．北京：三联书店，1996．

［37］冯健，周一星．杭州市人口的空间变动与郊区化研究［J］．城市规划，2002，26（1）：58-65．

［38］冯娟，赵全升，牟晓燕．小城镇建设可持续发展评价指标体系研究——以山东省晏城镇环境优美镇建设为例［J］．环境保护，2007（9）：66-67．

［39］冯兴元．欧盟与德国：解决区域不平衡问题的方法和思路［M］．北京：中国劳动出版社，2002．

［40］高文智. 旅游圈层结构理论对城郊乡村旅游开发模式的借鉴与启示［J］. 农业经济，2014（22）：37-40.

［41］耿宏兵，刘剑. 转变路径依赖——对新时期大连市小城镇发展模式的思考［J］. 城市规划，2009，33（05）：79-83.

［42］耿虹，时二鹏，王立舟，谢然，喻冰洁. 基于GIS-DEA的大城市周边小城镇发展效率评价——以武汉为例［J］. 经济地理，2018，38（10）：72-79.

［43］顾益康，张社梅. 浙江省农村改革发展的历程、特点及理论贡献分析［C］//农村公共品投入的技术经济问题——中国农业技术经济研究会2008年学术研讨会论文集，2008.

［44］郭腾云. 区域经济空间结构理论与方法的回顾［J］. 地理科学进展，2009（1）：111-118.

［45］郭相兴，夏显力，张小力，冯晨. 中国不同区域小城镇发展水平综合评价分析［J］. 地域研究与开发，2014，33（05）：50-54.

［46］海克·梅尔，甘霖. 中小城市中心在瑞士国土开发中的作用［J］. 国际城市规划，2013，28（05）：36-44.

［47］韩会东. 基于产业转型的特色小城镇发展路径探索——以宜兴高塍特色小城镇规划为例［J］. 小城镇建设，2018（1）：59-65.

［48］何芳. 法国维特雷——内陆工业城镇的转型之路［EB/OL］.［2017-08-11］. http://www.zqcn.com.cn/qiye/201708/11/c499772.html

［49］何兴华. 高度重视作为居民点的小城镇变迁规律. //小镇之路在何方？——新型城镇化背景下的小城镇发展学术笔谈会［J］. 城市规划学刊，2017（2）：1-2.

［50］何依，牛海沣，邓巍. 外部机制影响下古村镇区域特色研究——以明清时期晋东南地区为例［J］. 城市规划，2017，41（10）：76-85.

［51］胡霞. 日本农业扩大经营规模的经验与启示［J］. 经济理论与经济管理，2009（03）：61-65.

［52］胡序威，周一星，顾朝林，等. 中国沿海城镇密集地区空间集聚与扩散［M］. 北京：科学出版社，2000.

［53］黄豪，赵四东，谭献强. 从专业镇到宜居城——人居环境科学视角下专业特色镇转型发展规划策略［J］. 规划师，2016（z1）：77-84.

［54］黄亚平，汪进. 论小城镇特色的塑造［J］. 城市问题，2006（3）：6-9.

［55］贾雁飞. 快速城镇化背景下小城镇特色发展路径——以昆山市巴城镇为例［J］. 规划师，2016，32（7）：72-75.

［56］蒋剑峰. 浙江块状经济持续发展研究［D］. 南京：东南大学，2006：27.

［57］蒋长瑜，郑驰. 美国农业空间结构研究——兼论中国农业商品基地选建［M］. 上海：华东师范出版社，1996.

［58］金祥荣. 多种制度变迁方式并存和渐进转换的改革道路——"温州模式"及浙江改革经验［J］. 浙江大学学报（人文社会科学版），2000，30（4）：138-145.

［59］金钟范. 韩国落后地区开发政策特点及启示［J］. 东北亚论坛，2005，14（5）：45-52.

[60] 金钟范. 韩国小城镇发展政策实践与启示[J]. 中国农村经济, 2004(3): 22-28.

[61] 康春鹏. 韩国慢城给我国特色小镇创建带来的启示[J]. 农村工作通讯, 2017(11): 62-63.

[62] 李爱民. 中国半城镇化研究[J]. 人口研究, 2013, 37(04): 80-91.

[63] 李斌. 小城镇可持续发展公平性评价的定量探讨[J]. 中国人口·资源与环境, 2009, 15(1): 82-87.

[64] 李兵弟, 郭龙彪, 徐素君, 等. 走新型城镇化道路, 给小城镇十五年发展培育期[J]. 城市规划, 2014, 38(3): 9-13.

[65] 李崇明, 丁烈云. 基于GM(1, N)的小城镇协调发展综合评价模型及其应用[J]. 资源科学, 2009, 31(7): 1181-1187.

[66] 李敢. 舒适物理论视角下莫干特色小镇建设解析——一个消费社会学视角[J]. 城市规划, 2017, 41(3): 61-66.

[67] 李建波, 张京祥, 崔功豪. 地域人文环境下苏南小城镇发展演化研究[J]. 人文地理, 2003, 18(6): 5-10.

[68] 李建民, 张义珍. 小城镇经济可持续发展的制度经济学个案研究——以河北省白沟镇为例[J]. 农业经济问题, 2004(10): 70-73.

[69] 李克强. 小城镇可持续发展中的公共产品供给问题研究[J]. 中央财经大学学报, 2004(8): 7-10.

[70] 李林杰, 中波. 日本城市化发展的经验借鉴与启示[J]. 日本问题研究, 2007(03): 7-11+17.

[71] 李小建. 克鲁格曼的主要经济地理学观点分析[J]. 地理科学进展, 1999(2): 3-5.

[72] 李晓凤. 北京郊区小城镇发展研究——以门头沟区小城镇为例[D]. 北京: 北京林业大学, 2006.

[73] 厉为民. 荷兰的农业奇迹———一个中国经济学家眼中的荷兰农业[M]. 北京: 中国农业科技出版社, 2003.

[74] 林辰辉, 孙晓敏, 刘昆轶. 旅游型小城镇特色建构的路径探讨——以天台县白鹤镇规划为例[J]. 城市规划学刊, 2012(7): 223-227.

[75] 凌日平, 安详生. 小城镇发展模式的地域分类研究——以山西省为例[J]. 图书情报导刊, 2005, 15(13): 102-104.

[76] 刘德平. 中日泰三国"一村一品"地理格局与公共政策比较研究[D]. 武汉: 华中师范大学, 2013: 56.

[77] 刘华兵, 王红梅, 袁梦童. 典型发达国家小城镇建设经验及启示[J]. 中国建设信息, 2011(23): 75-77.

[78] 刘健. 转变认识观念, 促进人居环境的可持续发展[J]. 城市规划, 1997(5): 26-28.

[79] 刘璐, 李爽. 专业化分工理论视角下产业集群发展探讨[J]. 理论界, 2008(11): 59-60.

[80] 刘平. 日本的创意农业与新农村建设[J]. 现代日本经济, 2009(3): 56-64.

[81] 刘倩倩, 张文忠, 王少剑, 李博, 湛东升. 中国城市市政基础设施投资效率及对经济增长的影响[J]. 地理研究, 2017, 36 (09): 1627-1640.

[82] 刘生龙, 胡鞍钢. 基础设施的外部性在中国的检验: 1988-2007[J]. 经济研究, 2010, 45 (03): 4-15.

[83] 刘思峰, 党耀国, 方志耕. 灰色系统理论及其应用[M]. 北京: 科学出版社, 2004.

[84] 卢超, 王蕾娜, 张东山. 水资源承载力约束下小城镇经济发展的系统动力学仿真[J]. 资源科学, 2011, 33 (8): 1498-1504.

[85] 卢道典, 黄金川. 从增长到转型——改革开放后珠江三角洲小城镇的发展特征、现实问题与对策[J]. 经济地理, 2012, 32 (9): 21-26.

[86] 卢道典, 张媛媛, 陆嘉. 欠发达地区小城镇特色产业转型与升级研究——以山东省阳谷县阿城镇为例[J]. 经济师, 2018 (4): 16-18.

[87] 卢道典, 袁中金. 苏南小城镇发展分化与整合模式研究[J]. 小城镇建设, 2009 (04): 31-35.

[88] 罗家德, 贾本土. "自组织"的运行之道[J]. 中国人力资源开发, 2014 (10): 94-99.

[89] 罗震东, 何鹤鸣. 全球城市区域中的小城镇发展特征与趋势研究——以长江三角洲为例[J]. 城市规划, 2013 (1): 9-16.

[90] 骆永民. 公共物品、分工演进与经济增长[J]. 财经研究, 2008 (05): 110-122.

[91] 茹长宝, 穆光宗. 流动人口分布演变机制与城镇化——以浙江省为例[J]. 人口学刊, 2016, 4 (38): 25-35.

[92] 牛文元. 可持续发展理论的内涵认知——纪念联合国里约环发大会20周年[J]. 中国人口·资源与环境, 2012, 22 (05): 9-14.

[93] 普军, 阎小培. 专业镇经济模式的形成机制、特征与发展策略研究——以佛山市为例[J]. 人文地理, 2004, 19 (3): 26-30.

[94] 渠爱雪. 苏北小城镇可持续发展的障碍因素及对策[J]. 小城镇建设, 2002 (3): 54-55.

[95] 瞿理铜. 国内外中心镇建设实践及对湖南的政策启示[J]. 当代经济, 2016 (23): 76-77.

[96] 任巨英, 邵爱云. 试谈中国小城镇规划发展中的特色[J]. 城市规划, 1999 (2): 45-47.

[97] 阮仪三, 邵甬, 林林. 江南水乡城镇的特色、价值及保护[J]. 城市规划汇刊, 2002 (1): 1-4.

[98] 沈费伟, 刘祖云. 发达国家乡村治理的典型模式与经验借鉴[J]. 农业经济问题, 2016 (9): 93-102.

[99] 沈静, 陈烈. 珠江三角洲专业镇的成长研究[J]. 经济地理, 2005, 25 (3): 358-361.

[100] 沈山, 田广增. 专业镇: 一种创新的农村小城镇发展模式[J]. 农村经济, 2005 (1): 92-95.

[101] 石忆邵. 中国新型城镇化与小城镇发展[J]. 经济地理, 2013, 33 (7): 47-52.

[102] 石忆邵. 专业镇: 中国小城镇发展的特色之路[J]. 城市规划, 2003, 27 (7): 27-50.

[103] 史晋川, 钱陈, 等. 空间转型: 浙江的城市化进程[M]. 杭州: 浙江大学出版社, 2008.

[104] 史雅娟，朱永彬，黄金川. 北京市基础设施与经济社会发展关系［J］. 地理科学进展，2016，35（04）：450-461.

[105] 宋金平. 京九铁路沿线集镇发展研究［J］. 地理研究，1997，16（4）：80-86.

[106] 孙婷. 基于市镇联合体的法国小城镇发展实践及对我国的启示［J］. 小城镇建设，2019，37（03）：26-31.

[107] 孙早，杨光，李康. 基础设施投资促进了经济增长吗——来自东来自东、中、西部的经验证据［J］. 经济学家，2015（08）：71-79.

[108] 陶慧，刘家明，等. 基于A-T-R的旅游小城镇分类、评价与发展模式研究［J］. 地理科学，2015，35（5）：530-536.

[109] 田明，张小林. 我国乡村小城镇分类初探［J］. 经济地理，1999（6）：92-96.

[110] 涂人猛. 区域空间结构理论的形成与发展［J］. 企业导报，2014（22）：37-40.

[111] 涂志华，袁中金. 基于城乡统筹理念指导下的大都市区周边小城镇发展——以合肥市为例［J］. 安徽农业科学，2006，34（21）：5728-5730.

[112] 汪珠. 浙江省小城镇的分类与发展模式研究［J］. 浙江大学学报（理学版），2008，35（6）：714-720.

[113] 王爱学，赵定涛. 西方公共产品理论回顾与前瞻［J］. 江淮论坛，2007（04）：38-43.

[114] 王宝刚. 国外小城镇建设经验探讨［J］. 规划师，2003（11）：96-99.

[115] 王缉慈. 简论我国地方企业集群的研究意义［J］. 经济地理，2001（5）：550-553

[116] 王力军. 北京产业集群发展模式研究［D］. 北京：北京师范大学，2006：66

[117] 王宁，王建华. 小城镇模式定位与规划策略［J］. 湖北工程学院学报，2009，29（3）：99-102.

[118] 王乾，朱喜钢. 日本城市化进程中的町村发展对浙江小城镇发展的启示［J］. 小城镇建设，2009（05）：89-93.

[119] 王士兰，陈前虎. 浙江省中小城镇空间形态演化的研究［J］. 浙江大学学报（理学版），2001，28（6）：704.

[120] 王卫华，陈家芹. 国外小城镇的发展模式［J］. 中国农村科技，2007（7）：54-55.

[121] 王晓东，邓丹萱，赵忠秀. 交通基础设施对经济增长的影响——基于省际面板数据与Feder模型的实证检验［J］. 管理世界，2014（04）：173-174.

[122] 王勇，谭静. 北京周边小城镇形态演变特征与解读［J］. 城市规划，2011，35（10）：32-37.

[123] 吴康，方创琳. 新中国60年来小城镇的发展历程与新态势［J］. 经济地理，2009，29（10）：1605-1611.

[124] 吴彤. 论协同学理论方法——自组织动力学方法及其应用［J］. 内蒙古社会科学（汉文版），2000（06）：19-26.

[125] 吴彤. 自组织方法论论纲［J］. 系统辩证学学报，2001（02）：4-10

[126] 吴一洲，陈前虎，郑晓虹. 特色小镇发展水平指标体系与评估方法［J］. 规划师，

2016，32（7）：123-127.

[127] 武前波，陈前虎. 杭州边缘新市镇建设研究［J］. 小城镇建设，2016，（1）：46-53.

[128] 武前波，徐伟. 新时期传统小城镇向特色小镇转型的理论逻辑［J］. 经济地理，2018，38（2）：82-89.

[129] 武前波，陈前虎. 2000-2010年杭州人口空间变动与城市空间组织重构［J］. 城市规划，2015，39（11）：30-54.

[130] 武前波，俞霞颖，陈前虎. 新时期浙江省乡村建设的发展历程及其政策供给［J］. 城市规划学刊，2017（06）：76-86.

[131] 肖辉. 论上海大都市郊区小城镇可持续发展模式［J］. 现代城市研究，1999（4）：22-25.

[132] 谢让志. 关于"大都市区"理论与区域发展［J］. 环渤海经济瞭望，2004（7）：1-4.

[133] 许玲. 大城市周边地区小城镇发展研究［D］. 杨凌：西北农林科技大学，2004.

[134] 亚当·斯密. 国民财富的性质和原因的研究［M］. 北京：商务印书馆，1981.

[135] 阎欣，尹秋怡，王慧，李永玲. 基于协同学理论的厦漳泉都市圈发展策略［J］. 规划师，2013，29（12）：34-40

[136] 杨传开，朱建江. 乡村振兴战略下的中小城市和小城镇发展困境与路径研究［J］. 城市发展研究，2018，25（11）：1-7.

[137] 杨剑，蒲英霞，秦贤宏，何一鸣. 浙江省人口分布的空间格局及其时空演变［J］. 中国人口资源与环境，2010，3（20）：95-99.

[138] 杨军. 基础设施对经济增长作用的理论演进［J］. 经济评论，2000（06）：7-10+41.

[139] 杨莉，杨德刚，张豫芳，乔旭宁，唐宏，王国刚. 新疆区域基础设施与经济耦合的关联分析［J］. 地理科学进展，2009，28（03）：345-352.

[140] 杨小凯，张永生. 新兴古典经济学与超边际分析［M］. 北京：社会科学文献出版社，2003.

[141] 叶飞. 小城镇 大发展——苏南小城镇建设的调查与思考［J］. 现代经济探讨，1995（10）：22-23.

[142] 叶齐茂. 发达国家乡村建设考察与政策研究［M］. 北京：中国建筑工业出版社，2008.

[143] 尹文耀. 人口空间分布转变态势与发展战略研究——以杭州为例［J］. 人口研究，2007，(5)：52-61.

[144] 余国扬. 人文地理学视角下的专业镇［J］. 热带地理，2008，28（2）：134-138.

[145] 袁晓勐. 城市系统的自组织理论研究［D］. 长春：东北师范大学，2006.

[146] 袁中金，朱建达，李广斌. 我谈小城镇规划建设［J］. 城市规划，2002，26（4）：23-27.

[147] 张洁，郭小锋. 德国特色小城镇多样化发展模式初探——以Neu-Isenburg、Herdecke、berlingen为例［J］. 小城镇建设，2016（06）：97-101.

[148] 张军，高远，傅勇，张弘. 中国为什么拥有了良好的基础设施？［J］. 经济研究，2007（03）：4-19.

[149] 张俊. 公共品供给经济思想的演进：个体利益与公共利益的博弈［J］. 贵州社会科学，

［150］张磊，武友德，李军，等. 泛珠江三角洲经济圈城市职能结构特征与分类研究［J］. 西北人口，2016（3）：21-25.

［151］张立生. 县域城镇化时空演变及其影响因素——以浙江省为例［J］. 地理研究，2016，35（06）：1151-1163.

［152］张培刚. 发展经济学通论（第一卷）——农业国工业化问题［M］. 湖南出版社，1991.

［153］张欣炜，宁越敏. 中国大都市区的界定和发展研究——基于第六次人口普查数据的研究［J］. 地理科学，2015，35（6）：665-673.

［154］张学良. 中国交通基础设施与经济增长的区域比较分析［J］. 财经研究，2007（08）：51-63.

［155］张尧智. 战后日本农地制度的变迁及其启示［J］. 山东财政学院学报，2004（06）：66-70.

［156］赵鹏军，刘迪. 中国小城镇基础设施与社会经济发展的关联分析［J］. 地理科学进展，2018，37（09）：1245-1256.

［157］赵新平，周一星，曹广忠. 小城镇重点战略的困境与实践误区［J］. 城市规划，2002（10）：36-40.

［158］赵之枫. "镇"之辨析——城乡视角下小城镇发展历程与转型［A］. 中国城市规划学会、杭州市人民政府. 共享与品质——2018中国城市规划年会论文集（19小城镇规划）［C］. 中国城市规划学会、杭州市人民政府：中国城市规划学会，2018：9.

［159］郑世林，周黎安，何维达. 电信基础设施与中国经济增长［J］. 经济研究，2014，49（05）：77-90.

［160］郑世卿，王大悟. 乌镇旅游发展模式解析［J］. 地域研究与开发，2012，31（05）：85-88+94.

［161］郑玉生，张智奇，王少鸥. 美国加州农业生产与农业研究的现状及特点［J］. 上海农业学报，2003（04）：115-119.

［162］钟家雨，柳思维. 基于协同理论的湖南省旅游小城镇发展对策［J］. 经济地理，2012，32（07）：159-164.

［163］周一星，布雷德肖R. 中国城市（包括辖县）的工业职能分类——理论、方法和结果［J］. 地理学报，1988（4）：287-298.

［164］朱启臻. 关于小城镇发展过程中土地问题的社会学思考［J］. 中国土地科学，2001，15（2）：23-25.

［165］朱晓清，甄峰，蒋跃庭. 国外慢城发展情况及对中国城市发展的启示［J］. 城市发展研究，2011，18（4）：84-90.

［166］朱艳丽. 20世纪90年代中期以来日本农业改革研究［D］. 长春：吉林大学，2009.

后 记

在浙江这片生机勃勃的土地上,"特色小城镇"和小城镇"特色"一直是国人津津乐道的话题,也是浙江工业大学城乡规划学科团队锲而不舍探索的课题。浙江小城镇发展的特色何在?引导小城镇特色发展的奥秘何在?如何引导小城镇持续特色发展?揭开这些科学之谜,是本研究团队近20年来在小城镇领域持续耕耘和探索的不懈动力。

揭开这些科学之谜,需要全面梳理既有的理论基础与发展经验(第2章),深入总结改革开放以来浙江小城镇发展的历程(第3章),深刻分析小城镇分化发展的空间格局与4类职能分布特征(第4章),全方位探索其特色成长的机理及两条空间路径(第5章),全过程揭示其特色成长的机制与规律(第6章)。在研判未来人口迁移和布局趋势(第7章)的基础上,理清和把握浙江小城镇未来发展的三大格局与模式(第8章),提出面向"和而不同"区域关系的小城镇特色成长与分类管理的政策和建议(第9章)。

揭开这些科学之谜的过程,也是团队协同推进人才培养、科学研究与社会服务的宝贵经历。尤其是近年来,围绕省委、省政府大力推进"三改一拆"、特色小镇、小城镇环境综合整治和美丽城镇建设等战略行动,团队全面参与前期调研、标准制定、绩效评估等工作,完成了省里委托的《浙江省"三改一拆"实施评估》《浙江省小城镇现状调查研究和类型分析》《浙江省美丽城镇实施方案》《美丽城镇特色发展路径和策略研究》等重大决策咨询与实施评估系列报告,获得省委、省政府主要领导的肯定批示。团队也全过程参与了包括省首批特色小镇——嘉善巧克力小镇、省环境综合整治样板镇——新昌镜岭镇和德清上柏镇、省美丽城镇创建样板镇——永康芝英镇等一批明星小镇在内的规划设计和现场建设指导工作,并在工程实践和社会服务过程中不断提炼科学问题,成功申报国家基金和省重点课题,指导研究生选题,在《城市规划》《城市规划学刊》《经济地理》等本学科国内权威期刊上发表了系列高水平学术论文(见附录)。与此同时,及时总结地方经验,受当地委托和资助,出版了《美丽城镇 台州实践——浙江省台州市小城镇环境综合整治研究》《乡村振兴 富阳实践——打造现代版富春山居图》等著作。与地方政府联合举办大型学术交流研讨活动,包括2016年全国小城镇学术年会(德清)、2017年全国城乡更新学术年会(富阳)和2020年全国小城镇学术年会(绍兴)等,总结浙江经验,推广浙江模式。

该书的出版得到了中国建筑工业出版社的大力支持,特别感谢吴宇江编审、陈夕涛主任编辑的精心编辑与指导。同时,该书的出版也得到了国家社会科学基金重大项目(16ZDA018)、国家社会科学基金项目(19BJY067)、国家自然科学基金项目(51878612)、浙江省哲学社会科学规划重点课题(18NDJC032Z)、浙江省美丽城镇建设办公室、浙江省重点高校重点建设学科、浙江工业大学小城镇城市化协同创新中心等的资助。在此,一并致谢!

本书是团队长期跟踪、服务浙江区域经济建设实践及研究思考的结果。各章节的贡献如下：

第1章：陈前虎

第2章：陈前虎、武前波、司梦祺、潘兵、楼佳飞、叶雨繁、陈静

第3章：陈前虎、王岱霞、武前波、吴一洲、潘聪林、周骏、司梦祺、潘兵

第4章：陈前虎、王岱霞、潘兵、楼佳飞

第5章：陈前虎、司梦祺、潘兵、楼佳飞、陈静、叶雨繁

第6章：陈前虎、楼佳飞

第7章：陈前虎、司梦祺、潘兵、楼佳飞

第8章：陈前虎、潘聪林、司梦祺、潘兵

第9章：陈前虎

全书由陈前虎统稿。